U0687153

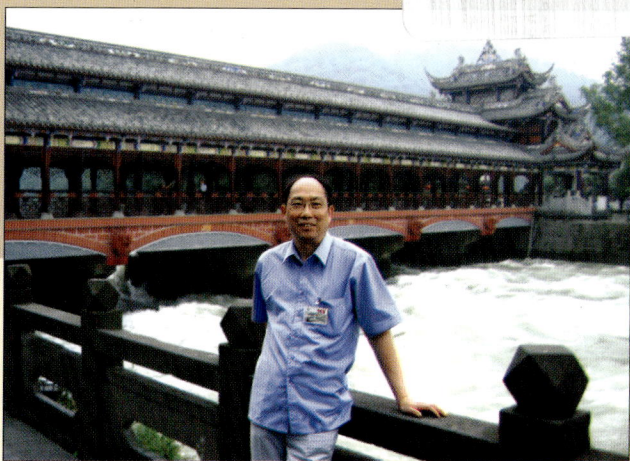

作者简介

邓和平

　　男，汉族，湖北省武汉市人，生于1953年11月，本科学历，1976年毕业于武汉大学外语系德语专业。

　　现任武汉大学教育科学学院教授、教育学原理研究所所长，主要研究方向：教育社会学，代表作：《教育社会学研究》（湖北人民出版社，2006年）。多年来，独立和参与出版多部学术专著和教材，发表论文五十多篇，主持和参与各级各类科研课题多项。

你不可能两次踏入同一条河流，因为你面前流动的总是新的河水……没有永恒的存在，一切都在生成中。

——赫拉克利特（希腊依弗所，约公元前 500 年）

每个国家当其具有世界影响力时，都会向世界发展居领导地位的智力机构——大学着力。

——克拉克·科尔（Clark Kerr，美国）

本书为教育部2007年人文社会科学研究基金项目结题成果

学校发展研究文库

论现代大学

邓和平　著

WUHAN UNIVERSITY PRESS
武汉大学出版社

图书在版编目(CIP)数据

论现代大学/邓和平著. —武汉:武汉大学出版社,2010.12
学校发展研究文库
ISBN 978-7-307-08176-5

Ⅰ.论… Ⅱ.邓… Ⅲ.高等教育—研究 Ⅳ.G64

中国版本图书馆 CIP 数据核字(2010)第 179068 号

责任编辑:谢文涛　　责任校对:刘　欣　　版式设计:马　佳

出版发行:**武汉大学出版社**　　(430072　武昌　珞珈山)
　　　　　(电子邮件:cbs22@ whu. edu. cn　网址:www. wdp. com. cn)
印刷:荆州市鸿盛印务有限公司
开本:720×1000　1/16　印张:18.75　字数:334 千字　插页:2
版次:2010 年 12 月第 1 版　　2010 年 12 月第 1 次印刷
ISBN 978-7-307-08176-5/G·1801　　定价:28.00 元

目　　录

序　言

20 世纪 90 年代以来，随着中华民族伟大复兴的历史进程及其建设创新民族与国家的战略性命题的提出，建设世界高水平现代大学的历史重任迫切地摆在了高校的面前。由此，深化现代大学的研究及其建设，成为新世纪高等教育工作者义不容辞的历史性任务与责任。

1. 为何要研究现代大学

现代大学的研究沿于大学研究的传统。或者说，沿于大学自诞生以来的科学与理性主义发展的历史传统。自古至今，人们之所以热心于研究大学，无非三个原因。

第一，为了持续发展而反思。美国密歇根大学原校长詹姆斯·杜德斯达在其所撰《21 世纪的大学》中声言：大学作为人类文明中的一个社会机构保持了其辉煌而持久的地位。在有大学以来的一千多年中，大学不仅仅是知识的坚守人与传承者而曾经改变了它所在的社会，甚至成为社会变革中的巨大引领力量。过去如此，将来也不例外。为了达成伟大的目标，人们需要对大学的内外生存发展状态进行持续不断的、深层次的反思，为改革与改善大学作出准确的判断与努力。

第二，为了优异发展而批判。20 世纪以来，大学的庸俗化现象日益严重，法国著名思想家德里达就此指出，大学存在于它企图思考的世界之中，应当承担起责任，组织一种创造性的抵抗——即抵抗一切对大学的重占企图，抵抗一切其他形式的主权形态，以期实现大学在自觉、自主和自治中持续、优质和快速发展，并在获得自身进步、价值和社会声誉与地位的应然中践履净化自己、复兴民族与强盛国家的历史使命与责任。

第三，为了履行使命而着力。教育的兴旺发达带来民族国家的兴旺发达，这不仅是个西方现象，也是个世界现象；不仅是个古代现象，更是个现代现象。一个国家是否有发达而优质的教育，重要标志是有否优质的高等教育及其高水平的大学。自古至今，任何一个民族或国家，有高水平的大学，才有高素质的精英人才和高质量的学术水平，才有引领世界文明潮流的文化精神及其科技原创实力，才有领先于世界各国的综合竞争实力并占据世界强国地位。所以弗莱克斯纳当年说得精辟，大学的健康发展将把一个民族推到大学竭尽全力所能推到的高度。

建设世界高水平的现代大学，是任何民族与国家以创造性发展确保其世界战略格局之优势地位的基础与关键所在。所以，美国著名教育学家克拉克·科尔（Clark Kerr）在其《大学的作用》一书中精辟地指出，每个国家当其具有世界影响力时，都会向世界发展居领导地位的智力机构——大学着力。

2. 怎样研究大学

我们正面临着一个深刻变革的伟大新时代，在这个变革的时代环境中，我们必须解释我们的生活以明白生存现状，必须改善现实以建构我们的未来。

第一，美国著名高等教育学家弗莱克斯纳在谈到他的《现代大学论》一书时指出，他之所以在大学前冠以"现代"一词，是力图以最为直截了当的方式表明：大学如任何社会其他机构一样，都是特定时代社会大网络之内的东西。大学不是孤立的事物，不是老古董，不会将各种新事物拒之门外；相反，它是时代的表现，是对现在和未来都会产生影响的一种力量。① 大学既不会远离现实，它会根据社会需要不断调整自己；而调整又是依据一定的科学理性分析和适时的价值观为基础。大学作为历史的产物，其本身发生的变化方向总是与作为其中一部分的社会的演变方向一致。但是这不等于大学是风向标，社会流行什么就迎合什么，大学是自己命运的主人，是社会先进文化的整理者、传承者与创造者。

第二，现代、现代化与现代性，是当今时代占据世界主导地位的意识形态、生活语境和对话方式，是现代人生存命运和现代社会基本架构最为重大的形塑力量。人们对当下的现代性反思，总是对自身现实生存命运的反省与回答，或者说是对于深入理解自身现实的生存样态、生存质量，以及揭示自身现实的社会生存困境、危机及其如何破除阻碍生存发展的种种非科学、非人性的原则与教条的解析与理论重构，进而促使社会建设与创新。这种哲学意义的反省、解析和理论重构，不仅对于每个社会组织及其成员的命运，而且对每个族群社会的命运，都具有十分重要的意义。研究现代大学，既必须把握理性认

---

① 参见［美］亚伯拉罕·弗莱克斯纳著，徐辉、陈晓菲译：《现代大学论》，浙江教育出版社，2001年：第108页。

识，又必须将之作为深入进行理论探索的方向。

第三，美国高等教育学家伯顿·克拉克曾在其主编的《高等教育新论——多学科的研究》中声明，他是从历史的观点、政治的观点、经济的观点、组织的观点、地位的分析、文化的观点、大学的科学活动和政策的观点等方面的综合想象和研究高等教育系统的方法来谈现代大学，由此使人们更好地了解高等教育系统是怎样运转的，为什么这样运转，它们怎样和为什么与社会的某些部门联系起来。

3. 大学研究得怎样

当今世界，各国、各界都在谈大学，真个是"人声鼎沸"。但是我们应该追问的是：谁在说？说什么？说给谁听？校长、教授、学生、家长、记者、教育学家、政府官员等，各有各的教育理念，各有自己心目中"理想的大学"。职业、学科、思维路径、研究方法、思辨文体等的种种差异，必然直接影响人们谈论大学的视野与姿态。

第一，自中世纪欧洲各国创建大学以来至今，学者们始终不渝地在努力探索大学这个组织的奥秘。

19 世纪初以后，大学研究之风日益盛行，出版的著作有：德国柏林大学的创始人洪堡的《论柏林高等学术机构的内部和外部组织》（1810 年），柏林大学首任校长费希特的《大学的理念与构想》（1817），教育家休伯的《英国大学》（1843），英国红衣主教纽曼的《大学的理想》（1852），生物科学家赫胥黎的《科学与教育》（1892），法国利阿尔的《大学和学部》（1891），俄国人皮洛戈夫的《大学问题》（1895），美国人亚当斯的《威廉·玛丽学院》（1887），等等。

进入 20 世纪以后，随着发达国家全面步入社会工业化与现代化时代，人们对大学的研究热情更是有增无减，出版的著作有：德国人鲍尔森的《德国大学》（1906），雅斯贝尔斯的《大学的理念》（1923）；英国人弗希尔的《大学在国家生活中的地位》（1919），怀特海的《教育的目的》（1919），拉什尔多的《中世纪大学》（1936）；西班牙人奥尔特加的《大学的使命》（1930年）；美国人维布伦的《美国高深学问》（1918 年），赫钦斯的《大学的起源》（1923 年）和《理想的大学》（1936 年），弗莱克斯纳的《美国、英国和德国的大学》（1930），莫里森的《哈佛三百年》（1930），等等。

美国著名教育学家克拉克·科尔（Clark Kerr）在其《大学的作用》一书中精辟地指出，每个国家当其具有世界影响力时，都会向世界发展居领导地位的智力机构——大学着力。向大学着力这一思想表明，大学发展与民族振兴、国家强盛这一国家图强战略应当并行不悖。20 世纪中叶以来，伴随着知识经济时代的到来和大学进入社会发展的中心，人们将大学与社会之间的互动关系研究纳入国家发展和世界竞争的战略设计中。而且可喜的是，一些发展中国家在实现现代化的追赶中开始加强大学的研究。近几十年来，先后出版的著作有，里斯曼的《大学的革命》（1968）；日本人永井道雄的《日本的大学》（1969）与《大学的可能性》（1969），麻生诚的《大学与人才培养》（1973），伊藤恒夫的《大学的现实与理念》（1973—1974），潮木守一的《近代大学的形成与变迁》（1973）；英国人阿什比的《英国、印度和非洲的大学》（1971）和《科技发达时代的大学教育》（1974），艾伦的《大学的目标》（1988 年），帕利坎的《大学理念再探》（1992）；美国人克拉克·科尔的《大学的作用》（1963），博耶的《美国大学教育》（1987）；加拿大人许美德的《中国大学：一个冲突的世纪——1895—1995》；等等。

上述大学研究成果都是各个时代具有世界性影响的经典之作，它们不仅鲜明地反映着大学发展的时代特点，而且以完善的理论体系惠泽后世。

第二，研究与建设现代大学，对和平崛起于世界的中国具有特别重要的战略意义。20 世纪 90 年代中期，中国政府将建设世界高水平现代大学列为实现中华民族伟大复兴这一战略的重要组成部分及其战略目标实施的核心着力点。围绕上述战略目标及其核心着力点，中国大陆学者展开深入的理论思考与实践探索，并发表了一系列有价值的学术论文和专著。

自 20 世纪末以来，出版的著作有：朱国仁的《西学东渐与中国高等教育近代化》（厦门大学出版社，1996 年）；张应强的《文化视野中的高等教育》，（南京师范大学出版社，1999 年）；杜作润、高烽煜的《大学论》（四川教育出版社，2000 年）；阎光才的《识读大学——组织文化的视角》（教育科学出版社，2002 年）；韩延明的《大学理念论纲》（人民教育出版社，2003 年）；刘宝存的《大学理念的传统与变革》（教育科学出版社，2004 年）；钱理群、高远东的《中国大学的问题与改革》（天津人民出版社，2003 年）；甘阳、李猛编辑的《中国大学改革之道》（上海人民出版社，2004 年）；别敦荣翻译的美国学者罗伯特.伯恩鲍姆所著的《大学运行模式》（中国海洋大学出版社，2004 年）；丁东等人编辑的《大学沉思录》（广西师范大学出版社，2005 年）；张维迎的《大学的逻辑》（北京大学出版社，2005 年）；康宁的《中国经济转型中高等教育资源配置的制度创新》（教育科学出版社，2005 年）；储朝晖的《中国大学精神的历史与反思》（高等教育出版社，2006 年）；眭依凡的《大学校长的教育理念与治校》（人民教育出版社，2006 年）；赵文华、龚放主编的《现代大学制度：问题与对策》（上海交通大学出版社，2007 年）；蓝劲松的《致知穷理：大学发展的多维探索》（人民教育出版社，2008 年）；胡赤弟的《教育产权与现代大学制度构建》（广东高等教育出版社，2008 年），等等。

以上众多学者就新时期的大学理念、文化精神和大学制度等问题开展的深层次哲学思考，填补了我国高等教育理论界在这些领域的研究"空白"。不过从整体上看，中国学者对如何建构现代大学的理论思考还有待进一步深化与体系化。

4. 我谈大学

为大学的现代化建设及其可持续发展建言献策，是每一个高等教育研究者的时代使命与职责。本人之所以敢斗胆以"现代大学"为题高谈阔论，主要基于以下思想认识及其前期工作。

（1）从逻辑上说，世界上并不存在一种对于大学的最终解释，人们曾经达成的大学理念，无非是在解释和再解释的过程中由多方论争和妥协而暂时形成的某种历史性概念，坚信所有那些看来并不完备的解释都可能具备相应的合法性，并由此构成某些现实的力量，去重新塑造现有的大学形式。①

（2）笔者多年来就现代大学之现代性、现代大学之文化精神和现代大学之制度建构等问题发表过一系列研究成果，为选题成书做了大量前期理论准备。

首先，随着思想认识的深化，本人试图在已有的研究成果基础上，对现代大学的内在质性（现代大学的社会价值属性、文化精神、思想理念）、现代大学的外在特征（现代大学的管理体制及其运行机制）等方面作一较为全面、系统和整体性的理论思辨与对策思考，以期构建个人关于现代大学研究的思想理论体系。

为此，本书以现代大学之现代性、现代大学之公共性、现代大学之文化、现代大学之精神、现代大学之理念、现代大学之制度、现代大学之校长和现代大学之核心竞争力为题分八章展开论述。

其次，笔者试图以系统论方法和多学科交叉复合方法，突破就学校谈学校

---

① 参见［加］比尔·雷丁斯著，郭军等译：《废墟中的大学》，北京大学出版社，2008 年：第 27 页。

的研究视野和局限，并通过兼容国内外关于大学研究的学术成果，增强本研究成果的包容性与系统性，以及研究结论的可靠性与可信性。

最后，本书论及的问题及其得出的结论或许都属于基本常识。但我以为，学者的科学探索使命既在于理论创新与深化，又在于将真理回归常识，而能否将真理还原为常识是判定其研究成果是否具有科学性和实用性的标准之一。一种理论或学说，只要它能反映客观事实和客观规律，并有助于社会理性与进步，越接近常识越好。

《论现代大学》一书为2007年教育部人文社会科学课题的结题成果。

搁笔之际，本人由衷感谢教育部的大力资助及其相关专家给予我这次宝贵的学习与研究机会，由衷感谢武汉大学和教育科学学院对本课题研究的大力扶持和帮助。由于本人才疏学浅，有负厚望，实在惶恐之极。谬误不当之处，还敬请各位同行大家不吝赐教。

在研究写作中，本人参用了不少先贤后俊的文献资料，在此向他们衷心致谢！

此外，教育学院的单菁华、吉宗祥、邓草心以及德国德累斯顿工业大学教育系的许梦同学，为本书的资料搜集和整理做了大量工作，在这里谨向他们一并表示感谢！

武汉大学出版社的谢文涛编辑在本书审稿过程中倾注了宝贵的心血与智慧，我谨向他深表谢意！

邓和平

2010年10月珞珈山

第一章 现代大学之现代性

"为什么我们的学校总是培养不出杰出人才？"多年来，面对前来探望的温家宝总理，钱学森总是提出这样一个令人深思的疑问。事实上，钱老的疑问，既是所有教育工作者的疑问，也是社会各界的疑问，是一个伟大民族必须直面的疑问。

在我看来，破解这个被称之为"钱学森之问"的关键，首先在于抓住加强中国大学的现代性建构这把钥匙。换言之，中国要实现经济社会的可持续发展，要实现文明、民主、富强的国家现代化目标，关键在于首先要建设一个富有创新精神和创造能力的民族与国家，而欲建设一个富有创新精神和创造能力的民族与国家的关键，首要的又在于建构新的教育哲学及其教育理念，形成新的教育发展战略和目标模式，由此推进以建构大学之现代性的教育改革。

第一节 现代、现代化与现代性

"现代"、"现代化"与"现代性"这些学术术语，源于人们对自身生活于当下的社会境况的研究、分析和判断，它们已经成为当今世界占据主导地位的意识形态、生活语境和对话方式。是人类现代生存命运和现代社会基本架构最为重大的形塑力量。大学亦如此。

一、现代、现代化

研究现代大学，必须首先考察、认识和准确把握现代、现代化术语的基本含义。

1. 现代

（1）词源。根据韦氏辞典，产生于16世纪的moder是一个形容词，具有两层含义：一是表示事物现状：新近的，时尚的，前卫的；二是表示时间：近代的，指从大约公元1500年到当前的这段历史时间。

产生于 18 世纪的英语单词 modernize、modernization 则是动词，它承袭于 moder，其含义是使现代化（成为具有现代化特点的、当下时尚的），使适合社会人们现实生活需要的。显然，modernization 表明的是 moder 的过程。

现代化作为一种社会变迁理论，最早可追溯到 19 世纪末法国社会学家迪尔凯姆和德国社会学家韦伯等人的社会学研究。迪尔凯姆在他的《社会劳动分工》一书中，第一次提出了"传统社会"与"现代社会"两个重要概念；韦伯则从思想文化变迁的角度讨论了社会由传统转入现代的原因。现代化的理论研究形成世界性潮流，则是在 20 世纪 50 年代以后。从研究背景及其内容看，研究者关注的主要是发展中国家如何实现现代化并赶上发达国家。

在中国，"现代"、"现代化"都是外来词汇。据北京同声现代化战略研究中心《中国现代化报告 2001》的研究，"现代"与"现代化"最早出现于 20 世纪 30 年代的中国报刊上。新中国成立以来，全国上下一直致力于国家现代化奋斗，但这种奋斗始终停留在实践层面，并没有一个支撑的科学理论系统。改革开放以来，随着人文社会科学研究的全面繁荣，现代化研究才逐渐形成专门的学科领域及其理论体系。

（2）含义。如果作为一个纯粹的时间性概念，"现代"只是一个无确切时间限定的形容词或名词，它所指的不过是与过去相区别的现在。但是，一旦把"现代"放入特定的空间，与某一国家的历史、文化和社会发展结合起来，现代就有了独特而固定的内涵与外延，它表明了三个基本含义：一是一种社会发展的现实样态，例如新近的，时尚的，前卫的，适宜人们现实生活需要的；二是一种质限，即现实样态是与时俱进并符合人们价值认同的；三是一种动态进行时过程，即这种现实样态没有完结，仍然在不间断地向前发展演进。

从以上三个基本含义的理解出发，"现代"是与"传统的"、"陈旧的"和"过时的"相对应的特定概念。当人们将"现代"置于诸如经济、政治、文化、教育、科学等概念之前形成组合概念时，它们就拥有了新的理论含义。

2. 现代化

"现代"既然是一个无终结的动态进行时概念，于是便引申出现代化的问题。"现代化"是一个十分笼统但又有着十分丰富内涵的社会科学专用术语，当人们说着"现代化"时，必定在心目中确定了一个"应该"的价值目标与情感愿景诉求及其追求现代化的规范性技术范式。

（1）现代化可以被认为是一种特殊的社会变革（变迁）过程。所谓特殊，是指现代化是一种人为的、有目标、有计划的社会变革过程。

第一，这种社会变革以经济发展为基础、以物质文明繁荣和人们的物质生活改善为基本标准。这便有了当今世界通行的做法，对社会经济发展进行定量分析与评价，建立"指标体系"进行测算，凡达到某些世界公认的指标者，即为现代化国家或社会。

第二，这种社会变革的结果是社会物质文明与社会精神文明的有机统一体。换言之，现代化绝不只是社会经济发展的产物，而是一个以经济发展为基础，以经济发展、政治发展与文化发展和人的发展、人与社会以及人、社会与自然两条主线协和共进发展的有机统一体，用一个简单的等式表示就是，现代化＝现代文明＝物质文明＋精神文明＋人与自然的和谐关系。

第三，这种社会变革不仅包括改变社会进程的目标、体制、组织和准则，改变人们的社会关系结构和改善人们的生活水平和生存条件，更在于改变社会思想意识形态及其人们的文化心理、精神信念、价值取向和行为方式。简言之，现代化是一个民族群体在整体性社会变迁的过程中，诸元现代性因素战胜前现代性因素或传统因素的动态过程，是人们对现代性价值目标追求而造成的从传统社会向现代社会变迁的持续演化运动。

（2）现代化既是一个绵延不断的永恒过程，又带有一定的阶段性。这即是说，作为一个没有止境的永恒过程，现实涉及的任何现代化描述都只具有相对意义；但当下的现代化又是一种与前现代社会相比较而具有新的特色的社会发展样态。对于世界上任何一个族群社会来说，既不存在绝对的"传统"与"现代"之分野，也没有一劳永逸的现代化。

在现代化研究领域中，经常涉及近代化和现代化两个概念术语。事实上，近代化和现代化为同一意义但针对不同历史阶段的表述。

（3）不同时代的现代化，目标、内容、手段与水平不尽相同；不同制度性质和文化传统的社会，现代化的目标和道路也各有差异。

第一，按照经济学家的观点，世界各国的现代化进程总是与生产力水平和经济全球化密切关联。

美国著名经济学家弗里德曼在其《世界是平的：21世纪简史》一书中将全球化分为三个阶段：第一阶段是从1492年到1800年左右，在这个阶段，国家和政府受军事扩张和可利用的马力和风力的驱使，与"新世界"展开贸易往来；第二阶段是从1800年到2000年左右，在这个阶段，跨国公司、铁路、蒸汽机成了促进全球整合的主要动力；而到了第三阶段，个人成为全球化的主要驱动力，人人都可以参与全球性的竞争与合作，起决定性作用的技术不再是自然力或机械力等硬件，而是软件，即各式各样的电脑程序加上全球光纤网络。在弗里德曼看来，在全球化发展的每一个阶段，技术都是社会发展的驱动力，全球化只是技术发展的"副产品"。他就此在书中以大量篇幅描述近年来兴起的以因特网为代表的高新技术对人类生活的影响，并声称世界正是在这样一个时代被扁平化。

这里，弗里德曼回到当代大多数经济学家的历史视野：促进经济发展的是技术进步，构建社会形态的是经济力量，政治和文化只是处于第二位的现象。弗里德曼的技术决定论在很大程度上还原了历史的真相，但同时也具有将历史简单化的倾向，他忽略了社会进步发展中的世界现代化潮流和汹涌澎湃、错综复杂的各国内外部斗争。

第二，世界历史发展进程一再表明：现代化及其全球化不可能只受容一种思想理论及其治国方式，其发展伴随而来的各种经济、社会问题也不可能使任何一个国家只实行一种经济体制，此如新自由主义的另一代表人物丁伯根所说，不可能存在纯而又纯的计划经济和市场经济，社会主义和资本主义都在追求最优组合及其最优发展。

一方面，任何国家或社会的现代化，都是将普遍的现代化特征同本地的文化传统、历史条件和外部环境有机结合的产物。比如，德国、美国、日本、澳大利亚等，这些国家的现代化与以英、法为代表的欧洲前发达国家的现代化道路就有诸多差异。

另一方面，不管各个国家对现代化有着多么特殊的理解和建构，其现代化终极结果及其价值判断具有趋同性和相似性。

3. 中国的现代化

中国的近代化认识及其近现代化追求，自19世纪中叶的外敌入侵并接触西方近代科学技术和社会文明开始到今天，从孙中山在其著名的《建国方略·序言》中提出的"政治修明"、"人民安乐"和"三民主义"的国家现代化战略设想，从毛泽东时代的政治上的社会主义和经济上的"四个现代化"，到邓小平时代的政治上的社会主义和经济上的小康社会，再到今天政治上的"社会主义和谐社会"和经济上的小康社会，中国的现代化已走过了一百六十九年的风雨历程。在庆祝和欢呼我们今天取得的辉煌的同时，仍然必须清醒地认识以下问题。

（1）由于中国的近现代化进程起步较晚，又没有经过充分的思想文化启蒙，一些人错误地认为自己的近现代化诉求是西学、西化。其实，中国要走的近现代化道路，既非是东方的专路，也非是西方的专路，而是全人类共同的道路，不论是哪个民族、哪个国家，要实现自己的文雅生存与文明发展，都要走现代化这条唯一的道路。在这条道路上，西方人早走了一步，中国人要走，一切后进的国家都要走①。

（2）现代化是一个普适的东西，物质文明和社会文明也是一个普适的、属于全人类的东西，而非为某些国家所特有或专有。

在现代化诉求上，每一个民族、国家都会依自己所理解的方式走出自己的特色，但特色是建立在现代化目标的相似性上；或者说，模式是多样的，但目标、方向和结果应该是相似的，即通过现代科学技术和现代工业文明创造的社会物质文明，以及与之相嵌套的社会制度文明和精神文明。

（3）任何一个民族或国家，其先进和强盛必定体现于社会整体的现代化水平，以及这种现代化水平所透视的民族与社会整体的文明文雅程度。换言之，中华民族的伟大复兴是物质文明这一硬指标与精神文明这一软实力高度契合的产物。

第一，现代化是现代性的标志，现代性是现代化的核心。对于今天的中国人来说，我们心目中的现代化切忌停留在"器物"层面理解上。现代化的核心或本质在于全体社会成员及整个社会实现文化心理结构的转换和生存生活样态的改变，切不可因"现代化器物"快速进入我们的日常生活而误以为我们已经实现了社会现代化。

第二，中国必须敢于和善于将自己的现代化愿景放在全球范围中加以建构。

一方面，当我们追求着"具有中国特色的现代化"时，表明我们"应该"更多地认清民族自我，认清占民族多数成员最紧迫的发展诉求，以及这种发展诉求在最近或将来实现的方式及其可能性。

另一方面，我们又不能自我封闭和孤立地看待"国情"与"特色"，即不能将本国与世界紧密相连并总体一致的发展进程及其趋势相割裂。

二、现代性

判断任何一个族群社会的文明进步是否达到现代化水平，依据或标准只能是在社会文明价值的现代性评价上。所谓现代性，是指人们对当下社会发展状况的一种价值判断，或者说是人们对现代社会及其现代化发展的一种社会学或

---

① 参见何兆武：《中学西学之争下的近代化道路》，载《中国教育报》，2006.12.12，第3版。

哲学反思：现代之所以为现代，是任何被冠以现代之对象所具有的文明价值的先进属性，以及这种属性的动态发展性及其发展的必然性。

世界范围内的现代性研究主要有三种方法模式：一是以著名社会学家韦伯的"韦伯式"为代表的经典现代性模式，它以现实的工业化、市场化、科学化和民主化等具体社会特征为标志；二是以著名哲学家哈贝马斯、贝克、鲍曼和吉登斯等人主张的"流动的"和"反思的"现代性模式，它以对现代社会加以深层次批判思考为特征；三是跨学科综合性模式。当前，人们研究现代性问题主要采取第三种方法理论。

1. 社会学语境下的现代性

社会学语境下的现代性，总是人们对现实社会发展进步景况所展示的文明价值层面的反思。一般来说，现代性是指在任何一个社会里，其现实发展景况表明适合于人类生存发展的经济体系、政治体系、文化体系、科学技术体系和现代社会生活方式的观念、形态和特征，以及表示现代社会提倡和应用的思想、制度、行为习惯、内容及其方式方法等。

（1）按照19世纪以来社会学家的进步理论以及20世纪中叶以来的现代化理论，现代性被描述成是某些美好价值理想的当前社会事实，即：政治上的自由民主改善，文化上的理性宽容与多姿多彩，市场经济及其工业化、全球化以及知识经济带来的都市化、社会知识化、物质均富、福利化、法制化、社会阶层流动化、知识信息公开化与透明化、教育普及化、人口结构与素质优化，等等。

归纳起来，上述意思可以用三句话概括：经济与物质生活上的舒适，政治与社会生活上的尊严，文化与精神生活上的优裕。它又对应于现代化社会所展示出来的思想意识形态与精神层面的宽容与合宜性，制度与规则层面（行为方式）的优越与合理性，器物层面（物质文明）的舒适与便捷性。凡是与之相反的东西，便属于非现代性。

（2）现代性研究一直贯穿于马克思主义理论体系的主线，马克思主义当年出场的历史语境和出场路径都是"现代社会"。在马克思主义者看来，"现代社会"即是资本全球化的社会，其现代性主要包括在以下五个方面。

第一，启蒙运动以来，人们以自由自觉的主体性战胜神性、以张扬的理性取代蒙昧的迷信而成为现代性的两大基石。

第二，崇尚理性的人的力量释放，以无限的物质需求不断推动产能发展，造就了工业文明和资本全球化。

第三，以市场财富博弈规则和自由、民主、人权取代封建专制与垄断特权。

第四，资本造就金钱第一与物质第一的"商品拜物教"意识，成为现代社会世俗理性与工具理性的意识形态基础。

第五，对现代性的价值目标追求，推动了社会变迁发展的现代化运动及其深刻的社会思想文化革命。

正是社会的现代化变迁，带来人类社会经济形态从自然经济、商品经济向未来的产品经济的演变；正是深刻的社会思想文化革命，带来人类社会从人对人的依赖社会、人对物的依赖社会向人的自由、自主、自立并全面发展的现代文明社会的持续演进。

2. 哲学语境下的现代性

（1）哲学语境下的现代性，总是人们对自身当下生存命运的哲学反思与应答。或者说，是对于深入理解社会成员的现实生存样态、质量，以及揭示他们在当下的社会生存困境、危机及其如何破除阻碍其生存发展的种种非科学、非人性的原则与教条的解析与理论重构，进而促使社会创新。这种哲学意义的反思、解析和理论重构，不仅对于每个个体的命运，乃至对每个族群社会的命运，都具有十分重要的意义。正因为如此，自尼采以来，对现代性及其人类命运的反省构成整个现代哲学的中心课题，尼采、海德格尔、哈贝马斯、福柯、罗尔斯、德里达等重要的世界大哲学家们，都从不同角度出发对现代性进行了深刻的批判性思考，并形成现代哲学的一系列重大成果。

（2）按照哲学家的解释，现代性主要指的是人类社会一种与时代进步相联系的思想意识、观念态度、精神风貌与行为方式，因此它关涉的是某种当下社会的本质性文化精神价值、伦理道德与价值观体系，或者说，关涉的是某一社会的主流性哲学理念以及相应的政治、经济与文化方面的最新制度安排与运作方式等。

第一，众多思想家在思考现代性的问题时，其主要着眼点是现代社会的本质性文化精神价值，如：康德关于"启蒙"的理解，胡塞尔的"纯粹的理性"，霍克海默和阿多诺的"启蒙理性"，哈贝马斯的"时代意识"，利奥塔的"宏大叙事"，等等。将现代性首先作为一种理性的文化精神来理解，完全符合历史的发展逻辑。因为，从传统社会的经验结构中脱域出来的现代社会的理性存在方式的最根本特征，就是理性或精神获得了反思、觉醒与自由。

从文化精神的内涵上看，现代性的文化精神维度包含着与人们生存方式密切相关的理性、启蒙、科学、契约、信任、主体性、个性、自由、自我意识、创造性、社会参与意识、批判精神等；从文化精神的载体上看，现代性的精神维度体现为作为个体的主体意识、公共的文化精神和文化价值、系统化的历史观，等等。因此，人们必须多维度地透视现代性的精神维度。①

第二，哲学意义上的现代性理论观点，比较著名的有两种。一种是哈贝马斯的观点，他把现代性看做一种新的社会知识和时代，并用新的模式和标准来取代传统的已经分崩离析的模式和标准。作为一个时代的现代性特征与贡献，是个人自我选择，实现主体价值的自由。另一种是福柯的观点，他把现代性理解为一种态度，而不是一个历史时期，不是一个时间概念。所谓态度，他指的是人类与当代现实相联系的模式；一种由特定群体所作的志愿选择；一种思想和感觉的方式，也就是一种行为和举止的方式，在相同的时刻，这种方式标志着一种归属的关系并把它表述为一种任务。这无疑有点像希腊人所称的社会精神气质。按照福柯的解释，现代性主要是指一种与现实相联系的思想态度与行为方式，一种时代意识与精神，因此它关涉某个社会的道德与价值观念、思想与行为方式，或者说，关涉某一社会的主流性的哲学理念以及相应的政治、经济与文化方面的制度安排与运作方式。②

显然，美国社会学家英克尔斯等人的现代化理论与哈贝马斯和福柯等人的思想具有异曲同工之妙，他们都强调，社会现代化的核心标志应该是人的现代化，即人性、人格与人心层面的现代性。

3. 社会反思与哲学反思的有机统一

现代性的认识与分析，应该建立在社会反思与哲学反思的有机统一并以哲学反思为基准的基础上。之所以必须这么做，是因为任何一个社会的现代化，总是表征物质文明与深层次精神文明的有机统一。现代性的认识虽然涵盖着社会学、政治学与文化学等不同学科领域，但终究归于哲学层面或者说文化价值层面的解构。

（1）现代性是社会全面现代化的文化结晶，是社会在实现全面现代化过程中社会成员的行为方式与行为结果所形成的特定价值属性。

（2）对现代性的反思，首先是对社会文化精神和价值观的反思，即对现

---

① 参见衣俊卿：《现代性的维度及其当代命运》，载《新华文摘》，2004.20，第19页。

② 参见陈熹明：《"现代性"与"现代化"》，载《新华文摘》，2004.4，第15～16页。

代性所蕴涵的价值尺度、价值秩序和价值基础的反思，即：现代性究竟包含着何种价值内涵？其合理性和内在弊端是什么？当代人类的价值选择究竟如何承受、应对和超越现代性价值及其后果？

（3）现代性不仅代表着一种文化精神价值观，而且也代表着与现代文化精神价值观相契合的社会组织系统架构、社会制度安排及其社会成员的生存方式与发展样态。因此，对于现代性的反思理应包括：与现代性相契合的社会组织系统架构、社会制度安排及其社会运行方式的本质特征是什么？它们对社会成员的现实生存发展有何正负效应？当下环境是否仍然适应人类幸福地生存发展？

4. 现代性之动态发展性及其发展的必然性

现代化没有止境，现代性没有终结。人们对现代性的研究，必须既要立足于特定的社会背景及其语境，又要防止对现代性的评判简单化；既要立足于现代性的未竟性，又要防止虚无缥缈、游说无垠的主观臆测。

（1）当人们认知现代性时，有着不同的意识层次，如直观、感觉或情感等，而唯有以思想、理性和范畴反思现代性时，才能反映并表达出历史相对主义意识。

第一，现代性的解构本质上是一种哲学意义的反思命题，它通过对历史时间与空间的还原，将杂多的人类实践行为特殊样式以抽象思辨的哲学范畴排序及逻辑编目，深刻地反映着现代性历史生成与发展的辩证同一体的本质，同时又深层次地揭示人类生存进化的现状和缺憾（异化、祛魅、破碎及病态等）。

有鉴于此，解构现代性意义，要立足于现实进行科学理性分析，要防止非理性和简单化地把现代社会一分为二：把真善美归于现代性，把假丑恶归于传统性。

第二，现代性总是阶段性历史解构，每个时代有每个时代的现代性，后面的现代性既是对前面现代性的继承，又是对前面现代性的超越。

第三，现代性非一次性产物，它没有终结，且必须永续。世界是发展过程的集合体，每一事物都作为过程而存在；现代性由传统发展而来，也必将通过持续发展而不断建构新的现代性。因此，现代性具有继承性、相对性、阶段性、建构性、超越性和发展性。

（2）现代性的可选择性。所谓可选择性，即是说，随着现代性的深化，"选择"越来越成为一个世界性课题。这一课题包括三个层面的问题：什么是合理与科学的发展？如何实现合理与科学的发展？如何评价发展的过程与结果？

第一，从现代性的历史转换看，先发达国家或先发主体作为现代性的启动者和先受益者，往往也是后来发展的持续受益者，即在国际大家庭中的发展关系、发展伦理处于主导、优势地位。在历史与现实中，在强调"后发主体"向"先发主体"学习或所谓"与国际接轨"时，后发主体往往自觉或不自觉地模仿甚至"克隆"先发主体的发展模式和发展规则，而先发主体也以自身发展路径、既得利益的正确性、普适性为借口，并把向后发主体强制推销自己的所谓"正确"价值理念作为伦理责任和社会责任。这种以先发主体经验为主导的认识，自觉不自觉地否定了现代性的动态发展性及其发展模式的多样性，其本质是"发展模式一元论"及其显现的文明霸权主义。

第二，历史发展进程表明，世界上并不存在唯一标准的现代性，更不要说发展的目标、路径、模式存在着多样性和可选择性。现代性的多样性与可选择性，决定了先发主体在世界大家庭中的责任与伦理的合理限度。

一方面，现代性是现代化发展的逻辑结果，这种逻辑结果决定了先发主体作为现代性的先发蒙者和创造者，有主动认识和合理推广的伦理责任，由此有利于促进后发主体对现代性加以把握。

另一方面，现代性又具有多样性和未竟性，先发主体的经验和结果并非至善至美，反思反省问题和确认现代性的必然性、多样性和可选择性，也应是先发主体的伦理责任。探索具有不同文化特色的多样发展模式和多样评价标准，是当今世界先发主体和后发主体在世界历史进程中的共同伦理责任。①

第二节 现代大学

一、命题的提出及其含义

任何一个现代社会必定伴生有现代文化教育，这一世界普遍性现象表明：大学作为一种社会组织或一个社会系统的构成元素，其进步发展的变化方向总是与整个社会变迁的方向相一致，而这种"相一致"，表明的是大学与所在社会同频合拍的生存发展方式及其这种方式的时尚文明属性。

---

① 参见陈忠：《发展论理学的基本问题与发达地区的社会责任》，载《光明日报》，2007.11.20，第11版。

1. 命题的提出

现代大学这一命题最早由美国著名高等教育学家弗莱克斯纳提出。他在其著名的《现代大学论》一书中指出，他之所以在大学前冠以"现代"一词，是力图以最直截了当的方式表明：大学如任何社会其他机构一样，都是特定时代社会大网络之内的东西。大学不是孤立的事物，不是老古董，不会将各种新事物拒之门外；相反，它是时代的表现，是对现在和未来都会产生影响的一种力量。①

大学作为历史的产物，其本身发生的变化方向总是与其作为其中一部分的社会的演变方向一致。大学不会远离现实，它会根据社会需要不断调整自己；而调整又是依据一定的科学理性分析和适时的价值观为基础。但是这不等于大学是风向标，社会什么流行就迎合什么，大学是自己命运的主人，是社会先进文化的整理、传承与创造者。

弗莱克斯纳的观点表明：现代大学之为现代，是指与现代社会经济、政治、文化发展变革相协和的大学组织形态及其行为方式的与时俱进。换言之，即从大学的文化精神、价值取向、行为方式，从办学思想理念、办学模式、管理体制及运行机制、知识体系到学科专业课程设置，都具有先进性、时尚性和与时俱进的动态发展性特点与特征。

2. 基本含义

大学如同社会一样，也是一个生命有机体，它需要与时俱进，需要持续进步。由此，现代大学这一命题实际包含着四个层面的基本含义：

第一，在空间上，现代大学是一个大学整体持续深刻变革的过程（包括观念意识层面、制度层面和物质层面）；

第二，在时间上，现代大学是一个持续从传统向现代转化的过程，这个过程是渐进、积累而非突变、断裂的过程；

第三，在发展的动力机制上，现代大学是伴随着自身所在的区域社会经济、政治和文化现代化发展而不断结合自己的内在发展逻辑与规律持续调适、更新、定位的过程；

第四，在发展形态上，现代大学是自19世纪下半叶以来一直被广泛认同

---

① 参见［美］亚伯拉罕·弗莱克斯纳著，徐辉、陈晓菲译：《现代大学论》，浙江教育出版社，2001年：第1页。

并被用来扩展高等教育的德国柏林大学模式，① 以及对这种模式的持续多元、多样化拓展与完善。

一言以蔽之："现代大学"这一命题的提出，涉及大学是什么、大学为何而立和何以为立的基本问题。

3. 现代大学之基本特征

现代大学之为现代，是指大学处于一种尽其性、全其功、成其效、得其美的理想性组织的活动样态。一方面，现代大学之大，不在于规模之大，而在于其因文化传递、传播和创造并引领社会文明进步之特殊使命并能优异地履行这种使命而伟大；另一方面，现代大学之大，第一要有大师大才，第二要有大楼（包括充足的办学经费及一流的教学设施），第三还要有大气大象，三者相协，方能使大学以卓越而优异的业绩为人类做大贡献。

（1）现代大学之大，在于有大师大才。一所大学如若没有大师，必定培养不出杰出的创造型人才，此如一家餐馆没有好的厨师，肯定做不出好的饭菜一样。

第一，大师者，一是超乎各部专门之上而会通其全部大义者。一学科学术之有大师，如网之在纲，裘之有领，一提挈而全体举。②

二是热爱并醉心于学术者。这些人品德高尚、才华横溢和创造卓越，既仰望星空，又关注脚下。他们人数虽少，但能量无限。因此，社会和学校应为他们提供宽松之环境和创造之机会，因为毕竟靠他们，才有大学之卓越、族群之精秀和国家之强盛。

第二，大才者，天下大器精英也。大器大才，当然不是指全无个性之知识容器和御用工具，而是指思想自由、人格健全、卓尔不群、特立独行和勇于创新之人才；是心忧天下、继往开来、奋力开拓之人才。

正由于大学能聚天下大师而用之，聚天下大器而育之，并为社会源源不断地输送大器大才，以及大器大才们为社会迭创无穷之物质与精神财富，才尽显其无限的生命力和无可估量的创造价值。

（2）现代大学之大，在于有大楼。这里的大楼，不仅指适用适宜之楼房，还包括充足的办学经费和先进的教学科研设施。没有钱，没有足资适用适宜的

---

① 参见比尔·雷丁斯著，郭军等译：《废墟中的大学》，北京大学出版社，2008 年：第 7 页。

② 参见钱穆：《文化与教育》，广西师范大学出版社，2004 年：第 47 页。

大楼和先进的设施，再有本事的大师，也难以作为；再有潜力的大器，也难以成才。

（3）现代大学之大，在于有大气大象。大气，是大学之为大的根本条件；大象，是大学之为大的基本标志。

第一，所谓大气，一是指大爱，有大爱才有真情深情，才有大气大量，才有真正的尊重知识与人才；二是指有容乃大之大量、气度和神韵。容量、气度与神韵之博大精深，方显一个社会、一所大学眼光之深远、胸怀之旷达、气度之高雅，以及学道、流风之无限。这里须要特别指出的是，大学要容人、容思与容志，此所谓"有容乃大"！

第二，所谓大象，"象"为"气"之聚，"气"为"象"之神；至气而象，万物更生。有大气大量，方有大象万象；有大气大量，方使大学充溢一种"生变之道"和"万象有形"的灵性氛围与文化光芒，进而容大学成为天下学者们的精神家园及其创新创造的能量场。

第三，有大气大量，才能有大师大才。没有大气大量，没有包容宽容精神，大学就难以成大气候，更难以生成大师或引来大师。众所周知，中国大学与世界一流大学之最大差距，在于普遍缺乏具有世界级的大师级学者，在于至今没能培养出世界级顶尖人才。究其原因，硬件在其次，关键在于我们缺乏激励创新的宽松海量、自由氛围与理性制度。

第四，有大气大量，方确保学子们能大行大化。大行大化，是学子们尽显教育力和学术力之生活方式所在。古人云，"人君之治，莫大于道，莫盛于德，莫美于教，莫神于化"（王符《潜夫论·德化》）。大行大化，即容学子们在"参天地，赞化育"（《中庸》）的教书育人过程中，所尽显的行其道、传其学、化人与化己之独立自由也；大行大化，即容学子们在"传道解惑"的过程中，所展示的"为生民立命，为往圣继绝学，为万世开太平（张载）"之神圣使命也。

二、现代大学之现代性

任何能够称之为现代大学者，一定在其不同于传统大学的内涵质性规定——文化精神、制度规范及其行为取向上所具有的时代文明属性。[①] 今天，人们对现代大学认识上的一个新视阈，就是其学术上的创新竞争力和精神上的

---

① 参见邓和平：《现代大学的现代性》，载《中国教育报高等教育版》，2005.11.9，第5版。

文明说服力。创新竞争力自不待说，所谓文明说服力，即把大学的成功不只是看做一种人才培养、学术创新和办学规模上的成就，更看做是大学自身及其对社会产生引领作用的文化精神、制度规范和行为方式上的持续变革与进步，且这种变革与进步为所在社会所高度赞许、认同和效行。

1. 组织文化精神的现代性

（1）现代大学之所以为现代，究起本质是每所大学在现代性上所具有的独特先进文化精神这一维度。

第一，文化精神是每所大学成员的文化心理特质及其要素结构，是大学成员思想意识的种种方面的基础和内容，是大学的文化价值体系或大学之道，是现代大学生存和发展的重要维持因素。博大精深的文化精神财富，是现代大学之为现代的根本价值所在，是大学体现社会价值的核心与根本。

第二，有明确、特色而坚定的包括办学理念、治学风格和科学精神在内的文化价值体系及其行为范式，是任何大学走向成功的基本条件。正是富有个性特色与品位的、被组织与个人自主创设、共同认同并自觉遵循的文化价值体系及其行为范式，薪火相传，创新积累，形成大学的文化根基和可持续发展的动力源与核心竞争力。

（2）大学文化精神的现代属性表明，大学的理想、信念和行为取向是指向未来的，而不是趋炎附势和固守旧习的；学术传统是民主自由和激励创新的，而不是故步自封和僵化守成的。

第一，文化精神的质量与势能，决定着任何一所大学的发展态势。境界高远的大学文化精神之所以具有先进意义、普世意义和强大的生命力，就在于它具有的历史延续性、持续再生性和时代原创性。

第二，文化精神的质量与势能，决定着任何一所大学的社会价值。一般来说，大学的文化意识形态在民族国家的主体形成以及意识形态生产方面有着举足轻重的作用，它在某种程度上引领甚至操控着民族国家的文化意识流。

2004 年 11 月，英国《泰晤士报高教副刊》首次公布全球大学排行榜，北京大学赫然名列第 17 位，我国其他几所知名大学也跻身前 200 名。尽管这次排行并不一定反映实际情况，但它在评价指标中强化大学文化精神的权重却值得我们重视。

2. 组织制度的现代性

吉登斯指出，人们必须从制度层面上来理解现代性，因为现代化所追求的一切都应当通过制度方式来加以实现和巩固。大学是学术组织，其所有活动都以学术为依托，并以学术为旨归。学术活动需要自由、民主与自治，其制度诉求就是大学、学术、政府和市场的四力制衡，其中自由是基石。

（1）大学制度现代性的现实依据：组织结构要素的复杂性。

第一，成员结构的异质特性。大学是一个异质结构的共同体，其内部各类成员群体——教师和学生、教师之间的各自专业学术发展、管理人员同师生之间的身份不同、观念与地位差异，以及学校组织目标与成员个人期待目标的差异、学校理想目标与实际实现目标的差异及其彼此所依据的规范差异，使得他们在社会学特征上几乎完全对立。

第二，组织权威的多元特性。大学是一个松散耦合的共同体，其最大特征是其内部结构的二元性：师生之间的二元性、教学科研之间的二元性、行政权力与学术权力之间的二元性，以及正式群体与非正式群体之间的二元性。师生之间、教师之间、师生与管理人员之间的结构二元特性，导致权威多元与不断变化。

作为一个松散耦合的共同体，作为一个思想与知识原创涌自于学者的共同体，政府的科层制管理不适宜于大学。原因在于：依权威论，大学中的系主任不一定能指挥教授，教授无法指挥副教授，管理人员不一定能指挥教师。因此，目标的多样性，权威的多元性，师生的流动性，年龄的差异性，都使得学校很难形成一个等级制指挥系统，人们把学校这种特殊的状态称为"组织的无政府状态"：大学里的每个学者都是独立的决策者；教师自主决定讲授内容和讲授方式；学生自主决定学习内容和迁徙学习地点，等等。

正是以"重在基层"的学者、学术、学科发展逻辑，决定了大学不同于任何其他社会组织的典型制度特征：大学是具有独立精神的自律性和自为性组织，任何强制的外来干涉都与学术发展的自主逻辑相悖逆；有组织的无政府状态决定了大学组织内部存在着科层制无法充分发挥作用的领域；学术活动的自主逻辑与行政权力的威权干预存在着不可调和的矛盾。

第三，教育环境的建构特性。学校环境不同于一般其他社会组织环境的特点在于，学校是一种根据培养人的目的而建构起来的教育环境。学校教育环境的差异，以及对于学校教育环境建构的不同，直接影响到教育效果和人才培养质量。重点学校和普通学校在学生培养质量上的差异，其中一个非常重要的原因就是两类学校的整体环境不同，特别是教师与学生群体环境的差异所造成。

第四，学校组织目标与国家教育目标的差异特性。根据社会子系统的二元角色理论，学校有自己的组织目标，包括运行目标、功能目标和效益目标，等等。这里，最重要的是学校组织的培养人的功能目标。由此可以发现，学校的组织目标不同于其他社会组织的目标，一般社会组织的目标是为社会服务，而学校的组织目标是为学校自身的组织成员的发展服务。当然，学校也为社会服务，但它首先是为自身发展服务，这种内在规定性是学校目标的重要特点。

第五，学校组织规范的抽象性和模糊性，它具体体现于以下几点。

一是教育组织的目标经常在改变，而且有时是冲突的，它要随着参与团体的不同而不同；

二是各学科专业有自己的目标，而且各自目标又各不相同，要把这些目标转化为明确的行动方案是困难的；

三是由于学校成员的各自目标不同，使得学校组织的规范和制度往往是一些比较原则的要求，具有抽象性和模糊性；

四是教育中的技术问题比人们普遍认识到的要复杂得多，人们不能规定用哪一种技术去影响学生以收到最好的致学效果。

第六，行权方式的矛盾性。大学组织内部实际存在着两种权力：学术权力和行政权力，以及由此带来的两种行权方式：学术管理和行政管理。

一方面，两种权力和两种行权方式交织在一起，构成大学不同于任何其他社会机构管理运行的特点，自下而上地处理行政事务比自上而下地处理行政事务更重要；另一方面，学术管理比行政管理更重要。

无论如何，大学的民主管理是大学学术繁荣和学校发展的生命，即大学奉行学术自由、管理自治和有教无类的民主性治学原则；治校的理性及其管理经营的民主协商决策和依法治校。

（2）人类的进化过程，是一个将自己持续文雅、文明的过程。这一过程体现的是人类持续追求并通过阶段性和暂时性的制度方式加以展示的多彩多姿的实体文化样态。

第一，任何社会组织机构的先进文化精神绝不只是种种思想游戏，它必定会通过具体的现实制度设置加以安排和体现。大学自不例外。一所大学就是一个小社会，为了实现自己的可持续发展，它必须保持自身组织系统结构的生态化和系统运行的有序化和优序化。

第二，改革开放以来我们大力进行的教育体制改革与创新，究其实质是构建现代大学制度及其运行机制，它包括科学合理的管理体制及其运行机制，完备系统的法律制度和程序透明的民主治理制度，尊重学者自由自主的学术制度，以人为本（特别是以师生为本）的培养与教学制度，以及促进学校效能运行的教育资源经营配置制度，等等。

大力构建现代大学制度的目的在于：一是为了重构大学与政府和社会之间的关系，以优化大学与社会系统之间的资源配置机制，由此有效完成自己的民族素质再造功能、社会文化发展功能和科学技术创新功能；二是为了构建和完善与社会发展形态相协调的层次化、弹性化与多样化的内部教育生态结构体系，从而让丰富多彩而符合社会生态发展规律的学校内部结构形式不仅为社会广大教育需求者提供普适、多样和自由的学习机会，而且为高等教育的大众化、普及化，以及整个社会的学习化和社会成员的永续发展提供更加广阔的空间；三是通过科学合理的学校制度设置，实现自身内部组织的良性运行及其高效益与可持续发展。

第三，现代大学制度的研究与建构已成为当代世界性的文化创新活动，这一活动呈现出两大特点：一是在管理体制上走向校本管理，即学校管理从"国本"走向"校本"乃至"学本"，其标志是大学实现真正意义上的自主自治和专家治校、学者治学。校本管理的实现，促进了全部管理过程包括校本发展、校本研究和校本评价三个方面的科学有机统一。二是在管理目标上回归以人为本的文化管理，即学校管理从追求效率第一转向到人的发展第一，其意义在于四个方面：

● 教育的本质回归——从知识传递到生命唤醒；

● 教育的精神回归——从单向传道解惑到"主——主"二元智慧心灵与精神情感的互动；

● 教学神韵与学术传统的转换——师生之间从知识移位到文化迁移；

● 和谐校园社会的实现——让每个教师实现自由创造，让每个学生求得持续成功，让全体成员赢得共同发展。

总之，现代大学只有在社会变迁中时刻保持自身制度的现代性与先进性，才能有力地促进和确保大学组织运行的科学性、生态性和效益性，从而持续提升自己的学术地位，增进自己的社会价值。

3. 组织行为方式的现代性

哈贝马斯曾经这样刻画了大学行为方式的"现代性"特征：作为科学的自由，作为自我决定的自由，还有作为自我实现的自由。大学具有特殊的行为方式，这种特殊行为方式源自于大学自身的社会职能及其功能。总体而言，大学行为方式的现代性包括两个层面的含义：一是指大学组织机构的生存与发展方式，即作为行为主体的自治与自决、民主与规范；二是指大学组织成员的生存方式与生活样态。大学是学术组织，其所有活动都以学术为依托，并以学术为旨归。学术活动不仅需要体力，更需要脑力、灵感和顿悟，需要交流、质疑和辩驳。学术活动需要自由、自主与自治，而自由是基石，它主要体现在学校成员个人的学术自由性与践道性上。自由性与践道性是现代大学成员的生存、生活、进步与发展之道，以及他们在一切学术行为中所体现出的自主、自为与探索牺牲之境界。

（1）自治性与民主法治性。

①自治性是大学这一组织天生的社会学属性，自其诞生之日起，就是一个由学者们以实现学术切磋、科学探索和知识传授的自发性和独立性社会团体。大学的自治性既是高等教育活动的历史遗产在新的社会制度下的自动传承，又是任何社会中外界不容忽视的高等教育活动的客观规律。大学的自治性一开始就以学术自由制度对学校和学者两方面的生存方式加以保证。

第一，学校发展的自治、自主和自决。没有学术自由制度下的自治、自主和自决，大学就不可能按照自己的内在逻辑与规律发展，就不可能实现其独特的社会职能与功能——新思想的催化剂和新发现的庇护所。当今时代，作为秉承自治、自主和自决为宗旨的大学，一是努力以特色化发展实现突破；二是以学术创新和优质人才培养教育实现突破；三是以可持续发展实现积累性突破，即既要跨越式比快，更要积累式比慢，慢工出细活，潜心出精品，从而通过自身实实在在的原创性学术突破与基础性文化积累，实现大学学术声望与社会地位的稳步提升。

第二，学者发展的自主、自为与自律，一是大学学人在生存发展与生活方式上的自主、自决权利，以及由此体现的一种根据最高的自然法则为其思想主宰的主体精神，一种基于一切科学活动所体现出的无禁区、无权威的特立独行精神，一种没有等级、没有界限的真理面前的人人平等精神；二是教学自由，即教师教什么和怎样教的自由，学生如何学、学什么和跟谁学的自由；三是言论表达自由。

一言以蔽之，大学是一个思考的地方，而思考是一种没有身份限定、没有统一规定的共有过程；共同思考是一个各抒己见的过程，它属于对话主义而不是对话。①

②所谓民主法治性，即大学向来崇尚民主治理和以法、依法治理。民主和法治为大学成员活动方式的文化特质及其逻辑所规定。大学组织特性所一以贯

---

① 参见［加］比尔·雷丁斯著，郭军等译：《废墟中的大学》，北京大学出版社，2008年：第183页。

之的优良传统表明，大学的一切组织管理制度及其运行机制应该是符合民主法治的，而不是滋养官僚专制的；是为人服务的，而不是强化治人的；是以法依法的，而不是随情纵欲的。

第一，大学是一群知识人自由聚合起来的学术性组织，一种学人求知求识的自治社团，一种独立研究高深学问的场所，而不是官府或者附属行政机构。"大学既与左派或右派无关，也与政治党派或政策无关，大学的客观性和无私利性必须得到各方的承认。"①

作为探索天地万物之源并建构人类之文化知识大厦，同时将人类文化科学探索之方法传递给后人的功能，为大学所独有。

第二，大学的组织框架和决策程序基础是学者治校和民主治理。教师不是大学的雇员，而是大学的主人。大学的决策能否得到教师参与和拥护，决定了大学的行动是否合法与发展的能否成功。

大学的闪光点既在于出社会政治精英和经济精英，更在于出文化科学精英，即出大学问家，出大科学家，出大儒。大学教授也好，大学校长、院长也好，他们主要是科学的探索者和学术领头人，是优秀知识分子的代表，而不是某一级的行政官员，他们的长处在于治学、治校；当然，部分有卓越政治才干的人也可以转行参与治国。

（2）学术性与探索性。学术性之教学，学术性之科学研究，学术性之文化生活，是大学作为一种社会特定组织的三大生命要素。

第一，作为一种与社会经济、政治组织鼎足而立的学术组织，大学有着自己的特定目的、独特功能和独特存在价值，学术性与探索性是大学的组织生命特征及其生命活动方式。科学无止境，探索无终结。学术第一，探索第一，真理第一，智慧生存，既是中世纪以来大学生存之本务，又是自古至今的大学发展之元生命力。于是，学术性、探索性与智慧生存成为每一所大学的现代性标志及其美称。

德国著名教育家雅斯贝尔斯在《大学的理念》一书前言中指出，大学是一个由学者和学生共同组成的追求真理的社团，是研究和传授科学的殿堂，是教育新人成长的世界，是个体之间富有生命的交往，是学术勃发的世界。②

---

① 参见［美］亚伯拉罕·弗莱克斯纳著，徐辉、陈晓菲译：《现代大学论》，浙江教育出版社，2001年：第303～304页。

② 参见［德］雅斯贝尔斯著，邹进译：《什么是教育》，三联书店，1991年：第149页。

美国著名教育家赫钦斯继承了"大学是学者社团的理念",并在《学习化社会》一书中进一步指出,大学是人格完整的象征,保存文明的机构和探求学术的社会。学者们优游在这个社团里,研习文化,探寻真理,交流智慧,创新文明,成为智者和大家。他同时希望,学者们应共同构建一个无围墙、无禁锢的、世界性的学术社会,以实现学者们云游四海,用科学与文明创新来造福于全人类的宏伟目标。

第二,学科是学术与探索的活动载体。美国著名高等教育学家伯顿·克拉克就此指出,大学是由生产知识的群体构成的学术性组织,"高深知识"的操作是大学组织的核心任务。知识是包含在高等教育系统的各种活动之中的共同要素:科研创造它;学术工作保存、提炼和完善它;教学和服务传播它。当人们把目光投向高等教育的"生产车间"时,看到的是一群群研究一门门知识的专业学者;而这一门门知识被称为学科,大学正是围绕着学科组织起来,构成大学的"总体矩阵"。在这个"总体矩阵"内,每个学科都有不证自明的重要性,当每个学科在自身领域里变得有权威时,它们就获得了不同的特殊地位。

第三,学术是大学的一切,大学一切为了学术。中国学者钱钟书先生引用古人的话指出,学与术者,人事之法天,人定之胜天,人心之通天者也。"法"、"定"、"通"三字,将大学学术穷极宇宙之使命可谓推到极致。

胡适在1920年北京大学开学典礼的演说中明确提出,北大要真正成为"新思潮的先驱"、"新文学的中心",必须"从现在这种浅薄的'传播'事业,回到一种'提高'的研究工夫"。他指出,若有人骂北大不活动,不要管他;若有人骂北大不热心,不要管他。但若有人说北大的程度不高,学生的学问不好,学风不好,那才是真正的耻辱!胡适表示,他不希望北大来做那浅薄的"普及"运动,而希望北大的同人一齐用全力向"提高"方面做功夫。研讨创造文化、学术及思想,唯有真提高才能真普及。

中国共产党创始人之一的李大钊在1922年的《北京大学日刊》上发表的《本校成立第二十五周年纪念感言》中更是奋笔直书:"我以极诚挚的意思,祝本校学术上的发展。只有学术上的发展,值得作大学的纪念,只有学术上的建树,值得'北京大学万万岁'的欢呼。"①

(3)批判性与创新性。柏林大学首任校长费希特说得好,大学的存在不是为了传授信息,而是为了教诲如何进行批判性判断。显然,批判性与创新性

---

① 参见丁东等编:《大学沉思录》,广西师范大学出版社,2005年:第56页。

是大学不证自明的组织功能与存在价值，是大学胜任其探索真理、创造发明及社会赋予它各种使命和责任的根本原因。

第一，批判与创新是一对孪生子，有批判才有创新，要创新必须批判，批判是大学一切学术活动的前提条件与特征。正是通过批判，使大学在学术活动中体现出其理智、独立和客观的学术精神，由此保证知识条理性的逻辑理性；保证知识精确性的数学理性；保证知识可靠性的经验理性。作为特殊的社会科学知识与文化精神传承机构，大学是各种社会思想理念、精神观念兼容并蓄、自由生存的场所，多元多样化文化精神和意识观念，需要在批判与反批判的交锋中消亡或发展壮大。

第二，大学是一个"知识分子成堆的地方"，自由、求新、开拓、争优、创新是学者们的天性。学术创新包括传授高深学问、培养尖端人才和创造新兴学说，这是大学的逻辑起点与终点。

如果说普通教育的功能主要在于知识文化的传承，那么履行高等教育使命的大学的主要功能就在于为社会探索与创造新知识、新文化。只有在选择、批判和创新过程中，大学才能体现出"常为新"、"常向上"之进取精神及其大学存在之社会价值。

作为洪堡思想的设计者之一的谢林教授曾教导学生，学习仅仅是为了有所创造，只有具有创造能力的人，才是一个真正的人。如果失去创造性，一个人最多也只是一架结构精巧的机器。

"山不在高，有仙则名"；校不在规模，有学说乃大，有一流或上流学说则名。正因为大学所具有的创新功能以及培养能够大胆创新的人才，"社会才愿意向大学投资"并肯定大学的社会价值。

（4）生产性和社会服务性。

第一，大学走入社会并出现一定程度的功利化发展，既是 20 世纪世界各国高等教育发展的普遍性特征，又是世界各国社会变革变迁带来的必然化趋势。

日本学者大泽胜教授在谈到现代大学的社会生产性和服务性功能时认为，一是具有对现代科学技术的再生产和创造功能；二是具有继承知识、发展理论、开发专业技能以及培养从事专项职业人才的功能；三是具有通过教育形成国民教养和市民性教养的功能。① 大泽胜的现代大学三大功能观集中表达了大

---

① 参见 ［日］大泽胜：《讲座·日本的大学改革》第 1 卷，青木书店，1982 年：第 3 页。

学的生产性与社会服务性特征。

第二，大学不是一个自我封闭的象牙塔，而是一个以人力再生产和文化再生产为特征的社会生产性组织，即：一个通过对科学知识、道德文化和政治意识形态等内容的选择与整理，并通过各种教育规律与教育科学手段迁移于不同阶层、不同民族、不同区域、不同信仰的所有社会成员，使之成为符合各个社会和各种需要的整合组织；一个以学术权威为主、教学相长为辅的文化传播与知识生产的组织。

对学生而言，大学使得从四面八方汇聚到此的学子们拜到真师，求得真学；对教师而言，大学既是教师以教学科研劳动求取社会功名与地位的学场，又是一个教师通过教学相长、知识互补而实现个人与学校持续发展的学习型组织；对整个社会而言，学校是一个多元社会关系的汇合点与平衡点，即作为和谐国家、和谐社区目标的实现机构。

一言以蔽之，大学是国家与社会影响的造势场所，是家长教育期望的实现机构，也是学生个体谋求发展的文化教育资本赋值机构。大学在与社会的一切良性互动过程中，通过为个人和社会提供优质的教育科学服务，实现自己的生产性与社会服务性。

（5）特色性。

第一，标新立异与特色发展是大学的天性，这一天性可从两个层面理解：一要接地气，二要千姿百态。所谓接地气，即是每一所大学都要脚踏实地地在生于斯、养于斯的民族优秀文化土壤上健康而茁壮地成长；所谓千姿百态，即是每一所大学又应该敢于和善于特立独行与标新立异，以展示出自己的独特风采和贡献出自己的独特果实。

第二，标新立异与特色发展，关键在于每一所大学应找准属于自己的社会定位与发展路向，成就自己的特殊业绩与贡献，或者说，每所大学形成自己的特色学科专业及其课程知识体系，形成自己的特色办学理念及其人才培养模式，形成自己的特殊精神追求与治学风格，倘如此，才算是真正领会了"地气"和"千姿百态"的真正意蕴。

（6）开放性。开放性是大学自产生之日起就具有的天生价值取向及其行为特征。今日之大学的全方位开放，使得它们的人员配置、生源流动、教学科研合作、资源配置等愈益趋于跨校化和跨国化。开放性的本质特征是普适性、包容性与多样性。

第一，普适性 universalistic 一词在英语里与大学同根同意，其意思是"普适主义的"。"大学是什么？""大学是探索普遍学问的场所（a studium generale, or school of universal Learning)①"，是任何人可以学习任何东西的地方。

赫胥黎说得好，理想的大学应该是个学术思想不受任何束缚的地方，是个能使所有入学者获得所有知识和掌握所有学习工具的地方，而不管这个人信仰、国籍和贫富如何。大学自诞生之日起就彰显出一个自然界与人类社会的普遍事物的知识传递、探索与创造和有教无类的普适主义机构，四面八方的有识之士聚集在这里，自由地思想，自由地探索，自由地教与学，由此使大学持续创新，人类持续进化，社会持续文明。

第二，所谓包容性，是指大学在思想观点、学派发展和人才聘用方面所奉行的圆通广大、兼容并包原则及其展示的和实生物精神。

首先，英文的大学为 university，其词头 uni 的基本含义为"一"。在中国道家文化中，"一"是"根"，是本源，所谓"一生二，二生三，三生万物"，于是大学为万物之源，创造之源；university 的词根是 verse，表明博大及其无所不包、普遍之意。由这个词根引申出好几个词，大学是其中之一，另一个是 universe，宇宙的意思。

大学和宇宙源出于一个词根表明，与浩瀚无垠的宇宙同宗的大学，本身应该就是知识无垠、学海无涯、海纳百川和创造无限的场所，没有什么能比大学更能包容一切。

其次，万物并育而不相害、道并行而不相悖（《礼记·中庸》）。大学只是为学者、学派与学科提供比较和竞赛的"场"，容双方和多方的较量，让新生战胜陈腐，先进战胜落后，真理战胜谬误，从而实现优胜劣汰的自然竞争法则。这是一个充满着科学与民主、平等与正义、开放与竞争的过程，比行政手段强迫人们研究什么和不研究什么的结果要可信得多。

第三，所谓多样性，是指大学的活动方式与活动内容的无定式特点。为了适应和改造社会，大学的学科设置目标和人才培养结构日趋复杂化和多样化。比如学科专业的不断前沿化，各种新学科、交叉学科纷纷产生；学校教育层次的多样化，大学由普通学术教育专一发展到与职业教育、继续教育并行不悖；教学方式由传统的课堂教学变革为学研产一体化教学、黑板教学与网络教学相结合、规范性教学和全时空、终身化的弹性教学等多种形式；教学内容的自主自选与世界主义，如此等等。

发展需要智慧，而智慧源于文化的多源和知识的多样，以及它们的有机整合与协和。现代大学的普适性、包容性与多样性，一方面导源于知识所具有的

①　转引自刘宝存：《何谓大学》，载《比较教育研究》，2003.4，第 8 页。

普遍性，即知识无国界，各种文化体系中蕴涵着丰富的文化本土化资源与素材，不同的文化都在不断地进行着采借、吸收、适应、整合；另一方面导源于从事知识传播与创造的人们所具有的求知动能和智慧发展的诉求。所以，普适性、包容性与多样性对于大学来说，是一种行为本能及其活动机制，是每一所大学的生存之道和发展之道。

（7）社会公共性与公益性。20世纪以来，随着教育权益的社会化和教育事业的公共化，大学的社会公共性与公益性日益增强，它从两方面肩负并展示着自己的时代重任。

第一，从外部看，一是如何最大限度地保护社会成员个体的主体性、个性性、自由性、创造性、社会参与意识、批判精神等文化特质，并体现于如何保证那些追求自我利益和自我实现最大化的自由个体，形成一个合法合理的社会共同体；二是如何以优质服务最大限度地满足社会成员的教育文化权益和个人发展诉求。

第二，从自身看，由社会对大学的社会公共性与公益性诉求中，必然衍生出以平等、契约、信用等为核心的人本化、理性化的现代社会公共文化精神。作为现代大学，应当充分展现其社会公共与公益性角色的作用，积极鼓励具有学术背景、专业素质和良知良能的学者们努力秉承批判精神和道义担当，勇于进言社会与参与社会公共事务，为公民社会的建构和发展作出自己应有的贡献。

美国著名高等教育思想家亚伯拉罕·弗莱克斯纳曾经指出，现代社会里的政治活动家、商人或媒体出于各自不同动机和知识结构，往往难以解析现实社会问题。因此在解决社会公共事务方面，"唯一能担此重任的机构就是大学了。大学必须保护和培养思想家、实验家、发明家、教师和学生，让他们在不承担行动责任的情况下，对社会生活的现象进行探究从而努力理解这些现象"①，同时以自己的实力和声望为社会采取明智的行动施加影响。在他看来，人类社会还没有设计出任何可与具有人才与智慧优势的大学相比的机构。

（8）技术性。随着现代科学技术的日新月异，促进了大学教育与学术活动手段的日益现代化。技术手段的现代化，使得知识的传播与创造越来越方便、高效和多彩多姿。

（9）"先进"与"保守"的有机统一性。与生俱来地具有先进性与保守性，是大学的遗传特征和生存样态。

———————————

① 参见［美］Abraham Flexner. A Modern University［J］Atlanhly，Vol. 149，1932.

第一，作为社会专门的教育和学术社团，大学以其特殊职能及其功能与使命，决定了其"先进"与"保守"的有机统一性的组织性质特征与行为特征。

一方面，大学具有"先进性"，是指大学以其特有的创造性精神、超前性意志和功能性知识传播职能，如"灯塔"一样照亮人类进步和社会发展的道路。作为高等教育载体的大学，它尤其注重知识文化材的新颖性与生产性，这使得它与专门从事稳定、传统、一致性文化知识传播的基础教育完全不同。

另一方面，大学具有"保守性"。一是源于大学传承、整理和传播人类文明成果并使人类文明得以忠实守护的职业性质。这使得大学承载价值，守望文明，为人类提供终极关怀。二是源于大学与生俱来的社会独立性、自治性与距离性的组织人格。这使得大学不似公司企业，它反对追赶时尚和即时功利；不似媒体，它反对追逐热点和制造新闻；不似官府衙门，它反对盲从与命令，更不似官僚政客，绝不做传话筒、温度计和风向标。三是源于大学的稳定性与经验性组织文化，即组织文化在赋予组织成员的生活经验以意义的过程中，也等于同时设置了一个思维定势与行为框架，既有的共同信仰、价值体系和行为范式会阻滞组织成员求新求变。

大学的这一保守现象如日本学者大河内一男和海后宗臣等人所分析指出，学校一经组织成为一个完整的制度体系，就会在社会上固定下来，只有在特殊的情况下，才会改变学校的体制，但整体上也很难变动。

大学具有保守性，但这种保守性恰恰总是与组织的先进性和科学的理性主义精神伴生。大学不能总是把社会上认为有用的东西随时随机地拿来讲授，社会认为有用并经检验确实有用的知识会经过教学而取得其效果，但这一过程需要一定的时间。①

（10）稳定性与渐变性。稳定性与渐变性是大学的组织遗传性特征，是大学成熟的象征。弗洛伊德说得好，生活在群体中的人们需要压制个体的强烈冲动，不管其有意还是无意，因为这种冲动会影响健康稳定的职场文化。

第一，稳定是大学不同于任何社会其他机构的职业文化特质。作为拥有人才和知识绝对优势的大学，它有着自信、自尊、自贵和自若的力量。因此，大学像湍流中的流速仪，任凭水流变化，冷静地测度着沧海桑田的剧烈动荡或悄然变化。大学如若随波逐流，就会迷失方向，倾覆于激流之中。

第二，大学需要与时俱进，但与时俱进的方式是改良加渐变。尽管淘汰对

---

① 参见〔日〕大河内一男等著：《教育学的理论问题》，教育科学出版社，1984 年：第 59 页。

个人或学校是剧变，但学校的总体运行是稳定的，不搞变化无常、形式主义的所谓改革。

大学以创新引领社会，但知识与学术依靠数代人的积累，且任何新见都只是在经过反复科学验证择优后才镶嵌在科学与学科的桂冠上。因此，大学需要理性与稳定的心理特质与制度环境，只有在如圣殿般的环境中，学者们才能杜绝浮躁，潜心向学。

大学需要同那些急于功利的"效率"、"竞争"和成果类的现代企业管理制度保持距离，否则，短期行为将毁掉大学的学术道德、声誉与生命。大学的学术内容不断刷新，但大学招牌依旧，如果创新的动力仅仅来自外部需要，靠口号和形式变换，那是成不了"常青藤"的。

总而言之，现代大学之所以为现代，就在于其内在的文化精神、组织制度及其生活方式所具有的现代社会所认可的文化价值属性。

大学的存在是以智慧与创造为前提的，大学这个组织的使命就在于把一切优异的年轻人聚在一起，让他们的智慧相互砥砺升华，产生无穷无尽的创造力。所以，教授门第、专著成果还在次要，关键在于大学的教学如何为年轻人的脱颖而出创造更有成效的生态环境与机制。学者的潜能就像空气，可以压缩于斗室，也可以无垠于宇宙，就看我们给他们提供多大的空间。

今天的大学，除了完成基本教育、科研任务外，同时还是一个公民沙龙，即全体公民追求终身教育和探索社会文明的地方。

第二章　现代大学之公共性

公共性是教育制度的社会本质特征之一，当然也是现代大学之现代性的本质规定及其重要特征之一。美国著名高等教育哲学家布鲁贝克在研究了美国的现代社会变迁后指出，今天的大学已经成为仅次于政府的社会主要服务者和社会变革的主要公共性工具，是社会新思想的倡导者、推动者和交流中心。

第一节　公共性与大学的公共性

从根本上说，公共性是教育事业及其载体——学校一切职能、功能价值的社会本质性特征，而正是学校特有的基础性与前瞻性特点，使社会对学校的公共性期待日益强烈。学校的公共性日益彰显，既是现代社会文明进步的结果，也是学校与社会实现双向良性互动的结果。

一、公共性

公共性是一个涵义十分丰富的概念，不同学科有着不同的研究旨趣与问题领域。但是，无论各个学科对公共性怎样理解和阐述，都不会脱离其基本原理。

1. 辞源

究其辞源，原初意义上的"公共"代表着中外先民们一种朴素的社会共和理想。

第一，在中国，根据《辞海》的解释，"公"的含义为"公共；共同"，与"私"相对。《礼记·礼运》所言"大道之行也，天下为公"，亦为此意。《汉语大辞典》中，"公共"意为"公有的，公用的，公众的，共同的"。自古以来，"公共"一词在中文语义中显然着重强调某事物的公众之共有或共享意义。

第二，在国外，"公共"一词有两个起源：一是起源于古希腊词汇（pubes or maturity)，强调个人应超出自身利益去理解并考虑他人的利益，同时意味着具备公共精神和意识是一个人成熟且可以参加社会公共事务的标志。二是从古希腊词汇 Koinon 到英语词汇 common，有"共同"、"公有"、"普遍"之意，表示人际之间在社会交往（共同体）和工作中相互协作与关照的一种状态。

2. 政治与社会学意义的流变。

汉娜·阿伦特和哈贝马斯等人在考察"公共"、"公共性"的起源与流变时认为，"公共领域"（或"公共空间"）的出现与"公共"、"公共性"的流变密切相关。

第一，汉娜·阿伦特在谈到公共领域的时候认为，一个基本的逻辑起点是，公共领域是市民社会的产物，也就是说，它不属于专制、集权的社会。只有在市民社会，具有平等身份的人们之间可能进行相互沟通，相互交流，才有所谓的"公共性"。而公共领域的产生需要四个条件：存在共同关心的议题；愿意了解他人的想法；以语言（而不是暴力）进行互动；接受较佳论证的效力。

第二，哈贝马斯认为，自古希腊以来，社会有明确的公私划分，公代表国家，私代表家庭和市民社会。例如在古希腊、罗马，公私分明，所谓的公共领域是公众发表意见或进行交往的场所，那时虽有公共交往但不足以形成真正的公共领域。在中世纪，公私不分，公吞没私，不允许私的存在，公共性等同于"所有权"。直到近代（17、18 世纪）以来，在私人领域之中诞生了公共领域，才有了真正意义上的公共性①。

按照哈贝马斯的理论，一方面，公共性或公共领域不是指行使公共权力的公共部门，而是指一种建立在社会公/私二元对立基础之上的独特概念，它诞生于成熟的资产阶级私人领域基础上，并具有独特批判功能。

另一方面，在公共领域中，公众依循公共性的原则而成为舆论的主体。每个人的个人身份和公民身份是交叉在一起的。在对公共事物的参与中，人们既发展了他们个人的公共生活能力，又通过其活动对社会政治秩序的形成做出了贡献。

第三，在人类社会公共领域与私人领域日益走向相分化的历史进程中，国

---

① 参见［德］哈贝马斯著、曹卫东等译：《公共领域的结构转型》，学林出版社，1999 年。

家的职能开始发生统治职能与管理职能这一最为基本的两大职能的分野。

一方面，由于国家统治职能是在统治集团和被统治集团的关系中实现，所以，虽然它表现出一定的现代公共性内容，但本质上是与公共性相悖的。而在管理职能中，公共性是其最为根本的特性，因此可以认定：只有在一个纯粹的公共性领域里，管理职能才能得以充分履行。因此，社会领域的分化引发国家职能的分解，从而导致公共性的彰显。"公共性"的彰显及其强化，不仅是公共部门履行其管理职能的内在要求，同时也是日益壮大和理性的公民社会的外力推动结果。

另一方面，经济领域盛行自由主义和市场经济理论，政治领域实行国家放任主义，公共行政在政治与行政"二分法"的影响下，纯技术性管理形成对公共行政的公共精神和公共价值的冲击。

第四，进入现代社会历史时期以来，"公""私"领域出现相互融合的趋势。一方面，发生在经济领域的融合趋势表现为国家干预与自由经济并存；另一方面，随着公民社会的成长壮大，在政治领域中发生社团自治、公民参与及其公共行政改革的浪潮，强化政府公权的"公共性"逐步成为社会各界的共识。

3. 经济学与经济社会学意义的演变

在经济学和经济社会学的日益深化研究中，人们逐渐认识到，社会中的物品分为公共物品和私人物品，区分两种物品的标准在于是否具有排他性。

第一，凡是某一物品的消费是可以排他的，如衣服、住房、食品等，便是私人物品。反之，如果某一物品的消费不能或很难排除他人，那么便是公共物品。如路灯、无线电视等，此类物品不能因某个人的消费而排除其他人同样消费。

第二，在物品的供给上，私人物品由于可以排他消费，因此社会尤其是市场具有供给这种物品的动力；而公共物品由于消费是不能排他的，也就是说，一旦具有这种性质的物品生产出来，如果你要消费这种物品，就不能排除别人也来消费这一物品，同时，别人的消费也没有改变物品的损耗，比如道路、电视、灯塔等都是如此。对于这种物品，由于不能排除别人即使不付费也能消费的可能（搭便车），所以人们往往不愿意主动投资生产这种产品。

第三，由于公共物品很难通过私人的活动得到有效供给，人类历史上的公共事物都借助一定的组织来实现，这些组织通过人们之间自愿或者强制性的合作，来实现一定地域和一定范围人群里公共物品的供给。部落、教会、家族、协会、政府都是供给公共物品的组织形式，甚至可以说，所有的组织都是公共的，因为它们都有公共功能，使用公共资金。

教育正是这样一种社会公共物品。

4. 定义

第一，所谓"公共"，一是指社会共同体中的人际交往活动及其相互关系，它更多地指向社会层面而非个体层面。当人们试图通过建立一些永久的标准和规则，确保生活在共同体中的每个人相互获取最大之善时，它直接导引出古希腊早期的社会民主。二是指社会共同体中的物品的公有与共享之性质。

第二，公共性是一个历史范畴的概念。所谓公共性，一是指人类社会生活共同体中的一切公共意志、公共情感、公共价值、公共理性、公共需要和公共利益之于个人意志、个人情感、个人价值、个人理性、个人需要和个人利益的代表性及其体现度，这种代表性及其体现度被人们称之为公共性。二是指群体社会生活谐和、开放与平等的属性，并通过特定共同体成员理性、自觉的交互主体性行为与结构性活动而存在。真正为社会所共有、共享的公共性，是社会多元利益主体复杂博弈的产物，是确保公众与社会之间关系维系的一种平衡。三是指公共领域与私人领域，国家与市民社会，政治生活与经济活动具有对应的相关性。整个近代社会发展史的客观进程，都在于使公共领域与私人领域日益分化，这样一来，整个社会就成了公共领域与私人领域的整合体。

第三，随着历史进步和社会文明发展，随着社会公共领域的出现与拓展，随着学者们的研究深化和理论完善，今天的"公共性"已经成为一个被赋予崭新内涵并寓意深刻的现代理论术语。

当今时代，公共性作为一种分析政府和公共机构行为的价值取向及其评估工具，既体现了一种社会对公平、民主的精神诉求，又体现了一种社会对利益共享的价值诉求。

二、现代大学之公共性

从时间跨度上看，大学经过千年日月流变，由传统、近代演变为现代大学。在这一漫长的历史进程中，大学实现了从自我封闭、"自我放逐"的象牙塔到"积极入世"并引领社会文明进步的文化科学策源地角色的重大转换。当大学以其特殊的职能、功能与价值从社会边缘走向社会中心时，大学的社会公共性日益彰显，大学这一社会角色的历史性巨变，既是社会文明和时代进步的结果，也是大学与社会双向互需互动的结果。

1. 大学之公共性

第一，公共产品理论是大学公共性的基本依据。根据这一理论，大学教育作为一种非排他性质的社会公共物品，与"公共产品性"、"社会公益性"、"公益性组织"、"非营利性"之间有着必然的关联性。

一般意义的"公共性"，是指政府组织着眼于社会发展长期、根本的利益和公民普遍、共同的利益而运用公共管理手段，提供公共物品和开展社会公益性事业。由此推演，作为共有共享的国民教育，其使命就是运用政府公共资金并通过公共管理手段，将教育资源公平合理地提供给每个社会成员。

第二，学校作为教育事业的实体机构，公益性和公共性是其组织及其行业特性。这一特性表明：一方面，大学产生于社会，又着眼于和服务于社会；大学产生于公众生活，又着眼于和服务于公众生活。另一方面，大学的行业职能、功能及其价值，在于它是社会共同体内社会关系的整合机构、文化文明的传播机构、道德伦理的教化机构和人类精神的故土家园。

第三，教育的公共性是现代民主社会的产物，其核心是教育民主，它是公共空间的权力博弈，而不是一元化和统一性；也不是什么道义的熔铸。因此，教育的公共性是公共权力和公民权利的统一，而不仅仅只是单向的权力意志，如何最大限度地保障和优化公民的文化权益，继而实现公共空间的民主化，是当代中国亟待研究和解决的重大社会命题。

当然，大学除了公利性、利他性之外，同时也具有自利性，即存在着自身的发展逻辑和活动利益。正确地认识和处理学校教育的公共性与自利性，对于学校自身的发展与改革具有重大现实意义。学校教育应充分发挥其公共性，正确认识自利性，划清二者合理的边界，最终实现学校教育公共性和自利性的有机统一。

2. 大学组织成员之公共性

大学机构的行业特性及其成员的职业特性（教师职业），决定了其公共性的角色性质及其公众人物的形象特征。

第一，社会公共利益为确认公共性或公众性组织和公共性或公众性人物的决定性要素。

就组织而言，所谓公共性机构，严格意义上是指在一定范围内具有一定影响、其决策及其发展状态涉及公众利益的机构；就组织成员而言，所谓公共性人物或公众人物，严格意义上是指在一定范围内具有一定影响但未必为公众所熟知、而其言行涉及公众利益的人物。

按照上述定义，大学同政府机构、医疗机构等，教师同政府公务员、医生等，一道成为社会公共性机构或公共性人物。

第二，作为专门从事社会公共性事业的大学和教师，一方面，他们受到社会广泛尊崇并得到社会各界的赞誉或赞助，等等；另一方面，他们的行为举止又无时不刻为社会所高度关注。同样一件事，社会其他部门或其他人可以做，但大学或大学教师却不能做；其他机构或个人做了似乎无所谓，而大学或大学教师做了则会受到社会激烈抨击与指责，如此等等。

第三，作为一种肩负特别使命的知性职业，教师既受到社会公众的广为尊崇，又受到社会公众的密切关注。其原因在于：一是作为"人类灵魂的工程师"，教师的传播知识和迁移文化的任务受托于社会，他们的知识文化素养及其教育服务质量直接关乎每个社会成员的文化权益与发展权利，关乎整个民族的未来乃至于国家的存亡；二是接受教育是社会成员必须承担的一种强制性义务，随着时间的推移和知识文化的迁移，他们受到教师的影响会越来越深；三是作为一种直接向公众传播知识和文化的工作，教师是一代代学生受化和审美的对象。教师不仅要授业解惑，还要传道育人，因而要在各方面为人师表，并永葆其特殊的文化品位与从业形象。

第四，歌星、影视明星和体育明星之类是最宽泛意义上的公众人物但并非公共性人物。一方面，他们尽管有着相当的知名度，但其言行并非直接涉及或影响到公共利益；另一方面，他们的影响仅局限于某些人的某些偏好，因而影响力度有限，随着时间的推移和兴趣的转移，这种影响力会下降甚至消失。如果你没有追星的嗜好，那些人对你产生不了任何影响。

3. 现代大学之公共性使命及其责任

第一，从宏观上看，大学当下的公共性使命及其责任应遵循以下四个原则：一是根据以人为本的原则，积极维护和发展社会成员的生存、健康与幸福权利及其实现条件；二是将提供优质公共服务和产品及其不断促进公民的社会参与作为自己的公共责任，将积极维护和发展公民权利及其确保公共生活的质与量作为价值信念；三是根据法治与德治的社会整合原则，维护和促进社会与个体的公共生活安全；四是积极维护和发展关系到社会和谐以及社会精神文化生活质量的价值信念，努力促进社会的公平与正义。①

---

① 参见谢维和：《大学的价值在于公共性》，中国科学网电子杂志，2007.12.25，第37期。

第二，从微观上看，一是在入学方面，对一切具有可造资质的学生提供政策服务，以确保其享受应有之文化教育权益；二是拓宽和深化专业知识教育，确保优质教学服务；三是以学术创新为大众提供知识、技术、文化等方面的社会服务；四是科学合理和优效高效地使用公共经费及其他教育资源；五是建立完善的包括社会各界参与的公共治理制度；六是一切办学信息公开透明，方便社会与公众的评价、监督与问责。

第三，对于大学之社会公共性研究，虽然学者们切入点不尽相同，但结论高度相似。

20世纪80年代后期，联合国教科文组织发表的一份报告指出，高等教育与社会变迁越来越呈一体化趋势，并日益从社会边沿走向社会经济、政治和文化的中心，其显著特征是学校成为社会发展的中心和学习组织的中心。

"大学已经成为多目标的机构，而且在近七个世纪以来，大学的职能也一向在增加"。"由于大学拥有向未知世界进军的专家学者，大学遂独具探测社会变革和提出应变措施的高度灵敏的智力触角。"由此也使得"如今在所有社会组织机构中，能胜任人类远大目标的指导任务和人类未来利益的管理任务的，似以大学最为适宜"。一句话，大学的功用和大学的使命使得社会真想让其承担革命进步的全部责任。①

大学的社会公共性演变也为许多教育家们所洞见。威廉·洪堡认为，大学是社会的道德灵魂；哈罗德·帕金认为，大学是人类社会的动力站；R. V. 加西亚认为，大学是国家最进步力量的先驱；赫钦斯认为，大学是社会之光；西奥多认为，大学是人类社会有史以来最能促进社会变革的机构。总之，在高度开放的社会里，大学的公共性特征日益通过其公共形象及其社会的关注度被展现于众。

4. 大学公共性演变之趋势

高等教育与公众的社会权益具有更加密切和直接的关系，大学越来越被人们所关注。

第一，世俗化。社会对大学的日益关注实际上反映了一个十分重要的变化，即现代社会的高等教育已不再独自清高，它与整个社会经济及老百姓的联系已经越来越密切和广泛。此如诗人刘禹锡在《乌衣巷》中道："旧时王谢堂

---

① 参见［英］阿什比：《科技发达时代的大学教育》，人民教育出版社，1983年：第145~148页。

前燕，飞入寻常百姓家。"过去让人们肃然起敬甚至望而生畏的大学，如今逐渐"世俗化"。

这种对大学的了解和关心，不仅体现在寻常百姓能够自由出入大学校园和某些过去常为"闲人免入"的场所，而且体现在能够对大学的发展路向提出自己的意见与要求。显然，人们已经将大学看做是大家的大学或自己的大学。

上述社会变化表明，大学的公共性已不仅是社会和人们的一种外在期望，它正在表现为一种更加实际的关注与必要的干预。

第二，世界性。关注高等教育事业及其大学发展已经成为一种世界性的社会现象。

比如，大学的课程改革这种属于大学自己的事情，如今也广受社会与媒体的关注。美国著名高等教育研究学者阿特巴赫曾就此指出，大学教员聚在一起讨论课程变更事宜的时代已经过去，现在任何一项课程计划的变更都可能在《纽约时报》或是在《华尔街日报》上引发讨论。

三、现代大学之社会公共性期待

当今时代，人们越来越关注教育，它表现在社会各界对教育界的种种期待：能否培养出层出不穷的创新型人才，以造就创新型民族和国家；学生能否成长为具有健全人格个性和社会竞争力的公民，使他们能够在不断变革的社会里善于找到自己创业与发展的空间，进而在实现自己的职业生涯和人生理想中承担起对自己、对家庭和对社会的责任；学校能否持续创造先进的文化精神，以促进社会的进步和文明。社会对教育界的关注和期待，应该并且已经成为教育界关注社会的动力和思想源。

1. 公共性与公益性

公共性是大学的办学方向，而公益性则是大学公共性的具体体现，是大学日常管理运行中协调和解决具体矛盾与困难的原则和方法。坚持公共性这一办学方向，大学的公益性就可以得到有效落实，并且能保证和维护大学自身的利益。

第一，社会转型时期的大学公共性挑战。中国高等教育在整个社会从社会主义计划经济转变为社会主义市场经济后，如何进一步坚持和发展公共性成为坚持大学办学方向的一个根本性问题。

例如，根据《中国教育改革和发展纲要》的规定，高等学校应该成为面向社会自主办学的法人实体。尽管这种法人实体的含义是多方面的，也存在不同看法，但大学本身的独立利益却因此而获得了更大的合法性，大学发展自身利益的要求也具有了一定的合法性。问题在于，大学自身的独立利益和发展这种利益的要求，与其公共性的本质和维护公共利益的职能之间是否存在冲突呢？我们有什么样的新机制使大学既能够继续扮演公共性的角色，又能够发展自己的利益呢？

又如，大学经费结构的变化，也对大学的公共性和发展公共利益的责任构成尖锐的挑战。在计划经济时代，大学属于公共财政全额拨款的事业单位，大学的所有经费几乎都由政府提供，教师工资均为财政拨款。在这种财政体制基础上，大学履行其发展公共利益的职能，教师扮演其道德角色，坚持其公共性都没有问题。但目前中国大学的经费已呈现多元化的局面，有的大学经费中政府财政拨款只占 30% ~ 50%。而就教师的实际收入而言，财政拨款只是其中的一部分，甚至是一小部分。在这种情况下，如何坚持大学的公共性，以及如何坚持和进一步维护社会的公共利益，对于大学和大学教师无疑也是一个巨大的挑战。更加突出的问题和挑战是，大学如何在新的形势下，坚持为国家和社会，特别是为一些重点和重要岗位，包括部分边远与艰苦地区的社会经济发展，培养和输送高水平的专门人才？这显然是大学公共性和维护社会公共利益中最根本的内容和要求。

众所周知，改革开放前的中国高校，大学生就业完全按照计划经济的模式安排。在这种体制下，高等学校完全能够根据国家的需要给各个不同的部门输送毕业生，进而保证国家和社会的利益。但是现在新的体制与模式是"双向选择、自主择业"，在这种新的就业模式下，毕业生常常会按照一种利益驱动和导向进行选择，即根据收入的高低、事业的前景，以及个人的兴趣等个体本位进行择业。那些能够体现和反映国家与社会公共利益的机构、部门与企事业单位，由于收入水平不高，或环境与条件不够好、工作比较艰苦，以及其他各种原因，在大学毕业生的择业中被"边缘化"。尤其是那些地处边远地区和艰苦地区的国家重要企业和事业单位，往往得不到大学毕业生，特别是重点大学的毕业生。这种现象显然与大学公共性的责任不相适应，尤其与国家重点大学在发挥大学公共性上所应承担的主要责任不相符合。坦率地说，这种现象在高等教育领域具有一定的普遍性。

第二，全面深刻认识新时期大学的公共性。当前，面对新时期的社会使命与要求，大学有必要对其公共性及其维护与发展社会文化教育权益的责任加以深入和全面的认识。

其一，坚持大学的公益性和正确的办学方向，是坚持和发展大学公共性的最根本的体现。人的培养是大学的根本任务，也是大学公共性的重要内容，而人的培养中的方向性，培养社会主义的建设者、接班人和合格公民，则是坚持和发展大学公共性最重要的方面。

根据教育学的基本理论，教育活动实际上可以简单地归结为两件事情：一是促使人的转变，即通过教育把一个人从一个生物人的存在，转变为一个真正的社会人的存在，从一个不成熟的、幼稚的人，转变为一个成熟与合格的社会成员；二是引导和保证这种转变的正确方向，即通过教育引导青少年朝着正确的方向转变，并由此保持自己身上已有的好素质，去除不好的因素，并且不断学习有价值的内容，进而成为一个合格的社会成员，一个具有社会责任感和高尚道德的人。相比较而言，后者往往更加关键。这种大学中人的培养的方向性，正是大学公共性的根本内容。而且，这种对方向的把握和引导与前者相比较，是教育更加主要的责任。

其二，坚持和发展大学的公共性，以及维护与发展社会公共利益的责任，还必须科学认识大学建设与发展中公共性与公益性之间的关系。

作为非义务教育，大学的教学、科研和社会服务具有一定的有偿性，包括大学教育中必要的收费制度、科学研究中的合同约束、发明专利的有偿使用，以及社会服务中的成本核算等。而且，就整个大学的财务管理而言，也从过去计划经济体制下的报销机制，转变为一种具有强约束的成本核算机制。

但是，从本质和基本定位而言，大学又是一个公益性机构，具有明显的公共性和所谓的外在性。换言之，高等教育虽然具有有偿性，但这种有偿终究只是成本分担，而非商业性营利，公共性与公益性是高等教育事业的本质规定，尽管它的完全实现有待时日。从表面上看，这两者之间是相互矛盾的，但是它们之间的矛盾并非不可协调，且随着时间的推移和社会的发展，这一矛盾将最终获得解决。

2. 公共性和公益性两者并不是相同层次的问题

第一，公共性是大学的办学方向，而公益性则是大学公共性的具体体现，是大学日常管理运行中协调和解决具体矛盾与困难的原则和方法。

第二，坚持公共性这一办学方向，大学的公益性同样可以得到有效的落实，并且能保证和维护大学本身的利益；而放弃大学的公共性，大学本身的利益可能得到保证，但却会丢弃整个社会的根本利益，或者是大学的根本宗旨。所以，我们既不能简单地以公共性的原则代替学校管理和运行中的公益性，更不能错误地以公益性代替大学的办学方向中的公共性原则。

大学的公共性既是一个历史性话题，也是一个现代性课题。大学的公共性之所以具有如此丰富的历史内涵和现代价值，究其根本，就在于它已经作为一种精神文化而深植于大学的灵魂之中，并内化为大学的思维路径与行为取向。可以说，没有公共性和服务性，就没有真正的大学。

3. 当代之大学公共性文化

现代大学之公共性所蕴涵之公共文化精神的主导性价值取向必须兼顾两方面的问题。

一是如何最大限度地保护现代社会成员个体的主体性、个性性、自由性、创造性、社会参与意识、批判精神等文化特质。

二是如何保证那些追求自我利益和自我实现最大化的自由个体形成一个合法合理的社会共同体。由此必然衍生出以平等、契约、信用等为核心的人本化的、理性化的现代社会公共文化精神。作为现代大学，应当充分展现其公共文化性社会角色的作用，积极鼓励具有学术背景、专业素质和良知良能的学者们努力秉承批判精神和道义担当，勇于进言社会与参与社会公共事务，为中国现代公民社会的建构与发展作出自己应有的贡献。

美国著名高等教育思想家亚伯拉罕·弗莱克斯纳曾经指出，现代社会里的政治活动家、商人或媒体出于各自不同动机和知识结构，往往难以解析现实社会问题。因此在解决社会公共事务方面，"唯一能担此重任的机构就是大学了。大学必须保护和培养思想家、实验家、发明家、教师和学生，让他们在不承担行动责任的情况下，对社会生活的现象进行探究从而努力理解这些现象"，① 同时以自己的实力和声望为社会采取明智的行动施加影响。在他看来，人类社会还没有设计出任何可与具有人才、智慧与知识优势的大学相比拟的机构。

第二节　社会变迁与大学之公共性变迁

美国哈佛大学前校长劳威尔曾在 20 世纪 30 年代初对大学有过一段意味深长的评价：大学存在的时间超过了任何形式的政府，任何传统、法律的变革和科学思想。在人类的种种创造中，没有任何东西比大学更经受得住漫长的吞没

---

① 亚伯拉罕·弗莱克斯纳著，徐辉、陈晓菲译：《现代大学论》，浙江教育出版社，2001 年：第 7 页。

一切的时间历程的考验。作为人类文明和社会发展的标志，作为文化精神家园的象征，大学伴随着社会发展的不同形态，经历着不断探索、征服自然之路和不断挑战、超越人类自我的发展，冲决罗网，一往无前，以全新的姿态展现在当今社会面前。

高等教育是一种社会现象，其社会使命与职责特点，决定了其在不同时代、不同的社会发展阶段而扮演着不同的社会角色。恩格斯曾就此指出，社会一旦有技术上的需要，则这种需要就会比十所大学更能把科学推向前进，当然，这种需要自然同时把与孕育科学的特别机构——大学从社会边沿推向社会的中心。20 世纪以来，大学的公共性已经和正在通过其充分彰显的职能作用及其带来的社会角色结构移位并呈现于世。

一、与社会联系的普遍化与直接化

进入 20 世纪以来，大学以其特殊的职能角色及其功用价值，日益从社会的边缘性角色演变为社会公共性或核心性角色，这一历史性重大变化的根本特征是大学与社会联系的普遍化与直接化，它具体体现在以下两个层面。

1. 从区域社会到国际社会

以资本国际化、经济一体化和资讯网络化为特征的全球化时代，正空前深刻地改变着人类的生活方式并重塑着人类文明的生态格局。

第一，作为一个概念和一种生活方式，全球化既指世界的地理压缩，又指一个日益增强的整体意识。

所谓"压缩"是指由发达的现代交通手段和以信息高速公路为载体的现代网络技术所构成的人类物理时空乃至心理距离的空前缩小；所谓"日益增强的整体意识"，是指由于生产要素（资本、技术、知识信息和劳动力）跨区域、跨国流动的自由化和便利化，以及由这种自由化和便利化带来的世界性政治、经济和文化教育联动互补的综合效应及其整合趋势。

第二，社会——经济发展的结构变化和教育活动的结构与形式之间存在着密切的关联关系，即一种由原因到结果、又由结果到原因的互动关系。

一方面，现代教育和现代科技及其现代产业已经形成知识经济时代一条相互制约、相互转化、密不可分的完整发展循环链；另一方面，现代教育与现代社会在资源与信息上相互输出和输入，形成另一条完整的循环发展链。

国内外社会变迁及其全球化的历史进程深刻而又全方位地改变并决定着教育与社会联系的方式与途径，而普遍化与直接化正是高校这一有机体现实自己适应性生存与超越性发展的必然样态。

2. 职能与功能的外在化

所谓外在化，是指随着社会政治认识论的日益强势，大学在实现自身发展过程中，必须不断地调适和改造内外部环境，以充分发挥其社会职能作用与功能性价值。

第一，当代以来，无论从文化、经济和政治哲学出发，大学作为社会组织系统中的一个子系统组织，在现代社会里都必须发挥出它更多的外部功能作用，即从传统的一元文化传递职能，到重视发掘大学的经济、政治多重职能，这既是大学社会职能与价值重新评价的标志，也是大学走向社会中心的标志。大学发展的外在化，既是大学发展历史进程中的必然社会使命，又是大学走入社会中心必须付出的代价。

第二，大学有着具有其他所有社会组织所难以企及的公共性功能——维新、创新和出新，这种功能主要体现在两个方面：一是以知识文化创新为各个民族国家塑造"软力量要素"；二是以科技创新推动经济社会发展，为各个民族国家打造"硬力量要素"。

作为与现代经济、科技、文化等社会领域高度相关的机构，大学社会化和公共化是组织职能完善的必然，是大学与社会互动发展的必然，也是教育与社会联系的普遍化与直接化的必然。

第三，在大学发展的外在化过程中，大学职能被一再扩展并被赋予新的公共性内涵：更加注重大学教育的投入与产出。按照经济学理论，任何投入都应该追求产出的最大化，教育机构亦如此。但不同于经济部门的是，教育部门的产出不是利润最大化，而是社会效益最大化。在教育机构产出的诸多社会效益中，第一效益是公平与公正，即社会成员在享受教育权益上的公平和进入社会流动分层过程中的公正。教育是社会公平与公正的调节器。因此，公平与公正构成教育的第一原则。第二效益是产出效率。这里的效率依然不是利润指标，而是人才培养效率，即以较少的投入培养更多的优质适用人才，由此通过快速优化国民素质达致增强民族与国家的软实力——创造性文化智能。

3. 职能与功能的多元化

高等教育发展的历程表明，高等教育的职能和功用总是随着社会政治、文化、经济和科技发展而变化，它具有稳定与变化的有机统一；多样与侧重的统一。但是不管增加什么样的新任务，大学的职能总是人才培养、教学、科研与社会服务的统一。

当今知识信息时代的大学，不仅是知识、信息的传承、分配者，还是知识、文化的创新与导向者；不仅是人才成长的塑造者，还是人才流动的促进者；不仅是经济社会发展的适应者，还是推动和改造经济社会的新文明动力源；不仅是社会变迁的推动者，还是社会变迁的形构者；不仅是社会公平的组成要素，还是社会公平的调控机制，如此等等。

二、服务信息化

知识经济准确地说，应该称之为信息经济。面临知识经济时代的到来，世界各国都把教育重点放在了培养善于迅速筛选信息、获取信息和创造性地处理和加工信息等一系列信息素养能力的新公民目标上。这一新的世界性社会发展形态变化，使得信息化成为当今教育从自身履行使命到外在教育服务的必然趋势。

1. 信息化机构

自古以来，大学就是一个知识信息集散地，一个专门搜集整理信息、传递传播信息和创新创造信息的机构。从行业性质看，大学属于知识制造业；从行业特点看，大学属于信息服务和流通业。正是大学的行业性质及其特殊功能，才使得人类文化和社会得以永续。大学是信息之源，在知识信息经济时代，大学更是"信息爆炸"之源。

美国加利福尼亚大学教授卡斯特斯在 1991 年对高等院校在现代社会发展中所起的公共性作用进行了详尽的论证后指出，大学是知识经济发展的动力源，即如果说知识信息是新世界经济中的电流，大学就是产生这种电流的发动机之一。

第一，信息技术手段广泛应用于大学集散信息的过程。知识经济时代是一个创造和配置信息的时代，因此我们今天面临的实际上是信息经济时代和信息全球化时代。

作为以信息产业为己任的大学，源源不断地创造知识技术信息产品和提供信息传播服务。比如，多媒体课程体系，影视课程体系等知识信息产品；在线教学所开辟的第二课堂，使师生实现网上信息资源的转换和智慧的迁移。

事实表明，多媒体教学与在线教学已成为当今世界教育普及化和构建终身化学习社会的最时尚、最有效的新途径。正是现代化信息技术的应用，增加了高等教育机会，优化了教学过程，降低了管理成本，增加了教育效率效益。

第二，信息科学教育的专业化与普及化。大学不仅创造与传播信息，还设置了从获取、处理到转化信息的专门理论与技术手段。随着包括与信息网络技术密切相关的计算机教育训练的普及，以及与信息科学技术密切相关的如信息经济学、信息政治学、信息文化学、信息社会学、信息安全学等学科专业的繁荣，大学担当了从生产、传播信息到引导社会成员获取、处理和转化信息的全部使命。

2. 信息化教育

信息时代，教育必然产生从传统的为工业社会服务向为信息社会服务的转变。因此，信息化教育成为一种新教育，它的本质在于具有前所未有的鲜明的服务性，为学习服务，为学习者服务。

第一，现代经济中结构的转变和质的提高，将克服第三产业在 20 世纪 60~70年代后发生的量增和质减的不对称状态，从而产生一个有效率的有益于经济健康发展的服务经济。知识经济时代的支柱是信息产业或称为"头脑产业"的"智力产业"，这就使智力资源形成的中心——学校教育成为智力产业中最主要的组成部分。智力经济，"经济"主要反映物质生产，教育则是智力的生产，是生产生产力的生产，这两个生产谁也离不开谁，由此使得人类社会发展来自于两个重要的序列交替互动：人口——教育——生产力和教育——科技——经济。在未来的知识经济社会，更是靠这两个序列驱动。

第二，学习是信息化教育的核心，信息化教育意味着从"教育本体"向"学习本体"的转移，而当一个受教育者变成了一个主动探索的学习者，他就不再是纯粹的受教育者，而是教育的选择者、消费者和批判者。这时候，教育不再是"卖方市场"，而是"买方市场"。在教育的买方市场下，必然产生"以学定教"的局面，由此信息化教育将重构教师角色，教师将不再是一个终身的职业，而是具体的互动学习过程中的一种相对角色。信息化教育提供的产品不再是学生，而是服务；其塑造功能是有限的，而为学习服务是无限的。

第三，知识经济时代，信息处理能力是导致国际间的"数字鸿沟"及其贫富差异的源头。因此，信息能力培养是现代教育、特别是高等教育的关键，培养学生筛选、获取和创造性加工信息的能力，是高等教育在知识经济时代的主要目标。

当今时代，高等教育已日益为全球共同享有，它包括共享文化、共享科技和共享教学。

一方面，当大量的教育资源实现共享时，人们可以通过网络实现在线学习、互联网学习，寻找到自己最需要的知识，从而使孔子"因材施教"的个性化教育理念真正得到实现，使教育均衡发展与教育公平的理想愿景最大限度地得以实现。

另一方面，大学教育的信息化与网络化，通过构建一个互联网站，增加一个在线学生，带动一个信息家庭，完善整个网络社会；通过在线教学，使新文化、新知识和新信息快速而便捷地传播，促进师生、社会成员乃至于整个人类社会的文明与进步。

三、办学开放化与国际化

随着经济全球化进程，世界各国内外文化间相互流动、理解与传播的频率进一步加快，大学的开放化已突破了地域界限而面向世界，国际化已成为高等教育公共性的新时期表现形式及其在全球化进程中竞争制胜的形式。无论是经济走向世界，还是从经济大国向政治与文化大国迈进，都需要通过高等教育的开放化和国际化来实现，它已经成为当代高等教育和高等学校公共性的时代标志。

1."国际化"概说

国际化包括三个层面的涵义。

第一，什么是国际化？美国学者赫尔曼·梅尔维尔认为，"我们不能只为我们自己活着"，"千丝万缕的联系联结着我们和我们的朋友；在各种联系中……我们的行动作为起因，反馈回来又成为结果。"[①] 这段简洁的语言，既表述了国际化的本质，又表述了在这个不断变革的世界中因历史悠久而受到尊重的大学所面临的国际化挑战。

第二，什么是大学国际化？成立于1988年的欧洲国际教育协会认为，国际化是一个总体过程，在这一过程中，高等教育更少地趋向于本土，更多地趋向于国际发展。根据这一观点我们可以这样理解：一是将大学的改革与发展置于世界背景之中，以国际社会的视野而非仅从本国的角度进行考量和把握；二是不同国家和地区的高等学校通过多种方式在人才、信息、技术等方面进行常态化的广泛交流合作，并在一定程度上实行资源共享；三是不同国家和地区的高等学校都能与那些符合教育规律、顺应历史潮流的国际高等教育惯例进行接

[①] 参见［美］美国全国州立大学和赠地学院联合会：《扩展大学的国际视野》，杨艳玲译，载国家教育行政学院编《世界高等教育：改革与发展的趋势》，2004年：第139页。

轨，并在教学制度、教学内容、学位制度和学术活动制度等方面具有一定的通用性；四是高等学校要培养具有国际文化视野、知识技能素质，并能在国际事务和国际竞争中发挥创造性作用的国际通用型人才。

第三，什么样的大学能称为国际化？日本学者喜多村和之在其1984年出版的《大学教育国际化》一书中第一次提出了大学国际化的三个指标：通用性、交流性和开放性。书中指出：其一，所谓国际化，是指本国文化被别的国家与民族所承认、接受并得到相当的评价。一个国家大学的学术水平在国际上获得一定的评价，就意味着该大学的教育、研究的机能和制度是国际上普遍存在的，它为外国学者和留学生所接受；在国际社会里具有一定的通性。其二，确立能够活跃不同国籍、不同民族的学者、留学生间的交际、交流、交换的章程与制度，并使之发挥到恰到好处的作用。例如，完善大学在教育、研究领域进行国际交流的章程、规则与制度，使之适合外国研究学者和留学生的要求，发挥相应的作用。其三，能够像对待本国人一样平等地看待有着不同文化背景的异国个人与组织。在大学里，应使外籍教师享有与本国教师同等的资格、待遇，并接纳他们为教授会成员，对外籍学生也应不分国籍与出身，一视同仁。① 显然，喜多村和之的观点要义在于：一国的大学教育与他国乃至整个国际社会的关系表现出是否为他国所承认和接受、是否具有足以和外国进行交流的能力，以及是否充分地对外开放。

总之，大学国际化不仅仅是一种办学理念，更是一种具体的政策、措施及其发展过程。在不同国家的高等教育发展阶段及其不同的社会文化历史背景下，各个国家、各所大学在不同时期所表现出的国际化程度各不相同。

2. 怎样国际化

大学国际化，既是经济全球化和社会现代化的客观要求，也是大学实现自身现代化的必然趋势和有效手段。

第一，大学国际化的历史流变。自中世纪大学产生以来发展到今天的历史轨迹已充分证明，大学一直就是校际、区际和国际交流的产物，它具体分为三个阶段：个体自由游学流动为第一阶段；由机构出面组织的流动与交流为第二阶段；真正的学术内容和过程的国际化为第三个阶段。第三阶段的国际化可以对组织机构和人员群体产生结构性的和长远的影响。

---

① 参见王路江：《大学：走具有特色的国际化发展道路》，载《特色·个性·人才强国战略》，广东高等教育出版社，2005年：第123~124页。

大学民主化、科学化和国际化，是 20 世纪国际社会最重要的三个发展趋势。在国际政治、经济全球化进程的推动下，文化间相互了解与传播的需要进一步增加，消费市场的全球化性质等成为高等教育国际化的重要动力。无论是经济走向世界，还是从经济大国向政治大国迈进，都需要通过高等教育国际化来培养人才、传播文化思想。因此，高等教育国际化从来就是发达国家的重要全球发展战略之一。

在整个 20 世纪，受德国大学影响的美国高等教育在世界崛起。教育国际化的积极倡导者当数已经发展成为世界一流高等教育强国的美国。《1946 年富布莱特法》是美国、也是世界高等教育国际化的一个新的里程碑。《法案》规定以基金形式资助美国师生到国外学习、讲学和开展科研合作，这不仅极大地推动了美国与世界的相互了解，更是促进美国在世界寻求到更大的政治、经济、文化与教育的发展空间。

第二，"文明采借"与大学的历史发展。文明采借是大学国际化的一贯传统，它成功地体现在两个方面：

一是从形式看，现代意义的大学产生之前，人类各文化圈之间的交流、采借活动主要是通过学者的游学、商旅或宗教、战争等途径来完成，其中跨国游学是大学最主要的文明采借方式。大学生成的国际化，恰为文化传播学派"观点持有者们提供了文化的定义——文化是从创造点到接受点的过程；文化作为一系列元素和特质的统合，从一个社会传递到另一个社会，从一个区域传播到另一个区域，从一个群体影响到另一个群体。人类学家弗朗兹·博厄斯对文明的采借与社会进步之间的关系作出过精辟的概括：人类的历史发展进步证明，一个社会集团的文化进步往往取决于它是否有机会吸取临近社会集团的经验。一个社会集团所获得的种种发现可以传给其他社会集团；彼此之间的交流越多样化，相互学习的机会就越多。其实，世界大学的产生与发展历史也正是一部文明采借的历史。

二是从空间看，世界文化传播呈现一个东——西——东的方向运动：中世纪以前，希腊向埃及、波斯、印度学习，罗马向希腊学习，东学西渐，由此形成以希腊罗马文化为代表的欧陆文化；之后，先进强大的欧陆文化又开始向世界东部传播，如阿拉伯向罗马学习，亚非拉向欧美学习，如此等等。这种东——西——东的世界性文明传播与采借运动，造就了一个个文化繁荣与文明进步的辉煌里程碑。

如果说从中世纪到近代的大学发展史是一部区域性的文化交流史，那么现代大学的发展史则是一部西学东渐史。柏林大学的成功办学实践，使得以自治、自由和为科学与真理而生活为核心的现代大学理想信念迅速主导着世界高等教育发展的思想潮流，德国大学很快发展成为世界人才培养与学术研究的中心和人类"精神的故乡"。当德国的现代大学运动之火从西半球的欧洲燃烧到东半球的美国并伴随着美国高等教育的崛起和称雄世界，从"霍普金斯之火"到"威斯康星之风"，美国大学的现代化、社会化、职业化和大众化轮番亮相，引领着从20世纪直到今天的世界大学发展与科技革命的现代大潮，"美雨"把"欧风"由此涤荡一空。

一个多世纪以前，随着明治维新运动的兴起，日本提出了以"求知识于世界"之"文明开化"为主旨的国家现代化三面大旗。面对西方文明，试图走出一条适合自身现代化发展道路的日本，曾提出"和魂洋才"的文化教育方针，即技术方面学习欧美，思维方式和社会结构方面遵循本国传统。事实上，所谓"和魂洋才"导致的精神生活与技术领域的分离状况，并不利于社会及民族精神生活的健康构成，它导致如日本著名作家夏目漱石所说的"慢性精神衰弱状态"，并由此引起政治和社会的不安定。东京大学校长佐佐木毅在2002年北京中外大学校长论坛上演讲时认为，大学不仅是单纯的研究机构，也是与广泛的精神生活领域相关的社会组织。因此，在当今精神生活丰富的社会中，大学应当有一个开放化的姿态，这也是亚洲大学的重要任务。

综上所述我们可以看到，大学从产生到发展历来源于多元文明的相互采借，由此表明大学之为大学，就在于它本身所具有的开放性与国际性文化特质。没有学者的流动、交流与采借，就没有学者群的形成与学术繁荣，就没有文化圈的形成和大学的产生与发展。

第三，当代全球化背景中的"文明采借"与大学国际化。20世纪70年代以来，经济全球化引起政治、文化、教育等各方面的全球化，已经成为国际社会发展的趋势和不争的事实。全球化是个空间概念，现代化是个时间概念，根据爱因斯坦的相对论，时间和空间不能完全脱离。科学知识的普遍性与无国界性，智力资本市场的竞争性与人才的流动性，都决定了教育的开放本质。而知识经济形态下的知识化、信息化和网络化更是加快了教育的全球化进程。作为履行高等教育使命和从事知识文化创新的大学，不仅不会回避这种发展趋势，它更是成为促进这种发展进程的推进器，成为国际文化交流、合作、采借与创新的枢纽与桥梁。

1980年，美国卡内基高等教育政策研究会主席、前加州大学校长克拉克·克尔鲜明地提出了"高等教育要国际化"的观点，并将这一观点作为高校第三职能中的重要内容。信息高速公路的广泛开通和国际网络化，跨国界、跨民族和跨文化的高等教育交流与合作已经成为世界各国大学在经济和科技日趋国际化的历史潮流中应当和能够履行的重要职能。教育家和科学家们的频繁交流，代表最先进、最前沿的科学技术知识的各种文化教材的国际流行，以及网络化教学，成为现代大学的最典型特征。特别是网络远程教学，以及远程教学开设的丰富多样的终身教育课程，打破了学校教育活动以及学校之间学术竞争的地域性和时空性限制。

欧洲学者安德烈·罗博指出，与其他社会团体相比，科学界更倾向于把欧洲内部的国界之分看做是暂时的现象。科学家们理想化地怀念着文艺复兴时代，因为那时的学者们可以在欧洲自由地往来，他们所惧怕的唯有教会那只黑手，那也是无国界的。为此，一些学者大胆地提出了"无边界高等教育"的观点。即高等教育传统模式中的制度和空间界线变得更有渗透性，界线正在消融，或在形成新的界线，或无边界。事实上，"无边界高等教育"已经呈现出强大的生命力：

第一，学校要素国际化，即：生源国际化，教师国际化，知识体系国际化。

第二，教育服务国际化。各国特别是发达国家的高等学校教育服务正走向全世界。

第三，学术活动国际化，包括学术项目、课题和学者交流的跨校与跨国合作。

第四，学术中心多元化。为了建立国际政治、经济与文化教育的新秩序，防止国际化过程中的东西方文化传播与交流"失真"、"失衡"和"失控"，发展中国家也纷纷抛弃了过去闭关锁国的政策，开放国门，参与国际经济循环，争取国际资源合理配置。国际间、校际间开展科研合作攻关已成为世界科学文化发展的普遍现象，国际学术交流中心正日益从少数几个发达国家向次发达国家、发展中国家分布和转移，形成学术中心的世界多元化格局。

总之，在"欧风""美雨"推动下的全球化潮流，促进世界各大学之间的互动与交流进入到一个新阶段：一方面大学间的学术相互交流、采借和融合得到空前的加强；另一方面，聪敏与理智使文明采借中的本土化和国际化、特色化与趋同化不断走向和谐统一。

3. 中国大学的国际化策略

改革开放三十年，随着中国的教育国际化进程日益加快并取得巨大成果，培养出了大批具有国际化意识、国际化知识、外语交流能力、现代信息处理能力的现代人才。尽管成就斐然，但中国大学的国际化任务还任重而道远。鉴此，中国大学未来的国际化必须采取以下策略：

第一，外塑形象。即：通过教育改革和发展建设，铸就中国高等教育自身的先进形象。

第二，内铸精神。即：在开放化进程中，铸就勇于批判、恒于开拓、追求真理和卓越的现代人格精神；在特色化发展进程中，打造先进的人才培养与学术创新模式，从而确立世界竞争格局中的优势软实力地位。

第三，大力发展国际化教育事业，通过大量派出去、招进来的办法，将中华民族的先进文化文明推向世界，为构建和谐世界作出中国大学应有的贡献。

第三章 现代大学之文化

文化是任何一个族群社会的生存发展方式，其性向与势能决定着这个族群社会在世界大格局中的形象、作为与地位。因此，当代世界各国的战略发展思想重心已经从物质要素逐步转向文化精神要素，经济学居于社会至尊地位的现象被逐步修正，而指向以人文关怀的文化学、心理学正逐步进入社会主流思想舞台。大学亦如此。

大学文化缺失是当下中国高校带有普遍性的问题。作为肩负教育强族兴国期望的中国大学，自身须要足够强盛才能堪任使命。欲跻身世界高水平大学行列，首先要跨越的不仅仅是与它们在硬件方面的显性差距，更重要的是要消除在软件——大学文化方面的隐性差距。显然，从当下高校师生的精神面貌、学术风气、体制与环境氛围看，与真正的现代性要求还有不小的差距。因此，研究与建构大学文化，既是当代中国大学崛起并实现科学、健康、稳定与可持续发展的一项紧迫的现实性任务，也是为履行培养创新民族和打造创新国家伟大使命的优先战略目标。

研究与建构大学文化，实际上是对大学生存发展的现实样态、势能及其未来走向的一种文化哲学性思考及其现代性建构，一种对大学核心竞争力的现实质地、势能及其未来势位的一种文化哲学性思考及其战略性建构，因而不能只是徘徊在组织的社会功能性层面及其组织活动的知识与技术性层面，而是要着力于这个社会有机体的内部运行理念及其行为文化层面。

第一节 大学文化与大学文化建设

一、大学文化概论

大学文化是大学的生存发展方式及其方式的结果。相对于任何其他社会组织机构而言，大学是一种集选择、批判、传承和创造人类文化于一身的社会专门性职能机构，即：组成大学的成员本身是一个文化人群体，且这个群体又依托大学为传递和创造文化而存在；通过文化与知识的选择、传播等一系列文化环境的创设，通过内外部各系统之间的交互运动，促成学校及其成员的文雅进化和文明永续。

1. 大学文化及其属性

作为社会专门的教育学术机构，大学在传播知识与创造文化的同时，也创造并形成具有自身独特性的组织与行为文化。

（1）何谓大学文化？

第一，所谓大学文化，是指大学及其成员群体在长期的发展历程中所形成的独特生存发展方式及其方式的结果的总和，它体现在器物、制度和精神信念三个层面。

第二，大学由文化人或学术人组成，是社会的专门教育场所和学术机构，这使得大学及其成员在价值信念、致思路径和行为样态等方面有着与其他社会组织及其成员不尽相同的人格心理特质与言行表达方式。

通过这种群体性的人格心理特质与言行表达方式，透视出大学的整体风格及其气质品性：一是大学人有文化生活并生活得有文化；二是大学文化非一般社会性文化，而是指这一职业群体特有的一种有文雅气质、文生情调、有文明意义的生活方式及其呈现样态。

第三，大学文化既是一种生命之动或"生之变道"，又无时不展示着自己的生命之定或生变之"形"。这种由"动"而"道"、由"定"而"形"生成的大学文化，具有自己独特的品位、势位与社会价值。

（2）属性：亚属分支文化。根据发生学理论，一定的族群社会主体文化，一是由多源分支文化汇流而成，二是主体与分支文化都呈现一定的特性与特征。于是，人们又根据文化人类学理论，将文化区分成不同的门类文化：种群文化（族群、阶层）、地域文化（地方文化）、环境文化（草原文化、山地文化、海洋文化）、行业文化（职业群体文化）和组织文化（单位文化）等，它们各自形成体系并有自身特殊的价值诉求、精神韵味、发展样态和文明景观。

第一，各门类文化及其活动样态总是与不同社会群体的某种特定生存环境和生活方式密切关联，因而有一种天然的自主化和绝对化倾向。但是，相对于社会主体性文化来说，发散并分流所形成之各门类文化及其形态，只是局部或分支文化，它具有相对的真理性、功能性和价值性。

第二，发散于主体文化的各门类文化或分支文化仅为社会部分成员或某一组织群体所特有，其价值倾向与社会主体文化相异但不对立。每个社会成员既生活在社会主体文化（主流、宏观文化）中并受其影响，也生活在门类或分支文化（亚文化、次文化、微观文化等）中并受其影响。因此，从文化心理结构看，他们既是社会主体文化流的一分子，也可能集几种门类或分支文化的元素于一身；从心理特质看，他们既具有社会主体文化的基因，又具有一种甚至几种门类或分支文化的印记。

第三，按照文化社会学的相属层次分类，大学文化属于社会主体文化中的职业亚文化范畴；按管理文化学和组织行为学的文化属性分类，大学文化属于社会组织文化范畴。

所谓职业亚文化，是指大学文化源于大学成员作为特定职业群体的生存和生活方式，职业塑造了他们，并在他们的内心建立起了对这种职业的共同"信仰"、操守和荣耀。此如洪堡所指出，大学中所体现的文化原则，是将客观科学（文化知识）的进步与主观精神和道德的培养（教养）融为一体。

所谓社会组织文化，是指某个特定社会组织及其内部成员在长期的共同事业活动中所共同创造、积累并共享的价值信念、情感皈依、行动习俗的整套体系，它包括作为表层的组织物质文化、作为中间层面的组织制度文化和作为内层的组织精神文化等三个层面的内容，其中的组织精神文化是组织文化的灵魂，它集中反映出组织文化的质量与势能。

从上述定义出发，大学文化是集教学与科研、过程与产品、历史与理性、语文学与批评、历史学问与审美体验、体制与个人的总和。①

2. 大学文化的社会学特征

第一，从形态上看，大学文化是学校一代代成员通过承前启后的努力所达到的总体文明样态。

第二，从内容上看，大学文化是为学校全体成员所共创、共有、共享并承传永续的文化综合体，其显性内容（有形资源）包括学校组织架构与制度规章，教学制度、学术制度及其相应的知识体系，校园物理景观，等等；隐性内容（无形资源）包括学校理念愿景、价值信念、教育精神及学术传统、社会声望及地位、管理经营思想和学校道德伦理，等等。它们薪火相传，创新积累，形成个校性文化的根基。

第三，从要素上看，大学文化主要由理想信念、价值观念、致思方式、道

---

① 参见［加］比尔·雷丁斯著，郭军等译：《废墟中的大学》，北京大学出版社，2008年：第62页。

德情感和愿景追求等构成的精神文化；主要由大学的组织架构及其运行规则等构成的制度文化；主要由大学的物理物质景观构成的环境文化。三者形成一个以精神文化为核心、制度文化为依托、环境文化为基础的彼此相互依存、相互补充、相互强化并共同对学校生存发展发生重大影响的文化场或文化同心圆。

第四，从价值上看，博大精深的文化财富是任何一所大学的价值所在。一定的大学文化总是以一定的品质及其品位显示其气象与势能，无论是可直观性和可测量性的制度文化或物理文化，还是不可直观和测量的精神文化，只要附着于文化的活动主体身上，便能使活动主体在其独特的感染力、鼓动力和科学程序的激励与指引下，创造自己，创造社会。

没有文化底蕴的大学不是真正意义上的大学，缺乏卓越文化的大学，则不是也不可能成为卓越的大学。大学的文化价值在于其文化力，它不是一般愉悦感官的歌舞力、艺术力，而是呼唤心灵的感召力、凝聚力和发动力；大学文化是大学永葆优势的核心竞争力，它深深熔铸于大学的生命力、教化力、创造力和持续发展力之中。

第五，从功能上看，作为一种独特的组织气候和心理环境，大学文化实际上是一种"存在着的"精神"氛围"或者"弥漫"，抑或是在某所大学这个特定社会中你、我、他"共在"时形成的一个存在之能量与生态"场"。它可以被其组织成员感受和体验，并对其价值指向、情感心向和行为意向发生感应和激活作用，从而唤醒灵根、开启智慧，完善个性、健烁人格，使大学成员意气风发、一往无前和成就人生。

办大学，就是办组织气候，办人文环境，办精神家园。学者们无法选择自己的自然故乡，但可以选择自己的心灵故乡，而优质大学之为优质，正在于其自由宽松的组织气候特别适宜于学者们的心灵安放与精神张扬。

大学文化是大学的一种气质，一种形象，一种个性，一种特色，一种品牌。有独特文化品位的学校，必定高雅圣洁、独秀群芳、成就卓越、魅力无限；有独特文化气候的大学，必定是美丽的校园、快乐的课堂和理想的学园。

3. 大学文化的系统结构

作为一种生命支撑系统，大学文化是一个由多维要素组成并相互形成生态关系的复合结构体。

（1）从承载主体看，大学文化是一个由多元群体文化构成的文化复合体。

第一，教师文化。按照美国学者阿尔文·高德纳（Alvin W·Gouldner）在其《知识分子的未来与新阶级的崛起》中的观点，教师属于拥有文化资本的"文化资产阶级"。

首先，所谓教师文化，是指学校主体成员——教师群体所拥有的与其他职业群体不同的群体意识、价值信念、致思路径、行为方式、知识技能、活动语言符号等，以及由这些要素所呈现出的群体活动样态及其景观。

其次，作为大学教师，通常又因各自工作与生活在不同的学科专业领域而在教学科研活动中呈现出独特的活动方式及其表达样态。

第二，学生文化。所谓学生文化，一是指在校大学生群体在其学习成长过程中所表现出来的具有特征的群体性意识、价值观念、致思路径、行为方式、活动语言符号等，以及由这些要素所呈现出的群体活动样态及其景观。二是依身心发展特点，大学生文化属于社会青年文化的重要组成部分；依生活环境特性，大学生文化又不完全等同于青年文化。

第三，员工文化。所谓员工文化，是指学校内非教学岗位的各类人员在学校日常行政管理运作和学校其他事务性工作过程中所表现出来的具有特征的群体意识、价值信念、致思路径、行为方式以及活动语言符号等，以及由这些要素所呈现出的群体活动样态及其景观。

首先，员工群体不属于教学专业人员，其价值信念与行为形态既受学校文化影响，更受外部社会的文化影响，因而员工文化有其特殊性。

其次，员工文化虽非学校文化主体，但其动态变量对学校整体文化系统结构及其文化生态格局具有重要影响力。比如，时下大学中行政权力系统与学术权力系统之间的力量不对称及其带来的矛盾冲突，实质是社会"官本位"文化通过学校员工渗透于学校而造成大学文化生态格局的变化及其导致的权力运行格局变化的结果。

第四，网民文化。网民是一个迄今没有确切定义的名词，其对应的英语单词是 Netizen。Netizen 是一个复合词，来源于网络（Net）和公民（Citizen）。按照网络的最小定义——互联网理解，所谓网民，是指"经常"使用互联网并在网上开展信息活动的"常客"。"经常"是一个不确切的频度，在统计学上，对于使用网络的频度存在不同的划分。按照中国互联网络信息中心（CNNIC）2007 年 7 月的最新定义，网民是指半年内使用过互联网的 6 周岁及以上的公民。截至 2007 年 12 月 31 日，我国网民数量为 2.5 亿人，规模位居全球第一。

所谓网民文化，是指利用网络开展信息活动的"常客"在活动过程中所遵循的网上伦理规范及其活动方式，以及通过这些方式展开活动所产生的语言、文学和艺术成果及其文化精神价值等。由于网民中的大多数人在 30 岁以下，这些人以其文化知识优势而成为网络社会中最活跃的人群，因而也是网民文化的主体及其研究的重要对象。

如果说网民文化是社会主体文化的一个子集，那么大学网民文化依理类推是大学文化的子集。大学网民是大学文化承载主体的一种新的特殊形式，即在网络这个人类第二社会里，师生在网络文化创造活动中实现无身份差异的主体合一。

（2）从承载物体看，大学文化是一个由多维物质实体构成的一个文化综合体。

第一，制度性文化。大学制度性文化包括两个层面的含义：一是指学校作为一种社会的教育制度存在，其中包括：为实现教育目标、适应学生身心发展和生涯目标而设计的学科专业及其课程体系，为有效传递知识技能而设定的学制与学程，其他各种课堂内外文化教育活动的计划安排；二是指学校为实现自身系统科学有序运行而设置的体制实体，以及为确保这些实体规范运行而制定的各种规章规则，等等。

第二，物理性文化。所谓物理性文化，又称器物性文化、物质性文化或环境空间文化，它是指学校在长期的办学过程中所形成的校园物理环境，包括校园空间布局、各种建筑物样式及风格和教学资源等。

第三，网络文化。迄今为止，不仅网络文化的定义尚未统一，即便网络本身的含义也未统一。如果将网络的理解仅仅局限于互联网，那么维基百科对网络文化（Cyberculture）的定义是：将计算机互联网用于信息沟通、传播和娱乐以及开展商务、政务而出现和正在出现的文化。

根据上述一般定义，是否可以将大学网络文化定义为：所谓大学网络文化，是指大学内部网民借助网络所发生的相关信息交流、教学、研究、娱乐、管理等活动的方式及其产物，以及网络文化建设所产生的相关产品及其管理服务机制等。

网络文化是现代大学主体文化的重要组成部分。加强大学网络文化的建设与管理，对于确保民族文化的传承和大学文化的创新都具有十分重要的现实意义和深远的战略意义。

以上两个层面的七种文化，制度性文化、物理性文化和网络文化是就大学文化承载的不同形式而言，教师文化、学生文化、员工群体文化和网民文化则是就大学文化承载的不同主体而言。

当然，依不同视角和分类标准，大学文化还可以有多种不同的划分结果。

4. 大学文化的社会特性

大学以不同于任何其他社会组织的独特文化气质、存在价值和生活方式构成了其学府型文化特性。

（1）认同性。认同，是大学文化存在的主体性依据，是大学组织形成秩序的心理基础，是大学成员展开活动的精神坐标。

第一，从社会存在论看，大学认同是大学成员对大学组织实体以及大学与个人、大学与内外部社会等多种复合关系的集中反映及其观念凝结。

组织文化的权威学者沙因（Schein）说得深刻，任何一种组织文化，总是"组织成员共有的、潜意识运作的、以一种基本上视为当然的方式界定组织对自我及其环境看法的深层次的基本假定和信念。这些假定和信念是对团体在外部环境中生存和内部整合问题的习得反应。它们因屡屡并可靠地解决了那些问题而被视为理所当然"。[①] 当这些假定和信念渗透在整个组织中时，它们变成无形，在组织的日常实践中变得为大家接受、自动和根深蒂固，以至于被当作对问题的正确"觉察、思考及感觉"方式自动地教给新成员。[②]

大学社会关系的发展水平和历史转换，从本体论上决定着大学认同的水平与转换，紧密型大学社会关系生成整合度高的大学认同，松散性大学社会关系生成整合性弱的大学认同。

第二，从社会认识论看，作为一种共同知识与意识及心理与意志，大学认同是大学成员对特定学校的情感归属、组织皈依和行为义理。进一步说，大学认同既表现为一种社会心理，即人们对作为一所大学成员所具有的荣誉感和对所在大学发展所具有的自信心；也表现为一种社会公共理性，即为大学成员所共同遵守、共同维护的大学文化价值与大学行为义理的自觉。对不同大学而言，其学校认同的内容、特点，因历史文化传统、教学科研特色、校园生活方式、成员综合素质的差异而各有不同。不同的大学应根据自身的特点，提炼、完善既有共性又有个性的大学文化认同。

第三，从社会行为论看，大学认同是大学成员对学校学府性本质的意义觉解、理念觉悟和行为习惯；或者说，是大学成员对其所在大学独特价值、独特

---

① Schein, E. Organizational Culture and Leadership（1st ed.）［M］. San Francisco: Jossey-Bass, 1985: 6.

② Schein, E. Organizational Culture and Leadership（2nd ed.）［M］. San Francisco: Jossey-Bass, 1992: 12.

气质、独特生活方式的体悟、反思、内化和笃行。

大学认同水平以大学成员融入学府生活并形成符合大学的存在结构、生活习俗和行为气派为重要标志。

（2）开放性、整合性与系统性。开放，既是大学的生存发展方式，又是大学文化的统合生成平台。

第一，大学文化是多源文化的统合体：既有采借于国内外的优秀文化，又有生成于校内校际交流汇集的混合文化；既有教师和员工群体的成人文化，又有学生群体的青年文化；既有自然科学文化，又有人文社会科学文化；既有教育教学文化，又有科学治学文化；既有精神观念文化，又有物质形象文化。

第二，大学文化是多元文化的整合体。作为大学的两个主要群体——教师与学生，由于其生理心理差异、文化素质差异和行为方式差异，使得他们各自的内在期望、价值观念与行为样态不可能完全一致，他们之间的文化冲突永远存在。但是，教育者与受教育者的关系在学校场景中永远存在，教师文化与学生文化永远存在，教师文化总是引领于主流内容。①

（3）包容性。

第一，大学之大，有容乃大。大学之大，在于它不仅有大楼与大师，更有"大爱"。什么叫"大爱"？大爱就是大量、大气，有大量、大气才能惜才爱才，才能容人、容思、容事，包括个性、特立独行、奇思异想和标新立异。有没有大爱，有没有大量大气，有没有包容与宽容，是大学有无文化的重要标志。

第二，大学文化的包容性主要体现于组织气候的宽松与自由。创新的火花往往来自于学者个人在特定环境下的"灵感"。我们必须承认学者间的个体差异，尊重学者的个性和兴趣，尊重他们的自由探索和首创精神，切实改变一统式的致思定式和指令式的管理习惯，改变不实际的评价指标和不合理的评价机制。学校要形成尊重和善待新生事物的文化氛围，要热情鼓励和积极支持各种新想法、新尝试、新发现、新发明，特别是要保护那些不合主流和有悖传统的思想观点。

第三，大学文化不是社会文化的复制品，而应是先进文化的发生地。或者说，大学文化不是社会文化的晴雨表，而是社会先进文化的策源地和风向标。大学要培养的不仅是人类历史文化成果的继承者，而且是善于发现和运用新知识、新文化来改造自然界、社会和人类自身的创造者。为了民族与国家的未

---

① 　参见邓和平：《教育社会学研究》，湖北人民出版社，2006年：第352页。

来，作为以教学和学术活动为宗旨的大学，应当也必须善于与时俱进地改善和建构有利于一切创新精神和创新人才成长的文化小气候。

（4）个性与独特性。个性与独特性，是任何一所大学有文化的关键性标志。正如每个人身上都会葆有其家族的基因和血统一样，每一所学校都应该、也必须形成有自己特色的校本文化，或者说具有特别精神气质与行事风格的个校文化。

第一，大学文化既源于并反映着社会主体文化，又以其独立人格创造着自己的个性性组织文化；既有引领社会发展需要的社会共性文化，又有促使大学自身功能能顺利发挥和自身特色发展的个校文化。

第二，作为个校文化，既要承传共相性的大学文化，又要创造殊相性的校本文化，即反映本校个性与独特性的育人之道与治学传统风格及其二者有机统一的校本文化。

第三，大学文化既属于学校全体成员的整体生活方式及其语言符号体系；又适宜于各个群体不同需要而善意安排的合宜文化。大学文化的这种优异性和优适性，使各成员群体既分享其灵性，又乐受其教益。

（5）迁移性。社会的活力，正在于各子系统之间资源的顺畅交流。依据这一系统生态原理，大学不仅仅只是依赖于社会的文化资源生存发展，它还是一个能够为社会生存发展提供文化资源的有机体。

①内生性迁移。所谓内生性迁移，即以作用于学校自身系统发展的文化位移和创新过程。这一过程包括两个向性：

第一，向师生员工迁移。一是通过爱国、爱校和民族精神教育，增强学校成员的爱国、爱校凝聚力；二是通过互动传递，实现学校优质文化资源的多向迁移，由此使得广大师生员工共同实现德业双馨，成就幸福人生；三是高扬优良校风与学风的旗帜，将大学建成社会道德伦理的首善区和人文文化的景观区。

第二，向新的文化形态迁移。在大学可持续发展进程中，大学文化表现为学校系统内部组织环境（办学思想、发展战略、学科结构、人事配置、知识创新等）和学校系统外部社会环境（政治、经济、文化、科技等）向未来的大学内环境和外环境变迁时，现有的大学文化要向未来的大学文化整合、重构和迁移。这里的所谓整合、重构，即将不同的内外文化资源，通过分析、优化和整合，形成与自身、与社会发展同频合拍的新型内生性学校文化资源。

②外衍性迁移。所谓外衍性迁移，是指大学文化向外部社会的输出位移过程。

第一，作为具有人才与知识优势的大学，创造文化和输出文化是大学的神圣使命，是大学存在的理由与价值，是无以替代的大学的职能与功能。

譬如：20世纪初，随着西学、西语、西艺和西政的东渐，大学打出的科学、民主大旗及其诠释的科学、民主新思想及其引发的五·四新文化运动，将中国社会从此引上了讲科学、争民主的现代文明之路；20世纪70年代末，大学打出的"实践是检验真理的唯一标准"的哲学大旗，引导中国人冲破了唯书、唯上的思想禁锢，拉开了中国思想解放、改革开放和建设有中国特色社会主义的序幕，奏响了教育与科技兴国的序曲，掀起了现代化建设和中华民族复兴的大潮。

第二，外衍性迁移是大学文化富有活力的生命机制。外衍性迁移是基于大学的社会批判使命与责任。批判之于大学的意义，不仅在于寻求社会的合理和人类的幸福为己任，引导和推动社会文明、和谐和可持续发展，更在于透过对象征符号意义的创造、修饰、重组、批判与宣扬，为社会提供更多姿多彩、更具前瞻性与发展性和更合理也更能发扬人类之爱心的优质文化资源。

内外向迁移，既是大学文化的生命机制，也是大学文化与社会文化之间实现共生共荣与和谐发展局面的生命机制。

5. 校训：大学文化的"名片"

有校训是中外大学的普遍文化现象。校训不等于文化，但不同的大学校训一定是各个大学展示其有文化的特殊"名片"。品位独特的校训是一所大学的文化财富，对内，能激发群体的向心力和创造力；对外，则是学校文化形象和精神风貌的宣示。

（1）校训：人文底蕴、人格精神与治学传统的高度理论凝练。

第一，校训是一所大学对其本校传统文化资源的人文底蕴、人格精神与治学传统的高度理论凝练，它最能鲜明地表达出每所大学的文化个性与独特性。

譬如暨南大学，其校名本身就别有文化蕴义：1906年，两江总督端方上书光绪奏请设置暨南学堂，意在广纳海外侨胞回国学习，以"宏教泽而系侨情"。学堂名取之于《尚书·禹贡》中"东渐于海，西被于流沙，朔南暨，声教迄于四海"之说，意为将中华民族的道德风范和辉煌文明通过教育传播到海外各地。富有特色的校训还有：北京林业大学的"养青松正气、法竹梅风骨"、中国政法大学的"厚德、明法、格物、致公"和北京舞蹈学院的"文舞相融、德艺双馨"，等等。

第二，言简意赅而又意境独特的大学校训，不仅集中地透视出每一所大学,甚至透视出一个民族和一个国家的文化与思想灵性;不仅集中地透视出每一所大学,甚至透视出一个民族和一个国家的凝聚力、忍耐力、智慧力和精神力;不仅透视出每一所大学的进步与发展轨迹,还透视着生和养于斯的本民族持续走向现代文明的进步与发展轨迹。每一所大学正是在自己精心培育并选择的、自己最能融会贯通的独特文化沃土中乾乾运行,且生生不息。

譬如,被多所大学引为校训的"自强不息",既是中华民族的精神写照,也是大学的精神追求。2006年胡锦涛主席在耶鲁大学发表演讲时也引用"天行健,君子以自强不息"这句中国千古传世名言来讲述中华民族历来自强不息,开拓创新的精神。过去五千年,中华民族之所以生生不息,历经挫折而不屈,靠的就是这种发愤图强、兼容并包、与日俱进的精神,改革开放以来所取得的一切成绩也是这种精神的生动写照。

第三,中国传统的学问观是校训文化的核心精神。大学者,做大学问是也。由此,传统学问观成为中国大学校训文化的精神核心,"博学而笃志,切问而近思"的古训被多所大学融入校训中。按照中国传统的学问观,学术就是学问,有学有问,方构成学问与学术。做学问,就是要问问题,勇于质疑,敢于提问。

近代以来,中国的科学技术落后了,其背后原因正是我们的文化及其教育失却了提倡问、敢于问和宽容问的优良学术传统。比如,欧美的家长看到小孩从学校回来,首先问的是"你今天提了几个问题?"我们的家长则问"你今天考了几分啊?"而且分考得越高越好,因为分数决定命运。我们严格的考试制度及其分数判别标准给我们的大学文化及其社会文化带来了深刻影响。

爱因斯坦曾经说,他没有特别的才能,只不过是喜欢刨根问底罢了。美国的氢弹之父泰勒进实验室都要问问题,每天至少提十个问题。但是往往有八九个问题是错的,而他的伟大创造就是在那一两个问题上。敢于提问题,没有问题便没有创造,这应该成为我们大学文化乃至于社会文化的重要的组成部分。[①]

(2)文化缺失与校训雷同。校训既是一种文化资源,也是一种教育资源。校训是个性化校本文化的集中体现。发掘、凝练校训文化,是当前大学文化建设的重要内容之一。改革开放以来,随着社会进步和大学发展的历史进程,社会文化和大学文化缺失现象日益显现并相互映照。当前,中国大学出现的校训雷同化,正表明我们大学文化缺失及其评价标准同质化的严重性。

---

① 参见杨福家:《大学的使命与文化内涵》,科学网电子杂志,2009年,第118期。

江西师范大学教师杨卫军于 2007 年对国内 256 所高校的调查显示：高校校训雷同化和标语化现象严重。在被调查的 256 所高校中，有 192 所学校的校训为"四词八字"的口号式，比例高达 75%。校训中带有"勤奋"字样的有 68 所，"求实"的为 65 所，"创新"的为 59 所，"团结"的为 49 所，"严谨"的为 25 所。在 256 个校训中，包含以上 5 个词语任何一词以上的有 147 个，占到被调查高校的近六成。还有一些学校的校训一模一样——有 8 所高校的校训同为"团结、勤奋、求实、创新"，有 27 所高校的校训同为"严谨、勤奋、求实、创新"，不同的只是先后排列顺序。杨卫军对采访记者表示，中国的大学校训普遍存在着"重复多、特色少、视野窄、起点低"的问题，很多校训并不能代表所在学校的办学特色和治学风格。

校训雷同的结果，导致师生认同度降低，感召力不足。对 256 所高校的调查结果显示，80% 以上的学校很少或从未围绕校训开展过活动；58% 的师生反映，并不是很了解校训的有关历史及内涵。记者就此对国内 100 所高校网站进行调查，结果在网站首页上显示了校训的仅有 62 所，对校训进行简单介绍的仅有 11 所，对校训的历史、内涵进行详细阐述的高校更是少之又少。很多学生表示，自己对校训的知晓和接受程度，与学校的宣传教育有很大关系，希望在校期间，学校和老师能将校训贯穿到诸多活动中去，让大家对校训的深刻内涵能"感同身受"，而不仅仅是在入学和毕业典礼时才听到校训①。

（3）校训雷同的原因及其对策。学者陈平原在谈到北京大学校训的演变时道明了校训雷同的真实原因：五四时期蔡元培为北京大学制定的校训是"循思想自由原则，取兼容并包主义"，既言简意赅，又确实能体现北大的文化特色。20 世纪 80 年代，学校改为"勤奋、严谨、求实、创新"；1998 年百年校庆，又改为"爱国、进步、民主、科学"，放在什么地方都合适。对于校训雷同，陈平原引用已故北大中文系教授、著名小说家吴组缃先生的讽刺说：宁愿被人说成是"人"而不是"司机"，因为，后者虽不准确，但还努力在抓特点，前者则几乎是不动脑筋。②

第一，校训雷同现象严重，一是缘于外部的强制一统和供给，由此导致高校高度统一的意识形态及其管理模式，同一化的资源和目标必然产生同质化的文化；二是缘于高校独立人格意识的缺失及其对自身文化传统内涵的深刻理解和深入挖掘；三是一些高校的发展定位不清晰，使得校训的制定流于

---

① 参见刘阳：《国内高校校训同质化严重》，载《人民网》，2007.7.25。

② 参见陈平原：《大学公信力为何下降》，科学网电子杂志，2007.11.15。

"大而空"。

以上三种原因汇聚生造出的校训,自然缺乏个性和特色,也当然难以获得师生的普遍认同,久而久之,校训成为校园中可有可无的"摆设"也就在情理之中。

第二,要解决校训雷同的问题,关键在于外部归还大学自治权和文化自主建设权,从而使大学在开展文化建设过程中,立足于学校的办学条件与发展定位,充分发挥师生员工的集体智慧,深入挖掘、提炼校本文化资源,凝练出具有广泛认同感的特色校训,并使其内化为师生员工的为人为学品格。

总之,校训的提炼和弘扬,是学校文化建设的重要内容之一,它既应独特,还应经得住历史考验。

二、现代大学文化之建设

文化建设就像煲汤,只有精选材料,再文火慢炖,才能煲出既合乎普遍味觉,又具有独特滋味的佳肴。跨越式、下猛料和用猛火,肯定速造不出有韵味的文化。这里,大学文化建设之策略,在于把握好"一个中心"、"两个基本点"、"三个层面"和"五个为本",再辅以坚毅持久的耐力。

1. 一个中心:文化自觉

《老子》有曰:知人者智,自知者明。善于文化自觉,是任何学校开展文化建设的前提条件。任何文化的价值大小及其势能强弱,取决于其是自发形成还是自觉积淀。

文化自觉的实质是一个自知之明的过程,一个观形察势的过程。

第一是观,即观察已经发生并形成的文化之样态。已成样态,往往如"来去固无迹,动息如有情"的风那样,看无形,却有形。通过现实大学文化之样态,认理、明理、知理,对大学文化的来历、形成过程、特色及其发展趋势作出认真思考和反省,由此把握自身文化发展的源流。

第二是察,即详审细辨,把握自身文化的"势能"。这里的势能,就是现有文化的位势、走势和趋势,而走势和趋势必定含有一定的规律。察势,就是要知彼知己,整合多方文化资源,形成自己的文化特色和优势。

第三是觉,即方向自觉。所谓方向自觉,即通过观形察势,在未来的学校文化建设中,发扬优良传统,摈弃过时内容;坚持以创新与优化为方向,通过选择、整合与重构,确立自己的新文化和新势能。

坚持创新与优化要立足于两个层面:一是以尊重和进取的态度,对本校优秀文化传统加以发掘、复活、复兴与传承，并善于面向现代社会做出必要的转换；二是以开放和包容的态度，推动校本文化与外部文化之间的对话、交流与融会，实现校本文化的重组、创新与发展，进而确保校本文化的独特性、优质性和优势性。

2. 两个基本点：精神强力与制度文明力

众所周知，任何一所大学的核心竞争力，其基本要素在于精神强力和制度文明力。

所谓精神强力，是指主体最核心的心灵、意识、思维、神韵所具有的一种奋发有为的意向性追求的总和。

所谓制度文明力，是指主体规范、文雅和激活自身一切创造性行为的方式和程序的总和。

第一，建构创新性向的精神文化。何谓创新性向的精神文化？即以激扬生命活力为主导价值观，以精神层、制度层和物质层等要素均有利于创新行为的文化，由此陶冶并生成如中国学者千百年来极力推崇的"天地气象"、"尧舜气象"、"侠士气象"、"儒者气象"和"圣贤气象"。

一方面，精神气象者，乃显现于人者之外的寒暑表也。每个人乃至于每个民族之生命力强弱或魅力大小，都取决于其精神气象。因此，培育现代性的国民人格素质，建构一个创新型的民族与国家，是近代以来的志士仁人及广大民众的美好夙愿。

另一方面，当下大学显露无遗的功利化、世俗化、浮躁性和学术腐败等现象，既无法使自己生成"圣贤气象"，更无法领化社会生成创造性气象。

第二，建构激励性向的制度文化。何谓激励性向的制度文化？即是指一切有利于激励学者公平竞争、公开竞争、理性竞争和保护竞争的制度体系，它具体包括：一是建构新型的大学文化价值体系，引导教师成大师名师，学生成大器大才；二是建构确保人才创新与科学创新的现代大学制度体系及其运作模式；三是完善激励与竞争性资源配置机制，鼓励人才脱颖而出、人才辈出，鼓励与规范创新行为；四是完善评价机制，引导师生积极发展、健康发展和持续发展。

3. 三个层面

（1）升华内层文化。内层文化属于精神文化范畴，是学校文化的核心，它决定着大学的理念意向、价值指向与发展走向。

（2）优化幔层文化。所谓幔层文化，是指在大学理念导引下，学校成员所认同并自觉遵循的制度规则和行动程序，它是将大学理念转化为大学发展现实的行动方式、方法与路径。

（3）美饰表层文化。所谓表层文化，是指大学的常态性礼仪活动、形象设计以及校园空间视觉标志，它们可以充分展示出大学特有的物质品位和文明气质。

如果把大学文化比做一棵大树，内层精神文化就是树根，幔层符号化体系文化就是树干，而表层物质标志文化则是树冠。

从生态学观点出发，学校精神文化与物质文明的有机结合，才能共同构成学校教育活动蓬勃健康的生态化环境。我们经常强调环境育人，即是说优秀的大学文化生态环境往往能赋予人们以意想不到的智慧灵性与气质格调影响。

4. 五个"为本"

（1）以人为本。以人为本，是以人为本位，而非以人为本钱，这是大学文化建设的宗旨，它具体包括两层含义。

第一，指向于师生员工的生命发展和精神发展。大学的文化建设必须建立在生命哲学的理论基础上，因为只有生命与精神活动才是人的活动的最高形式和教育活动的最高境界，脱离人的生命与精神发展目标，任何文化思考都毫无价值。

第二，着眼于师生员工的全体和全程参与。一方面，必须改变学校文化由社会单向度给予的传统思维定式和行为习惯，在新的哲学背景下由学校自己建构文化建设的理论基础和实践形态；另一方面，学校也应更新观念和转变职能，突破传统的思想框架和行为习惯，让大学文化建设成为学校全体成员共同参与、共同体验、共同创造和共同分享的精神生活的过程。

（2）以校为本。著名德国历史哲学家斯宾格勒曾指出，每一种文化都植根于她自己的土壤，各有自己家乡和故土的芳香，各有自己的"风景"和"图像"，"每个文化的存在都是为了把自己的特性表现在它自己的生命发展的每个细节之中。"综观世界，有自己的文化个性与奋斗轨迹，这已为全世界所有高水平大学的成功历程所证实。中国的大学缺文化，一个重要原因就是外部强制性规定和供给文化，一个重要标志就是其文化个性的泯灭及其特征的消失。

第一，以校为本，表明大学文化建设的是校本文化或个校文化。它既不是外部强制性提供的完全反映外部意志的文化，也不是随大流的"大锅饭"

文化。

大学作为民族国家的文化重镇，其文化当然是本民族优秀文化的结晶，并具有鲜明的民族特性与品格。但是，作为个校，又应当拥有有别于社会或其他学校的独特个性与风格品位的校本文化，或者说本校独有的风格气息与图像景观。

第二，有校本文化才有"势"位优势和制胜用势。什么是"势"？从自然现象中人们发现，风起之时，石头也能插上翅膀。显然，势者，力也。这种力，不是一般之力，而是冲击之力和助推之力；这种力，有如闪电，能量极大，可以"乘化入无穷"。没有这种力，则如身骑木马，费尽力也难以走远。所以先哲孟子在《公孙丑下》中提出了"虽有智慧，不如乘势"的命题。正由于深谙这一道理，"势、道、术"成为中国儒、佛、道各家追求的最高境界。

"故善战人之势，如转圆石于千仞之山者，势也。"（《孙子·势篇》）孙子从军事角度强调的"势"，是众多优势的集合，是总揽各方面优势所形成的势在必行、势在必得和势如破竹的有利态势和出击优势。军事战如此，文化战亦然。

大学文化建设如同造势，有"势"方能用势乘势，乘势而为、大有作为。造势并乘之于势，是大学创造校本文化和追求学术强校之道。从宏观上说，大学要求科教兴国与人才强国战略之势，求高等教育健康、稳定和统筹发展之势，以此促进外部环境资源最大限度地流入本校；从微观上说，大学要求高原造峰的学科专业特色之势、求教学优质和科技创新的社会领军之势。通过宏微观两方面的努力，定能以学校文化之强势造就可持续发展之强势。

（3）以新为本。儒家经典《四书》第一部《礼记·大学》中引用古铭曰：苟日新，日日新，又日新。以新为本，即是以立为本，即在复活学校优秀传统文化基础上的推陈出新。由此，以新为本的关键词是承传和创新。

第一，文化建构方式的新颖性。即大学文化是在承传、复活基础上的创新，它既不是保存文物式的修旧如旧，也不是推倒重来式的革故鼎新，而是要除旧布新。

第二，文化重构内容的多维性。即新的大学文化体系中，既有源自校本优秀传统文化，又有与校外采借的优质文化；既有教师和员工的成人文化，又有青年学生文化；既有教育文化，又有学术文化；既有精神意识性文化，又有物质物理性文化，各种文化优势整合、推陈出新，形成适合于本校面向未来发展需要的、有感召力和激发力的、充分体现神圣良知和社会信誉的新文化体系。

（4）以学科为本。

第一，根据发生学理论，大学起源于学科，学科是大学赖以生存和发展的组织细胞或组织基干；学科文化和大学文化之间是源与流的关系，有奔涌不竭的学科文化之源，必有奔腾不息的大学文化之流。

第二，大学文化建设，首要的或关键的在于学科文化建设。或者说，建设学科文化就是建设大学文化，研究、认识、把握和着力建构学科文化，是当前大学文化建设的核心或基本的任务。

（5）以制度为本。制度与精神为文化的一体两翼。作为活动秩序与程序的制度，是任何族群文化的发展水平标志，也是任何一所大学的生存与发展方式先进与否的水平标志。但是，当前的大学文化建设与创新，难度恰恰在于制度建设。

第一，现代大学制度建设，应该按照大学的社会性质及其社会角色定位与功能、使命与责任，构建合乎大学自身内在发展逻辑和规律运行的组织架构、规则规章和学术管理制度。

按照上述逻辑规定，转变我国外部为制度资源唯一提供者的情势是关键。这一情势不改变，现代大学制度建设将难以进行。

第二，伴随着中国社会的改革开放和经济、政治体制改革，从20世纪90年代到21世纪的今天，高校管理体制改革的脚步从未停歇：从科学管理、知识管理到文化管理，从学校民主管理到社会参与治理，口号变更的背后是教育理念、教育方针的转化，是办学体制到运行机制的转型。

总的说，由于我国社会政治体制改革的滞后，现代大学制度建设只能说有命题而无实质性行动。在立志创建世界一流高等教育和创办世界高水平大学的奋斗历程之中，在大力建设大学文化之际，加快构建现代大学制度是实现上述理想的重要前提，是大学的良知所在、责任所在和事业所在。

三、大力建构现代教师与学生文化

对一所大学而言，师生文化气息越浓，文明水平越高，大学文化建设就越有基础和活力。由于师生两个群体地位相等、责任共同、目标一致，因而在大学文化建设过程中，要特别注意激发师生全面和全程参与。

1. 意义与可行性

（1）教师与学生是大学成员的构成主体，也是大学文化的承载主体。数据显示，当中国大学拥有的科学家和工程师超过全国总量的1/4，当大学每年有超过 400 万的学子们走出校园、走向社会，中国的大学实际上正"润物细无声"地悄悄改变着中国社会的文化生态①及其文化生态格局。

（2）教师担负着人类再生产的重要职责，其自身的文化建设非常重要。

一方面，作为大学"不动产"的教师队伍，是大学重要的"常态"群体，教师文化总是代表着大学的主流文化，它既规定着学校的现实价值体系与学校的文化传统，又代表着未来持续建设大学文化的主体资源和无形资产。

另一方面，教师学术视野开阔，学生来自四方八面，社会角色特征与知识智慧优势使得他们优容开放、反应敏捷和求真求新，因此他们是多元文化选择、优化与重构的主力。

（3）大学生也是大学的主体成员群体，他们创新与追求意识强烈，其文化常常代表着社会和未来。

由此，作为代表优秀成人文化的教师文化，应积极、及时与奋进的优秀青年学生文化统合，这不仅可以使学校文化具有旺盛的生命力，也使整个社会文化具有旺盛的生命力。

2. 大力建构现代教师文化

教育文化和精神是教师群体的生存发展情境下提炼、汇聚而成，又反过来保护和提升教师的生活质量与人生境界。当下学校教师文化建设应在以下方面着力：爱生敬业的职业道德伦理文化；追求卓越的精神文化；关注民生的公共文化等。

（1）大力建构教师的现代职业道德伦理文化。

第一，学生的身心特点决定其具有天生的"向师性"。这一特点决定了教师必须以德立身、以身示人和依法执教，进而引人上路。学生是否亲师向道，关键取决于教师包括爱生情结、敬业精神、科学态度和文明操守在内的师德。

第二，"人类灵魂的工程师"这一美誉，既可以看做教师的职业使命与责任，又表明教师只有自身具有高尚的品位与情操，才有资格并有可能陶冶出教育对象的高尚灵魂。

第三，教师的精神境界和道德人品决定着其境界高度、学问深度和育人效度。

（2）大力建构教师的学术至上、真理第一与追求卓越的精神文化。

---

① 参见沈祖云：《社会转型期大学如何发挥文化引领作用》，载《中国教育报》，2006.11.7，第 2 版。

第一，学术至上精神。成就名师大师须有高尚的精神境界，须对或真、或善、或美有非凡的感悟力和非功利性的意志力。有了这种意志力，教师们方能既行走在殿堂，又游走于庙堂；既关注脚下，又仰望星空。他们不拒绝名誉、地位和金钱，但骨子里却将所从事的专业和学问视为生命。

第二，追求卓越精神。追求卓越是教师发展的原动力。有了追求卓越的精神与意志，教师方能时刻保持危机意识、学习意识、反思意识与知识互补意识，进而在持续追求卓越的人生奋斗中，成就名师，成功事业。

（3）大力建构教师的公共文化。现代知识分子应具备四项品格：一是崇尚科学，反对任何单向度形式的布道和宣传；二是真理至上，反对任何思想上的专制与独裁；三是主张理性生活，蔑视并批判愚昧与盲从（比如非科学的迷信）；四是关注民生，对社会有着深切的关爱。

第一，教师能否堪称知识分子，以是否具备社会公共意识与公共服务精神为标志。由是，教师不能只是教书匠，还应是具有人间情怀的公共知识分子——社会的思想者与代言者。名校名在思想，名在教师们有思想；没有思想，就没有科学创新与社会洞见；没有自己思想的教师绝不可能做好教师、成功的教师。

第二，作为具有学术背景、专业素质和文化素养的教师，应当秉承批判精神和道义担当，勇于进言社会与参与社会公共事务，为社会的文明进步与智慧理性作出自己应有的贡献。

3. 积极建构激励创新有为的现代大学生文化

大学之大，在于有大学生。大学的希望在学生，大学文化建设的主攻方向及其主体力量也在大学生。

（1）建构催人奋进的大学生精神文化。当今时代，以大学生为代表的青少年文化的影响之大、之深远，已经逐步超出成人文化的影响。因此，在大学文化建设中，既要重视成人文化的传递与传播，也要引导与发挥学生文化及变迁的文化环境的影响，达成大学生人格特质的健康养成及大学教育目标的顺利实现。

第一，慎独精神。古人云，人之视己，如见其肺肝然，则何益矣。此谓诚于中，形于外。故君子必慎独也。显然，所谓"慎独"精神，是指人们在个人独自居处的时候，也能自觉谦恭谨慎地对待自己的所思所行，不做有违道德公德的事情，从而使正义与道义时刻伴随主体之身。

第二，求真务实精神。费尔巴哈说，诚实是科学家的主要美德。求真务实精神，便是做实诚人、干实诚事的价值信念与行为取向。

温家宝总理在 2005 年的教师节向全国教师致以节日的问候时引用了陶行知的话，千教万教，教人求真，千学万学，学做真人。总理之所以重提这十六字，与现在师生中缺乏追求真理和严谨求实的精神信念有关，以致学校出现大量学术造假和弄虚作假的现象。

第三，知行结合、乐业与创业相结合的艰苦奋斗精神。刻苦学习，勇于实践；追求卓越，勇于创造；敬业乐业，勇于创业，这些应当成为大学生追求的人生境界。

第四，崇德守法的公民精神。教育是要培养社会的好公民，公民培养好了，人才也就有了。所谓好公民，即公民姓公，心中有民；学做真人，有大爱之人。中国五千年文明丰富多彩，但缺少"公"的内容。中国传统文化及其教育历来重视忠和孝，对朝廷要忠，对上级要忠；对父母要孝，对家族要孝，结果公理、公德、公责这些社会空间被我们忽略掉了。

温家宝总理 2007 年 2 月 17 日在与东北大学学生共度除夕之夜时曾激情地指出，"每一个学生首先应该懂得的道理和终身实践的目标，就是热爱祖国并为之奋斗。只有对国家、对人民爱得深，才会有强烈的责任心，才会对国家、人民有献身精神。学生要爱老师，老师也要爱学生。对人民要有真挚的大爱。只有这样，才能成为一个真正的人，一个有道德的人"。[①]

第五，爱乡爱国、荣校建国精神。打造创新民族与国家，希望在大学生，在大学生的爱乡爱国精神。因此，着力打造大学生的爱校荣校和爱乡爱国精神，是大学生文化建设的重点之一。

近代著名启蒙思想家梁启超的《少年中国说》道出了一国及至一校文化建设的真谛：故今日之责任，不在他人，而全在我少年。少年智则国智，少年富则国富，少年强则国强，少年独立则国独立，少年自由则国自由，少年进步则国进步，少年胜于欧洲，则国胜于欧洲，少年雄于地球，则国雄于地球。红日初升，其道大光；河出伏流，一泻汪洋；潜龙腾渊，鳞爪飞扬；乳虎啸谷，百兽震惶；鹰隼试翼，风尘吸张；奇花初胎，矞矞皇皇；干将发硎，有作其芒；天戴其苍，地履其黄；纵有千古，横有八荒；前途似海，来日方长。美哉，我少年中国，与天不老！壮哉，我中国少年，与国无疆！

（2）建构激励大学生健康成长的班级文化。加强班级及其班级文化建设，积极研究与探索班级情境中的大学生群体间关系、交往互动的运行机制、形

---

① 参见杨福家：《大学的使命与文化内涵》，科学网电子杂志，2009 年，第 118 期。

态、功能和过程，对于丰富和发展学校文化建设具有十分重要的意义。

第一，班级既是学校教育活动的最基本单位，也是一个小社会，其社会特征是：拥有统一的群体目标；具有变化的群体结构；群体互动方式具有双重性。

首先，教学班既是学生活动的基本场所，也是师生互动的基本场所；既是学生磨炼本领、学会生存和创造人生的"驿站"，也是师生进行情感交流、心灵与智慧沟通、知识信息交流、体验学习快乐与忧愁、酿造希望与收获的社会"生活舞台"。

其次，积极研究与探索班级情境中的群体间关系、交往互动的运行机制、形态、功能和过程，直接涉及学校教育影响的成效和文化迁移的成败，具体关系到学生的个性人格发展的美度和社会化的效度。因此，加强班级及其文化建设对于丰富和发展学校文化建设具有十分重要的意义。

第二，我国学校班级建设长期以来受片面的集体主义思想影响及其形成的"班集体建设理论"左右，班级建设带有强烈的"管理主义"思维倾向和强制主义的实践特征。

首先，班级因诸如教师个体、学生个体、教师群体、学生群体等不同主体而存在。正是由于班级场景中不同主体间（包括主体自我间）的作用与影响，自动、互动与交叉互动，沟通与协调，矛盾与冲突，才形成了班级群体内复杂多采的关系及其活动方式，并演绎了一幕幕鲜活而又被人们习以为常的学生人生成长的"大剧"。

其次，学校班级内群体间的交往互动，既是一个社会活动过程，也是一个教育生活和文化生活过程。研究班级内部个体之间和群体之间的交往互动，既是教育社会学的理论与实践问题，也是学校管理学的理论与实践问题。

一方面，深入研究班级群体的交往互动方式与特点，有助于深化对班级和班级文化建设的规律性认识，有助于以文化的视角来解释班级场景中发生的事实；另一方面，全面考察班级与班级文化建设，有助于让班级的研究和实践走进师生的心灵世界和生活世界，由此促进班级不同主体在彼此健康和谐的交往互动过程中，形成良性的个性化与社会化交叉作为状态。

第三，学生之间在班级中良好的交往互动，既是群体关系的建构方式，又是群体关系的建构结果。在交往互动中体现的思想、情感、态度以及对他人、对自我、对社会的知觉与尊重，是社会秩序伦理建设的重要内容。作为每一个具有社会意义的生命个体，只有通过交往互动才能真正形成人的个性性与社会性，也只有通过交往互动，才能使个人突破狭隘的自我小圈子，与他人、社会融为一体，并在这种融合过程中，进行自我伦理反思，获得生命的意义体验，进而形成自己的个性。①

当前，人们对于交往互动在学校教育中的功能和规律认识还没有完全超越工具性范畴，在班级建设的理论研究与具体实践探索中，或失却于对知识性关系建构的守持，或失却于对社会性关系建构的把握，或失却于对自我伦理性关系建构的关注。

据不完全统计，20世纪90年代以来，国内出版的与班级建设研究相关的著作有十多部，但对于制约班级的性质和形态、在班级内群体活动中无处不在的交往互动方式、形态、规律、特点和功能的关注实在太少。实践中，由于对班级运行机制和建设方式认识存在偏差，使得新形势下的班级建设及其师生关系，难以进入新的境界。比如，师生互动过程中的单边化行为，一些教师以自己的思维、语言来代替学生的思维和语言，忽略学生的信息感悟与感受，由此使知识传授失却了文化韵味。由于缺乏教育精神及其带来的伦理人文情怀观照的缺失，导致学生异化发展，比如个人奋斗、恶性竞争、以强凌弱等，甚至一些社会上的不良恶俗如官本位、等级意识、班干部贿选、考试作弊、评优作弊等，都进入班级的群体活动方式中。

第四，班级及其班级文化建设主要包括：端正教师的工作作风，有效地指导班级活动；健全合理的规章制度，明确规范和合理安排角色；培育学生群体归属感，营造良好的班级精神环境；促进同学之间的相互认同，形成和谐协调的班级群体；加强与学校、社会文化的交流和反馈，保证班级文化的生命力和独特性。

随着时代发展，大学生文化在同代群内部的影响程度已大大超过以往，它不仅极大地影响着大学生人格个性的形成，而且影响学业成就，以及整个大学教育目的的达成。因此，大学生文化应在学校文化建设中受到特别重视。

（3）以多元途径构建学生文化。"人无全才，人人有才"，这是我们教育应遵循的基本理念。我们要围绕这一理念努力创造各种生动活泼的途径，构建学生文化，促成人人成才。

第一，以多样形式为大学生装备素质文化：一是尽可能多地邀请各地著名学者，到大学城举办高水平的学术讲座，以弥补无法"亲炙大师"的缺陷；

---

① 参见李永生：《交往互动观：和谐班级建设新视界》，载《中国教育报》，2006.11.7，第3版。

二是要求教师根据自己的专业特长及趣味，尽可能参加并引导学生的社团活动；三是引导学生有效利用互联网资源，由此健康成长为具有积极向上的网民文化；四是以合宜的、共享的、能够广泛吸引不同背景学生的仪式，培育一种对大学共同体的归宿感；五是发挥宿舍共同体精神的养成作用；六是以专业学习共同体或合作研究小组和项目小组以及问题沙龙的形式，促进学生之间的思想交流和学术创新；七是以校园娱乐活动形式促进高雅兴趣与高尚情操的养成；八是以社会实践活动培育大学生的人间情怀。

第二，让不同背景的学生之间开展思想、学说与文化交流来构建国际文化：一是促进不同民族和区域文化和信仰背景的学生之间的交流，使这种交流成为大学生活的常规部分；二是让学生根据自己的学术兴趣，在不同学科之间和不同大学之间自由选课，相互开放课程并承认学分；三是促成更多的大学生走出国门，让他们成为具有全球文化视野的"世界通"人才；四是招收更多的外国学生，使学校真正成为各国家、各民族青年精神文化与知识文化交流的良田沃土。

总之，作为思想与文化创新的园地，学校在于为大学生提供智力探索的能量场，尽管这个能量场未必直接导致某种思想与文化的产生，但它永远是智力智慧生活的氛围与土壤，并维持着代际交流的生生不息。一个人的青少年时代如果有幸在一种积极向上、快乐和谐的校园文化环境中熏陶过、历练过，无论他今后走到哪里，都会驻足回望、深深怀想，这是什么样的专业化教育都无法比拟的人的教育。

四、着力建构大学之现代教学文化

何为教学文化？所谓教学文化，是指在长期的师生教学互动中形成并为师生有意识与无意识奉行的教学理念、教学神韵和教学行为。课堂教学是最微观的教育制度形式，它既是文化传承的主要形式，又是教学活动文化形成的重要场所。教学文化的质量和能量如何，直接关系到教育活动的效度。

1. 建构新型的师生关系文化

（1）自由平等的民主文化。一个组织内越是民主、平等，组织成员就越能自觉、自主地进行学习、思考，进而引发知识与智慧优势互补的欲望与冲动。

（2）自我超越的自信文化。学习在本质上是对自身的扬弃，有自信方能不断除旧布新、永葆活力。

（3）勇于冒险和宽容失败的价值文化。学习的目的，是为了对新思想的追求和对新事物的研究，这必然意味着风险和失败，而鼓励冒险和宽容失败应该是一个组织及其成员实现生存发展的一体两面，不可偏废。

2. 建构新型的课堂教学文化

（1）以互动讨论式教学替代单向灌输型教学，形成教学过程中的新型师生"对话文化"。

（2）以智慧生成式教学取代知识记忆型教学，形成教学过程中的师生"质疑文化"。

（3）以知识智慧互补和积极探索式教学取代单打独干的应试型教学，建构合作型的"团队学习文化"。

（4）现以教学相长、共同发展和成就人生的有效教学过程，促成师生携手共建教学文化。

以上四个方面，既具有由浅入深的逻辑关系，又是并存的互动发展过程。当学生由混沌而慧觉，由青涩而沉稳，由浮躁而文明的时候，他们将体会到求学的幸福和成长的喜悦；当教师以辛勤的汗水培育出青青苗壮时，当所守望的一个个鲜活的生命得以成为社会可用之硕学闳才之时，他们将体会到职业的神圣感和成就感。与此同时，师生共同体悟到"教学相长"中的"长"字的真正含义与韵味。

当今世界，各级各类学校之间的水平之争，本质上是文化的竞争，或者说是教育传统与学术传统之间的竞争。大学文化是一片沃土，每一个社会成员都会在这片沃土中吸取营养，苗壮成长。只要这片肥壤沃土存在，就会有一代一代的新人从这里成长起来，成就自己，造福社会。

五、着力建构大学之现代体育文化

所谓大学体育文化，即大学成员对于强身健体和运动竞技之体育活动及其活动组织制度之意识、信念、情感以及体育竞技业绩的总和。

培养德智体全面发展的和谐人以强民建国，既是现代教育方针的思想理论精髓，也是民族兴旺与国家强盛的战略大计。由此不难看出，建设大学体育文化，以体育健身和体育竞技精神育才，是现代文明国家的文化教育发展之新路。

1. 从奥运看美国大学的体育文化及其体育事业

（1）大学生运动员的辉煌业绩。2008 年 8 月 24 日，北京奥运会胜利闭幕。论金牌总数，中国居榜首，论奖牌总数，美国第一。美国的奥赛辉煌业绩，高校功不可没。在近 600 人的强大奥赛军团中，众多运动员来自于大学生（在读或校友）。数据显示，美国高校派出了阵容强大的运动员和教练员。如常青藤盟校中的普林斯顿大学有 14 人、哥伦比亚大学 3 人、哈佛大学 9 人（含在校生和校友）；华盛顿（西雅图）大学有 16 名代表参赛，密歇根大学有 20 多位代表，而加州大学伯克利分校更是有 46 位运动员和教练员参赛，其中 20 个人代表美国队，其他人则分别代表 17 个国家参赛。①

可以毫不夸张地说，大凡著名的美国高校，都是体育名校。

（2）美国高校的体育文化及其保障机制。美国高校体育之成就，源于对体育精神的感悟及其力行。

第一，美国高校的体育文化历史悠久，各大学的体育运动风气非常兴盛。美国高校之所以能够成为美国体育运动强大的后备军，完全得益于美国高校高度发达的校园体育文化及其浓郁的体育氛围。

美国高校崇尚体育运动的拼搏精神，许多高校都拥有自己的体育运动吉祥物，例如，耶鲁大学的吉祥物——"英俊的丹"，它以猛犬的形象代表学校强悍、勤劳的拼搏精神。

第二，美国大学校园体育文化之所以健康发展，要归功于其校内外的制度保障。

一方面，全美有着完善、系统的高校体育运动促进机构。例如，诞生于 1906 年 2 月 3 日的联合院校体育协会，为普及发展全美大学生体育运动发挥了重要组织作用，如今该组织已更名为全美大学体育协会（NCAA）。

除此以外，众多的地区性大学生体育组织定期举办各种赛事和体育活动；各高校都有自己完善的体育组织。从全国到高校，系统、完整的体育组织，使美国大学的体育事业红红火火，既促进教育事业的兴旺，也促进全民族健身与竞技运动的发展，进而促进全民族形成健康向上、自强不息的精神风貌。

另一方面，以制度保障学生的学习和训练。有人会问，大学生整天训练、

---

① 参见郭英剑：《美国大学的体育及其体育文化》，载《科学时报》，2008.8.26，国际版。

打球，如何保障其学习？回答是，NCAA 作为业余体育组织，对运动员的权益保障有明确的规定。比如，每周训练时间不得超过 20 个小时，每个人、每支球队和每所学校都必须遵守此项规则。当各联盟比赛时，每周大概打 2～3 场球。另外，它还有"强制性休假一天"的规定，要求在赛季中，每周都有一天是必须休息的，以此让球员调整自己。

第三，社会关心。美国大学各项体育赛事如今早已走出了校园而广泛影响于社会。比如，美国各大媒体如美联社、合众国际社、《今日美国》等，几乎都要从每周体育赛事战绩表中选出前 20 强或前 25 强在重要版面加以公布。媒体的关注和传播，使许多体育明星都成名于大学时代。

可以说，制度的完善，对推动大学体育文化建设及其体育运动的发展起到了至关重要的作用。

（3）优良的体育设施。美国大学一般都拥有设施一流的现代化体育场馆。以耶鲁大学为例，拥有耶鲁大球场、沃特·坎普体育中心，还有据称是当今世界上最大的体育馆——佩恩·惠特尼体育馆（设备对本科生免费开放），还有建于 1881 年、世界上第一个大学游艇俱乐部——科林斯游艇俱乐部。而加州大学洛杉矶分校的玫瑰碗球场，可容纳 9 万多人。这些齐备的体育设施，为学生体育活动的开展提供了保障。

（4）高校体育事业与教育事业竞相发展。

第一，美国很多的体育运动始于大学，并流行到社会。以美式足球或称美式橄榄球为例，它虽然源于英式橄榄球，但传入美国后，首先是由哈佛大学的学生开始加以改造。到美国内战结束后，美式足球开始在大学中广泛流行。后来，在 19 世纪末 20 世纪初期，经过耶鲁大学当时的球员及教练沃特·坎普的改良，开始比较接近现代的橄榄球，美式橄榄球如今成为全美流行乃至于世界欢迎的竞赛运动。

第二，体育文化及其业绩积淀为大学的宝贵物质与精神遗产，乃至于社会声望与地位。

一方面，体育运动既强身健体，又培育了学生争强好胜的竞争精神，并由此极大地增强了学生的健全心智和学习精力，促进了学生德智体美诸素质的和谐而全面发展。

另一方面，良好的运动业绩和精神风貌产生了极强的社会吸引力，为学校赢得优质生源。比如，宾夕法尼亚大学的橄榄球队在 1982 年到 2003 年间，曾 12 次获得联盟杯冠军。其篮球队，在 1970 年到 2006 年间曾 22 次获得联盟杯冠军。如雷贯耳的迈克尔·乔丹，为北卡罗来纳大学文化地理学专业的学生。北京奥运会的冠军明星迈克·菲尔普斯为密歇根大学安娜堡分校体育营销与管理专业的学生，现在他已经留校做游泳助理教练。

可以说，名牌大学之间在体育上的竞争程度绝不亚于学术上的竞争。体育竞技场上的辉煌，令大学和大学生都引以为傲，甚至成为高中生申请某些大学的理由之一。

2. 以卓越的大学体育文化促进学校教育和科学事业的发展

欧美大学体育文化建设及其大学优质发展的成功历程，为我们今天的大学文化建设乃至于建设高水平大学提供了新鲜经验。

（1）以大学体育运动普及化带动国家体育事业发展。根据这一思路，改变中国举国力和职业化培养运动员的传统体制，走大学培养运动员和运动员业余化的新路子。如此既有利于培养有文化素养的运动员，又使运动员不至于因运动而荒废学业。

（2）以体育文化及其竞技精神推进世界高水平大学建设。体育竞技及其体育文化不仅是一所学校、一个民族的文化窗口，更是一个国家强盛于世的标志。我们过去对建设大学体育文化一直有所忽视。20世纪90年代以来，尽管我们的大学一直重视招收优秀运动员，但都带有短期的功利性目的。

第一，以强身健体、强族强国的体育文化及其争强好胜、追求卓越的体育竞技精神激活学者的学习与创造活力，促进体育文化、体育运动走进世界强国之列，推进教育与学术事业走进世界强国之列。

第二，以团结合作、共谋成功的体育竞技精神促进高校人才的素质全面发展，促进高校教育与学术事业向世界一流水平迈进。

第二节　学科文化与学科文化建设

根据发生学和系统生态学理论，学科是大学的组织细胞或组织基干，是大学赖以生存和发展的基础。如果说大学学术传统或学术文化是一个大学的总体文化体系，那么学科文化或学科学术传统则是这个体系向外发散的分支，或者说是大学文化的子集。

学科文化既是大学文化的源泉，支撑并创造和丰富着大学文化总体系，又离不开大学文化总体系这个赖以生存发展的环境。因此，研究、认识、把握和着力建构学科文化，是当前大学文化建设的核心或基本任务。

一、学科文化概论

学科文化和大学文化之间是源与流的关系，在学科文化与大学文化的相互关系上，切不可本末倒置。

1. 定义与含义

（1）何为学科文化？所谓学科文化，是指探索于大学相关学科领域里的历代学者们在长期的创建并发展该学科的过程中所逐渐形成并积淀的以知识为本原、以学科为载体的各种致思方式、探索路径、行为方式、语言符号表达、价值信仰和伦理规范及其知识产品（或科学产品、学术产品）的总和。[①]

学科及其知识体系是学者的生存信仰和信念，学者们对学科及其知识体系的忠诚信仰远远胜于对行政组织的归属感。

（2）学科文化是学者、学科、知识三者在相互影响的动态过程中的产物；学科文化产生于学术活动并指向于学术活动，因此学术性是学科文化的本质特征；学科文化产生并依附于特定人群，因而具有明显的身份性、职业性和专业性。

（3）学科文化根植于学科，即：学科由知识而生，依文化而成。

学科是大学里各类学者的专业化组织方式，学者们通过学科这个平台，在自己的专门知识领域以独特活动方式及其创造性成果而凸显本学科与它学科的区别。

这种区别在于：每门学科的成员都拥有自己的认知领域、专业阈廓、价值信仰、学术精神、行为方式，以及特别的语言符号表达体系等，它们构成学科文化的基本内容，彰显学科文化的基本形象。

（4）学科文化是社会文化在大学文化中的发散和分支，它具有一般文化的共性。

第一，属人性：学科文化的创造者是人，是人的精神活动，它生成于人并指向于人；

第二，社会性：学科文化是在一定的社会关系条件下为特定人群的活动所创建形成，没有一定的社会关系条件下的特定人群的共同活动，就没有学科文化；

---

① 参见邓和平：《大学学科文化散论》，载《高教发展与评估》，2008.5，第28页。

第三，规范性：学者在学术活动中创造着学科文化，学科文化也规范着学者的学术活动；

第四，稳定性：学科文化一经形成，就具有相对的稳定性；

第五，个性性：学科文化虽然植根于大学文化和社会文化的生态系统中，但又有着不同于一般文化的个性。由于各学科有着自己的独特知识领域、信仰追求及其探索路径，各学科的学者们只有遵循本学科的学术活动方式，才能在本领域实现最佳创造与最优发展。

（5）学科文化是教育和科学哲学。俗话说，每一个行当都有自己的套路。所谓内行看门道，外行看热闹，内行看的就是套路。

这些套路如果是关于运思方法的形而上的东西，可称之为艺术；如果是属于比较具体的实际研究方法和技巧这些形而下的东西，可称之为技术。

任何一个学者如果要在某个行当里面有所作为和有所成就，先要学习形而下的技术和技巧，然后要下大气力不断地体会和掌握形而上的运思艺术。

形而上的运思艺术和形而下的技术、技巧等的有机统一的理论抽象，就是学科文化及其哲学意蕴——教育和科学哲学。

2. 学科文化的特性

学科文化总是以其在特定人群、特定学群中所形成的特有风格而确立自己的内在独特价值和外在特别形象。科学无国界，研究有传统。学科文化正是以其独特价值和特有风格而构成其核心竞争力。

（1）主体性。学科文化是特定群体的意识形态及其话语符号，是特定群体自我审视、建构并影响自己的方式，即把他或她建构成特定主体的方式。因此，学科文化也是他或她之期望、联系和实现的某种创意。

（2）独特性与专有性。独特性与专有性是学科文化之所以为学科文化的根本特性及其标志所在。学科文化完全因人而异，因某个学群的精神品质而异。因此某种意义上，学科文化即学术传统，学术传统即学科文化；每所大学的独特教育与学术传统，正是通过学科文化得以成型并彰显。

第一，依学科不同而形成分门别类的学科文化，其形成过程完全依赖于圈内学者内心的揣摩、会意、联想和移情，逐渐生成一种独特的运思方式、探索路径和研究方法体系，因而它往往属于某个学科、某个学派甚至某个人或某几个人所独有。就像工匠手艺总是局限在某个严格的地域或群体中一样，学术研究的悟性、眼力、风格和技艺也是如此。学术研究包括大量的直觉性路径和情感性价值，这些东西只有通过合作者之间的意会，才能实现代代承传。

一般来说，"科学无国界"仅指外显性符号知识，而难以包括内隐性意会知识。所谓名师出高徒，即是说师徒之间不仅在于显性知识的真传，更在于情操意蕴方面的默会。而情操意蕴方面的默会神游，以及勇于创新、甘为人梯的奉献精神，才是人才辈出和创新有为的决定性因素，才是学科文化与学术传统世代相承的决定性因素。所以著名科学教育家卡尔·萨根在其名著《魔鬼出没的世界》一书里指出，科学方法似乎毫无趣味、很难理解，但它比科学上的发现重要得多。

第二，某个学科或某个学派在某个领域的长期学术探索活动中，往往形成具有自己的特色与新颖的研究进路，并在这个进路上形成独有的学术风格。这种风格正像一个人有不同于他人的气质和性格一样，不同的学者及其学术群体也会有各自不同的研究风格。看问题的角度不同，研究的偏好不同，学术的价值观不同，研究的方式方法不同，等等，都会造成风格的差异。在科学史上，诸多例子可以说明学术风格的存在：韦伯重视实验证据，爱因斯坦重视思想实验，居里夫人非常能够"吃苦"，唐敖庆的化学研究注重数学推演，等等。

第三，独特的教育思想及其方法，形成本学科学群的独特人才培养模式。人们将这种"成功播种成功"的独特学术传统与育人精神深情地归结为"园丁精神"。所谓经师易得，人师难求，正是人们对于这种非同一般的"园丁精神"的深刻解构。辛勤的园丁们以其善良的心、宽广的胸怀、独特的眼和巧妙的思，发现幼苗并倾情施肥、浇水和培土，使之健康成长为大器大才，由此为人类带来善、美与福的分享。因此可以说，园丁精神又是园丁们以崇高的人品与卓识创造着的一种环境，使后生在这个优越的生态环境中卓见倍出和创造迭出。

诸如英国著名的剑桥大学卡文迪什实验室的 J. J. 汤姆森——E. 卢瑟福——M. 赖尔等 17 位 25 人次诺贝尔奖得主链、中国著名的熊庆来——华罗庚——陈景润数学大师人才链，都充分地印证了以"园丁精神"为特质的学术传统与学派风格的特色性、专有性与功效性。

赵九章是清华大学既出成果又出人才的著名物理学家，他为弟子们的成长而精心设计了"三化"（即数理化、新技术化、工程化）治学成才之路，培养并成就了一大批院士：叶笃正、陶诗言、谢义炳、赵柏林、周秀骥、巢纪平、陈颙、刘振兴、闵桂荣、王水等，使我国的天体物理、气象科学和卫星事业持续发展，始终保持着世界一流水平。他的"三化"思想既源于叶企孙、吴有训、萨本栋等大师名师的教育学术神韵，又有自己的继承和创造性发展，由此形成清华大学"理工会通、动脑又动手"的育人模式和治学传统。

著名数学大师苏步青，不仅创造了世界一流的学术成果，还创造出"青出于蓝而更胜于蓝"的"苏步青人才成长效应"，即学界盛赞的"苏步青系数"。苏步青后来在与其弟子谈话时曾意味深长地说，在学术上弟子们都已经超过了他，但有一点弟子们不如他，那就是他们还没有培养出超过自身的弟子。苏步青的话表达了一个哲理，即：人才链的断裂，恰恰是学术传统的断裂，而学术传统的断裂将不会使成功必然播种出成功。

（3）自由性与开放性。自由性与开放性是学科文化的天生规定性，其本质是科学无国界和学术无东西。对外，强调交流、沟通、比照、博采和创新；对内，崇尚自重、互重、竞争、互补和共生。因此，自由性与开放性是一切优秀学科文化的核心精神。

第一，科学无所谓国内外或东西方。中国历史上的所谓中西学之争，争的肯定是背后的现实利益，而绝不是科学，因为科学没有中学、西学之分界。作为学问或学术，不论是人文社会科学或是自然科学，都有先后、精粗、高下、正确与谬误之分，但无所谓中西，谁先进就学谁；作为学问或学术，不论是人文社会科学或是自然科学，只要是先进和优秀的，都属于全人类共有的文明财富，既无所谓姓"东"姓"西"，也不为某个民族或国家所专有，即使是最机密的科学。①

第二，学问作为真理来说，既不可能放之四海而皆准，也不可能管一万年。这是因为：社会具有复杂性，不同的社会，其情况千差万别，不可能完全套用于一个真理、一种规律和一种模式；真理具有复杂性，不是说朝着真理走就可以走到真理，因为真理需要不断探索和持续实践；真理具有相对性，没有永恒不变的真理，真理的生命力在于不断被发展、完善和超越。

3. 学科文化的要素结构系统

学科文化是一个复杂的微观文化系统，学科领域的活动者、学科知识与信仰体系、学科致思方式与探索路径、学术活动与教学行为方式等以密不可分的

---

① 参见何兆武：《中学西学之争下的近代化道路》，载《中国教育报》，2006. 12. 12，第3版。

关联性功能而构成学科文化系统的基本要素结构。

（1）学科领域的活动者是学科文化的第一要素或主体要素。理由很简单，学科也好，学科文化也好，都是人的创造性活动成果。

学科领域的活动者既包括学科的奠基者，也包括学科的传承者。随着学科的创立及其知识体系的建构，以及学术活动的专业化和规范化，一代代学者承前启后，以学科知识的传承和创新为己任，完善学科，创造科学；成就人生，造福社会。

（2）学科知识与信仰体系。体系之所以为体系，是因为它由多种相互关联的事物构成一个有机复合体。学科之所以为知识与信仰体系而存在，是因为它具备了体系的构成条件与特定内容，而不是知识散点和思想火花。

第一，知识是人类认识世界的文化结晶，它通常以预见、假说、推理、判断和概念等理论形式和符号体系表明自身的存在。

之所以说知识是人类认识世界的文化结晶，是因为知识本身就有文化意蕴。比如，数学虽然是枯燥的数字游戏，但人们可以从中认识并深刻地把握仪态万千的自然世界和认识神秘难测的人类精神意义世界。数学与哲学一向被视为科学之科学：数字指向宇宙的时空维度，指向天地万物的计量，指向历史发展的进程，指向人类思维的有序和无序。数字加以人文安排甚至可以指向人类的精神生活世界，例如，古代中国《老子》之所谓"道生一，一生二，二生三，三生万物"，《周易·系辞》之所谓"太极生两仪，两仪生四象，四象生八卦"；古希腊毕达哥拉斯派之所谓宇宙起源于纯洁而深奥的一，渐次达到圣洁的四，然后生出圣洁的十，从而成为天下之母，成为万物之锁钥。以原始思维为根，数字在极浅白中包含着极深刻、极简单中包含着极复杂、极清淡中包含着极厚重。

第二，学科的产生源于学者们对特定知识体系的信仰。所谓特定知识体系的信仰，又称学科意识，是指学者们在知识海洋的艰苦探索中，对某些知识的体系主张、疆域划分、功能定位和价值定位的认同、信服和执著。

在漫长的历史进程中，人类认识和把握的知识浩如烟海，它们经学者们的深入研究并按照特定的价值和功能，被分门别类地划分为不同的知识体系及其学科领域。这一过程充分表明：一是学科信仰以学科领域里的学者们展开学术探究活动的独特范式和路径为标志，这些范式和路径及其所涵括的内容一经固化，即构成学科信仰及其信仰体系。

二是学科知识与信仰构成密不可分的关联体，即学科知识作为公理而被认同，而这种认同又以信服和信仰得以确立并被代代传承和创新。一方面，学科知识体系是学科信仰产生的基础，即学科知识体系是学科领域里的学者们展开学术探究活动的依据和指归；另一方面，学科信仰又是学科知识体系得以确立并永续发展的保证和动力。

三是学科知识与信仰体系是学科特有的精神生命，它们对后继者的学术活动起着重要的导向、提携和激励作用。学科依大师而存在，依大师而兴旺；大师之所以为大师，他们不仅能创建学科并为学科不断开拓新的知识领地，更在于他们善于向同行或后辈迁移其独有的精神智慧与信仰体系，从而使成功播种成功。

儒家文化之所以能成为中国文化传统的主干并经数千年而长盛不衰，就在于它从先秦诸子百家、汉代董仲舒到宋明朱熹、王阳明再到民国时期王国维、梁启超等人的代代执著与真传。

（3）学术活动范式与言行表达方式。各学科的学者们在本领域长期的教育活动和科学研究过程中，形成自己特别的生活方式、共同话语、行事准则和探索路径，这些东西构成学科文化的基本要素或符号特征。在那些独特的学科领域里，他们分享自己的理论、话语、方法技巧和信念路径，揭示和描述一个个不为人知的世界奥秘。所以美国著名高等教育家伯顿·克拉克指出，进入不同学科专业的人，实际上是进入了不同的文化宫，在那里他们分享自己的理论、方法、技术和问题的理念①。

第一，活动范式。所谓活动范式，即活动规则与活动程序及其义理。

美国著名科学哲学家和科学史学家库恩在其经典著作《科学革命的结构》一书中，创造性地提出了"范式"概念。在他看来，每个学科领域都标志着一个科学共同体，环绕在科学共同体中的每个个体都必须遵循共同体的研究范式，范式成为区分学科的重要标志。伯顿·克拉克在其《高等教育系统》一书中进一步指出，一个范式是一个科学团体的成员共享的东西；反过来，一个科学团体是由共享一个范式的人们所组成。

一般来说，学科活动范式只能由各学科领域里的成员们融会贯通，圈外人则难以知觉把握。比如，数学强调数字概念的严密和逻辑推演的精确，其基本风格是精确与完美，个中韵律只有数学家能感悟得到，圈外人看到的只是公式

---

① 参见：Burton R. Clark, The Higher Education System-Academie Organization in Cross-National Perspective ［M］. London：Universty of California Press, 1986. 76。

与模型，以及数字与符号的排列；文学家们以豪放不羁的人文精神畅游于世间，以赋、比、兴为范式抒写圈外人难以想象的华丽、优美和感人的市井百态；哲学家们凭借他们共同创造的"通用词汇"进行心灵对话，圈外人只能感到玄虚神秘而难得其解，如此等等。各学科知识体系内部自然产生的自治，使它们既沿着物质的路线又沿着象征的路线发展，既沿着理性路线又沿着非理性的情感路线探索。

第二，表达方式。不同的语言符号及其表达方式是不同文化的载体，是不同思维的物质外壳和呈现形式。所谓仁者见仁，智者见智，"三句话不离本行"，生动地展示了学科文化及其承载者的意义表达方式及其生活样态。

就自然科学而言，比如地震研究，地质学学科人首先想到的是如何从地层板块的运动中把握规律，地层、震级、裂度是他们的行话；物理学学科人会从地壳运动的能量释放中把握规律，地光、长波、短波和辐射是他们的行话；天文学学科人会从宇宙天体运动对地球的影响及其周期来把握规律，磁暴、伽马射线、太阳引力是他们的行话；生物学学科人则从地震前的动物异常反应来把握规律，蛇出洞、蛙异鸣等是他们的行话。

就人文社会科学而言，比如社会发展研究，历史学家首先想到的是如何从事件、人物和因果的既往与现实的比照中把握规律，考据、考证是他们的行话；经济学家首先想到的是如何从生产、积累和供应的关系中把握规律，市场、价格、财政调控是他们的行话；社会学家首先想到的是如何从民生、民意和民权的现实状况分析中把握规律，分流、分层和阶层结构是他们的行话，如此等等。

两个生动的故事可以证实不同行当的人的不同表达方式：某村有四个能说会道的人，他们分别是厨师、裁缝、马夫和船夫。某日村里哥俩分家，请他们去"说和"。此事颇棘手，四人行前碰头商议妥帖办法。厨师道，最好快刀斩乱麻，别锅碗瓢盆扯不清；裁缝认为，办事要讲分寸，不得偏斜，要针过去线也过得去才行；马夫满不在乎地说，车马骡子熟套了，咱过去也不是没管过这号事，前有车，后有辙，不出大格就中；船夫则听着不耐烦地嚷嚷，咱先别胡搅和，不如见风使舵，到那儿再说，怎么顺当就怎么给哥俩划拉划拉得了。

讨论教育与人生的问题，铁匠说，人和铁一样，有很强的可塑性。同样的一块铁，可以打造出各式各样的东西。只要你心中有理想，行动有追求，再经过反复锤炼，总会实现你的目标。教育就是要为年轻人指明正确的方向，为他们成型塑好模。木匠说，人和木材一样，都有各自的优缺点。人们要根据需要和木材自身的特点，设计出千姿百态的家具。所以，人要根据环境和自己的优势实现不同的人生。教育应尽力挖掘年轻人的潜能，做到因材施教。商人说，任何东西都有它的价值，人也不例外。所以，人生就是通过自己的努力，把自身的价值体现出来。教育的作用就是对年轻人进行充值，但能不能卖出一个好价钱，还得经过市场的评价。

（4）教学行为方式。

第一，学术和教学是两种不同的活动，它们有着各自的活动内容与活动规律。学术是研究知识与探索真理的活动，其工作对象是事物；而教学活动的对象是人，人的复杂性决定了教学活动的复杂性。两种活动的性质和对象的不同，决定了它们在活动方式即致思方式、行为范式、行为手段和表达方式上有着巨大差异，这种差异使之形成两种不同的行为文化体系。

第二，学科既是学术活动的舞台，也是教学活动的舞台，是学术活动与人才培养的共同载体。学术需要合作与承传，因而学术与教育在人的问题上形成共同点。由此，学科文化既是也必然是学术活动范式和教学行为方式二者的有机复合体。

二、现代大学学科文化之建构

构建现代大学文化，首要的在于构建学科文化。或者说，建设学科文化是建设现代大学文化的基础性工程。

1. 学科文化的复杂性

（1）问题的产生。从根本上说，学术研究依赖于个人的活动。但是，单兵独斗的学术探索特点使得学者善于耕种自己的土地而不善于做"佃户"。

第一，学科划界及其专业分治造成的弊端日益显现，如：画地为牢，导致学术盲点和知识板结化现象，制约科学创新势所必然。

第二，学科"分裂"及其"学问隔阂"已不再是斯诺断言的文科和理工科之间的矛盾，或是自然科学、社会科学与人文科学三分天下的局面。

随着社会进步与科学发展，各个学科都在深化细化。它们各自凸显自己的地位，各自彰显自己的功能与价值，由此形成一个科学大繁荣、学科大分裂的全新格局。

第三，学科分化趋势不可逆转，"跨学科"、"学科交叉"效果有限。在可预见未来，"学科边界"只会强化，不会消失。由此，学界和大学里不可避免地出现如下局面：不同的学科领域、多元的价值取向、迥异的学术知趣、松散的组合方式。

（2）成因与对策。

第一，成因：不同学科之间产生的界限与隔阂，源于知识生产制度化与学科文化专有化。

同一学科内部，经由长期发展与演变，自然而然地形成一套被圈内认可的概念术语、研究方法、表达方式等，外人很难理解。长此以往，学科与学科之间，各有各的学术视野，各有各的专业旨趣，各有各的偶像崇拜，也各有各的自尊与自爱。

当旨趣不同、范式迥异的学科集合在一起并组成知识共同体——"大学"时，相互之间必然会发生摩擦与碰撞。

法国著名社会学家布迪厄在《教育、社会与文化中的再生产》一书中精辟地指出，文化都是"专横"的，个人在通过社会化过程习得某种文化的同时，也不知不觉地学会了文化"专横"。这种文化"专横"，加上社会发展变迁的背景，造成本学科文化与它学科文化之间的相互隔绝。

第二，对策：尊重与协调。在科学综合化发展的时代，学术创新往往依赖于系统工程和学科协作。如何准确地描述、理解、把握、善待和协调各种"学科文化"；如何协调好不同学科的学术旨趣，处理好各学科的共生共荣关系；如何既实现卓有成效的管理，又不伤害原有的学科肌理，是科学界和高等学校管理者必须深入研究并妥善应对的新挑战。

2. 观念更新与范式创新

法国学者杜甘指出，人类步入工业时代后，通才越来越匮乏，原因在于所有人都试图在一个或若干个领域成为专家，由此导致通才越来越少，专家越来越多。因此，当代学界要想挣脱专业主义束缚实现学术重大突破，必须提倡问题意识、通才意识和跨学科活动方式。

（1）观念更新。观念更新包括两个层面的内容，它们分别对应于学者和管理者。

第一，以开放化视野和包容性胸怀呼吸多元文化空气。学科文化的存在表明，每门学科都有其独特的知识领域和学术活动范式，企图视而不见或加以抹杀是愚蠢和不明智的。但是，知识世界又是复杂的、多侧面的和不可穷尽的，同一问题可以从不同层次、不同方面，用不同逻辑思维和方法加以探讨，从而形成新的观点、学派或学科。

因此，各学科以及学科内部各领域之间，只有以前后眼、两面神、左右脑的多维视角，以比肩发展、优势互补的活动模式，才能铸就理性之灵与智慧之光，才能实现伟大的科学发现。

英国当代著名学者鲍曼说得精辟：欲成为卓越的知识分子，意味着要超越对自己的职业或流派的偏爱和专注，关注真理、正义和时代旨趣这些全球性问题。历史进程和现实走向均表明：学者们以开放化的视野，呼吸多样化的文化空气，接触、了解不同专门学科领域的思想、观点、学派，通过比较和选择，从中吸取有益的养料，既有利于提高自身文化与专业素质，又有利于促进知识复合与科学创新。杨振宁先生正是在这个意义上比喻自己："从广义上讲，我是中国文化和西方文化的产物。"①

第二，提倡质疑的精神和鼓励说"不"的胆识。法国著名启蒙思想家伏尔泰有一句名言：你所说的话不一定正确，但我誓死捍卫你说话的权利。这句话广泛适用于学界。

一方面，一个学者要敢于说不，还要善于说不，还要具备说"不"的能力，否则就容易流于无的放矢、不知所云甚至胡言乱语。所谓说"不"的能力，一是需要知，这是基础，要做知识分子，首先要做"知道"分子。二是需要识，即如爱略特所说，要善于把淹没在知识海洋中的智慧找出来。质疑要有智慧见识，听的人才会有所启迪，否则跟市井吵架没太大区别。因此质疑能力能够体现出一位学者的文化底蕴，其中还包括在敢于说不的同时，不懂的东西不要轻易说不。② 三是需要胆识，有了独立见解，能否提出来还需要胆识。知、识和胆识，构成了科学文化的不同内容层面和精神品位。

另一方面，要营造出学者勇于质疑和敢于说"不"的环境。这里，一是需要学校乃至于社会在一定程度上淡化甚至否定威权文化。当学校行政"威权"和学术"权威"盛行之时，就一定是学术创新晦暗之时。当前，学者们常常呼吁学校要加强学术权，其实这种呼吁的实质，是对"威权"文化泛滥的一种抗争。二是在学科内外建立平等的竞争与互补关系。这种关系表明：就外部而言，学科之间不存在所谓的领导与被领导关系，也不存在所谓的主流与

---

① 参见徐希元、王亚军：《从"名师出高徒"看博士生培养》，载《新华文摘》，2005.12，第137页。

② 参见沈爱民：《敢于质疑体现文化底蕴》，载《光明日报》，2007.1.15，第10版。

非主流的地位区别；就内部而言，主体学科与衍生学科之间也没有领导与被领导关系。

（2）范式创新。范式即制度，范式创新即制度创新。学术活动范式对保持学科的纯洁性、传承性和创新性具有独特功能，但从另一个角度说，它也容易固化不同的学科视野、话语方式，进而在失去研究的开放性与多样性的同时，弱化学科的生命力与创造力。

美国学者华勒斯坦认为，现在需要做的一件事情不是去改变学科的边界，而是将现有的学科界限置于不顾，去扩大学术活动的组织。对历史的关注并不是那群被称为历史学家的人的专利，而是所有社会科学家的义务。对社会学方法的运用也不是那群被称为社会学家的人的专利，而是所有社会科学家的义务。

第一，团队合作范式。团队合作范式的科研趋势和优势如我国著名物理学家、"两弹一星"的元勋彭桓武的一副对联所写：集体集体集集体，日新日新日日新。弗莱克斯纳认为，"科学是个人的事，但科学问题决不能由一个人去解决"。最好的办法是"在一个不断扩大的中心圈中开展工作，在个人自由的基础上，使工作者保持非正式的接触，努力取得系统性的进步。"① 库恩在《再论范式》中强调，科学在"本质上是集体的产物"，"科学知识实质上是专家共同体的产物，科学事业依靠这一类共同体推进"。②

第二，问题取向范式。20 世纪 90 年代，日本学者山脇直司针对现实学科专业制度的种种弊端，提出了"后专业主义"的新概念。山脇是日本公共哲学运动的重要代表人物和提倡人文社会科学研究的"后专业主义"的领军人物。山脇从公共性这一概念为认识出发点，认为要克服学术研究的狭隘性和学科制度的狭窄封闭现象，就必须实行"学问的结构改革"，建立以问题为中心的超越学科协同解决人类面临的各种问题的新型制度结构。

第三，跨学科研究与合作范式。当代以来，世界各国大学出现学者协力和学科协同的新型学术创新活动范式，人们将这些范式分别冠以跨学科、跨问题和跨机构等模式。

总之，范式创新不仅有力地促进了学术创新，而且使得学者的活动方式与

---

① 参见沈爱民：《敢于质疑体现文化底蕴》，载《光明日报》，2007.1.15，第 10 版。
② 参见亚伯拉罕·弗莱克斯纳著，徐辉、陈晓菲译：《现代大学论》，浙江教育出版社，2001 年：第 101 ~ 102 页。

活动话语更加完整。

综观今日之世界各著名大学，无论是综合性、多科性还是单科性大学，它们之所以流风久远、成就卓然，就在于学校十分重视学科建设中的多学科文化之整合作用。事实表明，学科之多，不仅在于学科数量之多，更在于融合其他学科之研究范式与方法。

3. 繁荣学派，强固学科

（1）学派之源流。

第一，世界各国的文化与文明皆源自于学派。按照德国著名哲学家雅斯贝尔斯"轴心时代"的说法，在公元前六世纪前后，古希腊、古希伯来、古印度和古代中国几乎同时出现了伟大的思想家，他们百家争鸣，形成学派，形成风格，形成思想体系，形成不同的文化传统。这些不同的文化体系经过数千年的发展，已经成为各个民族国家乃至于全人类共同拥有的文化精神财富。由此可见学派的文化创造之功及其能量之大。

第二，学派之形成，缘于三种原因：师承、地域和问题。因出于同一师门而学术观点相同和学术风格相近，可谓之"师承性学派"；因出生或工作在同一个地域单元而导致学术观点相同和学术风格相近，可谓之"地域性学派"；而"问题性学派"，则因为研究同一个问题，其研究旨趣、方法相同而导致学术观点相同，尽管没有地域或人脉的因缘，也可以形成一个学派。

中国传统的学术流派，基本以前两种为主，这缘于自古以来中国特殊的学术传播方式。

（2）学派建设之意义。

第一，学派是学科生成与发展的基础，没有学派就没有学科，就没有学科文化及其学术传统，就没有大学乃至于人类一切文化文明。

第二，每个学派都有其独特的视角与哲思、探索的路径与方法和表达的方式与习惯。面对大千世界，人们都是摸象的瞎子，但由于不同的人对世界的感受和觉解不一样，使他们各自得出的东西经整合后与万事万物的真相更接近一些。

世界著名的卡文迪什实验室之所以百年不衰、持续辉煌，就在于它不拘泥于既有传统核物理科学的一枝独秀，而是鼓励学者、学派和学科多向发展，由此使得实验室不仅在世界物理学领域成为常青树，而且在分子生物学、射电天文学等分支领域领世界风骚，为以后分子生物学革命和宇宙空间事业开辟了道路。

第三，学派繁荣有利于学术民主、问题多元和风格多样，并在此基础上促进知识、智慧、文化与精神互补，进而强固学科及其学科文化。

知识、智慧、文化与精神互补，是学者实现素质提升、学识进步、创造力增强并成就事业、成就学术境界的关键，是个人、学科和学校的核心竞争力，是学科文化与大学文化的核心竞争力。

第四，淡化权威意识，弘扬"草根"智慧。学派自草根者始。长期以来，学术观念、学术政策、学术行为往往因被冠以"权威"认同而备受注目和趋之若鹜。由此我们往往忽略了游离于权威之外的"草根"学者所具有的独特学术研究视角，而他们才是学科文化创新与发展的主力军。

从源流上说，文化是自下而上的产物，是百川与大海的关系；繁荣学派就是建设学科，建设学科就是建设大学，这是我们当下在积极开展大学文化建设过程中所必须清醒地认识、深入地把握并应特别加以关注的着力点。

第四章　现代大学之精神

中国的大学精神研究热，伴生于 20 世纪 90 年代中期以来的大学文化建设研究。改革开放以来，中国大学有了长足发展。但不可否认的是，长期以来的文化精神缺失，使得大学的庸俗化现象十分严重，诸如趋炎附势、因循守旧、唯利是图、学术腐败等。事实表明，没有先进势能的大学精神文化支撑，再多的钱也建设不好现代大学，更何谈建设世界高水平大学。因此，中国 20 世纪 90 年代以来发生在高校的大学文化研究及其建设热，本质上是一场新文化运动，或者说是寻找"有精神境界"并为中国大学"立心定本"的新文化运动。

第一节　精神与大学精神

德国著名哲学家黑格尔在 1818 年 10 月 22 日的一次演讲中说得好，诸君应相信科学，相信理性，信任自己并相信自己，要有追求真理的勇气，相信精神的力量，精神的伟大和力量绝不可低估和小视。①

在文化系统的要素结构中，精神文化居于核心层。换言之，文化之所以为文化，在于它有精神内质作支撑。文化的价值及其生命力如何，完全取决于精神的质地与势能。因此，深入认识并积极建构大学精神文化，其实质是打造大学的文化力及其大学发展的核心竞争力。

一、精神概述

精神是文化的凝练，因此又可称为精神文化。一定的精神文化，总是表现为特定人群或特定社会文明的一种气质品性，以及这种气质品性的品位与势能。

---

① 参见 ［德］黑格尔：《小逻辑》，商务印书馆，1982 年版：第 35～36 页。

1. 何谓精神？

第一，从性质上说，精神属于狭义文化范畴，它主要是指针对个人与群体在现实生存与生活状态上所蕴涵的思想、信念、理想和气质、品性的抽象描述与价值判断。

其一，精神作为一种抽象的意识形态，不像制度文化和物质文化那样具有直观性，它既难以界定又难以量化。但是，由于其附着于文化活动的主体人身上，从而使个人和群体在其独特感染力和鼓动力的指令下，生发出无可限量的创造势能与质量。因此，精神是文化的生命，是心灵力量和教育力量的源泉。

其二，精神是一种信仰。人凭信仰而忠诚于他所追求的事业。从这意义上说，人的一切事业都是也仅仅是为了他的信仰，没有信仰，就没有创造，就没有事业。所以著名哲学家贺麟指出，唯有抽象的理想信念，乃作为理性动物的人所独具，实为人之所以异于禽兽之最可宝贵的力量。否认理想信念的力量，只承认物质的力量、金钱的力量和武力的力量，是精神的堕落，是文化与社会无理性的野化与俗化。

第二，从结构上说，精神可以划分为三个层次：与物质世界相对应的精神世界；与人类群体相对应的人类群体精神（社会精神、民族精神和国家精神）；与人类个体相伴随的人类个体精神。精神是文化的凝练，一定的精神文化，总是表现为一定的文明进步状态；因而精神文化的气象与动能是文化质量和文明水平的一种无形标志或标志。

第三，从内容上说，包括狭义与广义两方面的"精神"。

首先，狭义上的精神，专指人类社会的一种现实生命样态及其这种样态的描述与定位，是小到个人、大到群体的一种心向、意向、情向与志向，一种意识、信念、境界和气质。

其次，广义上的精神，体现于人和事物等多维意义层面：一是指意识、思维、心理之表征，如意识清晰，思维敏捷，刚柔有致，收放自如等；二是指神情、心灵之向度，如"神情专注"，或"神情恍惚"等；三是指精力与神采之活力，如"龙马精神海鹤姿"之意气风发或"面有菜色，身形猥琐"之了无生机等；四是指品位与气质之厚重，如"亭亭玉立"、"身形伟岸"或"梅花香自苦寒来"等；五是泛指一切人类社会活动之意义，如体育精神、会议精神、文件精神，等等。

上述五项"精神"的广义解构，实际涉及两类释义：一类是指人类社会个体或群体的生命样态，包括前三项，兼顾第四项，是对个体或群体的心向、意向、情向与志向的一种概括性描述，是个体或群体在社会生活中身心境况的某些动力特征。这些特征不仅是对个体或群体的生存样态所折射出的人格特质的认同，更是对个体或群体的内在气质和外在风貌的概括。

另一类则是指世间万事万物所体现出的人化形式或文明价值——意境、神韵或主旨，重在第五项，兼及第四项。须强调的是，即便是万事万物所蕴涵的精神寓意，它也是人类的价值赋予。

2. 精神的特质与特征：个体和族群的文化心理结构

精神是文化的灵魂，它形构着文化。换言之，文化之所以为文化，不仅指它是共有的，而且是指它有着深层运行、稳定并且形构文化的"格式塔"——精神与心理特质。

（1）所谓个体和族群的文化心理结构，是指个体和族群社会在长期的集体生活中历史地形成的意识形态和生存发展方式在人们生命神经质中的凝结积淀，是由共同的民族文化背景所塑造、陶冶而成的共同的价值观念、基本人生态度、情感方式、思维模式、致思途径和行为习俗诸方面所组成的有机总体结构。

黑格尔是最早对民族文化心理结构加以认识的哲学家之一，他把民族文化心理结构称为"民族精神"或"时代精神"，并把它看做是"世界精神"自我运动过程中每个阶段上的特殊原则，认为"民族精神构成了一个民族意识的其他种种形式方面的基础和内容。"①

第一，从整体性精神文化要素看，先进性和现代性的文化精神维度总是包含着人们所熟悉并广泛认同的理性、启蒙、科学、契约、信任、主体性、个性、民主、自由、自我意识、创造性、社会参与意识、批判精神等。

第二，从精神文化的载体看，先进性和现代性的精神维度总是体现为作为个体的主体性意识、公共性文化精神及其系统的文化价值观和历史观，等等。

第三，人们必须多维度地透视现代性的精神维度。现代性的文化精神维度不只是表现为个体的主体性意识和理性化的社会文化精神，它还会进一步整合为一种系统化的、自觉的意识形态，一种自觉的、理性化的世界观和历史观，一种具体设计和规范人类历史目标的"宏大叙事"②。

---

① 参见［德］黑格尔：《历史哲学》，三联书店，1956年：第93页。
② 参见衣俊卿：《现代性的维度及其当代命运》，载《新华文摘》，2004.20，第19～20页。

（2）文化心理结构规定着不同个人和群体在不同时代的人格性、社会性和文化品位性。

第一，从"人格性"看，精神是个体和族群独特的生命世界及其某种心灵尺度，思维、意识、理想、信念、智慧等，都是个体和族群在物质生活基础上形成的精神生活，并必定展示出个体和族群心灵活动的特别性取向和质量。

第二，从社会性看，人类精神的壮丽，是你、我、他的心灵世界之间的一种共鸣，就像人们呼吸的是相同的空气一样。

一方面，精神是个人和族群的境界，或者说是由其所属成员个人和族群的精神境界所共同建构，离开个人和族群的精神境界，个体、族群和社会精神文化将空无内容。

另一方面，个体的精神境界（个性、人格和人生观、世界观等）是源，但它又受制于其所属族群社会精神文化流的影响。即人们总是根据一定的集体价值规范将自己的精神信念与其生存于斯的共同体联结在一起，从而构筑成维护团体利益和个人利益的精神信念。团队精神的作用表现在，它是一种强有力的凝聚力量，将所有成员的意志统一起来，为实现共同的理想和目标而奋斗。

奥尔托加就此指出，"正像一个人一样，群体的精神状态也可能有好有坏。历史清楚地告诉我们，能够有所作为的只是那些拥有良好精神状态的群体，紧密团结、组织完善的群体。在这样的群体之中，每位成员都明白彼此在关键时刻不会令对方失望，因而整个群体就可以坚定一致地朝着一个方向迅速前进。"①

第三，从文化品位性看，不同时代的个体和族群领化着不同诉求的精神内质。族群的进化和发展，其实质是族群精神随着社会进步的不断自我认识、扬弃与升华。因此，精神具有个人性、群体依存性、时代进步性和发展超越性。

一方面，在传统经验文化模式下，绝大多数个体是按照经验、常识、习俗、传统而自发地生存。只有当个体超越纯粹的自在自发的生活轨迹，同现代科学、技术、理性的自觉的精神再生产或自觉的类本质对象化发生实质性的关联时，现代意义上的人才真正产生。因此，人是现时推论出来的产物，是一个与时俱进的理性构造。

另一方面，主体性、个性、自由、积极入世、自我意识、权利意识、创造性、社会责任与参与意识、批判质疑等，已经成为现代人的生存方式的本质性

---

① 参见［西班牙］奥尔托加·加塞特著，徐小洲、陈军译：《大学的使命》，浙江教育出版社，2001年：第42页。

精神文化特征和规定，自我意识的生成及其走向自觉、自主、自由和自律，是承载现代精神之个体的重要标志；整个社会的普遍心理、价值取向和文化精神在发生着根本性的变化，经验式、人情式的宗法血缘的传统文化基因正在逐步让位于自由自觉与理性理智的现代性文化基因。

3. 精神动能的价值

精神动能作为一种核心文化资源，具有无可替代的独特价值，无论何种族群与何种文化，都离不开精神动能。作为文化内质，精神不像物质文化、制度文化那样具有直观性，但由于其精髓浸透并附着于各种物质载体和活动主体上，从而使人们无时无刻地感受到其不可抗拒的感染力和激活力。

（1）精神是人类特有的生命动能，其内隐为境界，外显则为生命力。

第一，人类其实生活在两个世界里：一个是外部物质世界，一个是内部精神世界。由此，人类拥有两个家园：一个是物质家园，一个是精神家园，两个家园缺一不可。

失去物质家园，即失去了生存的土壤，人们将成为一个浪迹天涯的乞者；失去精神家园，即失去了生命的定本，人们将成为没有理想、没有追求、没有情感、没有品位、胸无定本而随波逐流的行尸走肉，这样的人生有如沙漠。

第二，"精神"是人之"品质"或"品性"，其质量与势能决定着从个人到族群社会的生命能量及其运势。

西班牙著名思想家奥尔托加曾将人的精神状态用体育运动里"良好的竞技状态"加以生动深刻地比喻：一名运动员的竞技状态好坏，会使他有判若两人的生命力表现。

中国著名学者王国维曾在《人间词话》中这样开篇，词以境界为最上。有境界，则自成高格，自有名句。这里借用并扩展一下：人以精神境界为最上。有精神境界者，则自有文化，自有品位，自成气候。

（2）精神动能对个体发展和社会进步具有无可估量的驱动作用。

第一，精神动能的核心要素是理想愿景，其深度与强度决定着每个个体的生命能量及其事业质量。个体一旦有了明确的理想愿景，便生成自觉而强大的内在驱动力，支撑并激励着个体行动的目的性、方向性、稳定性和恒久性。

一方面，按照美国著名社会学家英克尔斯的现代化理论，社会现代化的前提是个体的先行现代化，而个体的现代化又取决于观念的现代化。人的观念的现代化，实际上是通过理想愿景激活个体的思维活力进而转化为生命活力和创造活力。

另一方面，人的潜能是无限的，其生成的张力取决于理想愿景的深度与强度。崇高而积极进取的理想愿景会激发出个体强烈的兴趣欲望和创造激情，并由此将人的潜能激活到最大限度。

第二，精神动能对社会发展具有无可估量的推进作用，它具体体现于三个层面：一是通过调动社会成员的智力与非智力因素，持续有效地推动生产关系的协调和生产力的发展；二是通过政治共识凝聚政治力量，推动社会文明持续进步；三是通过价值观念更新和价值体系创新，推动文化的持续创新与进步。

日本经济学家曾论证指出，日本的经济快速发展，精神力量占50%，法规占40%，资本只占10%。韩国成功的"新村运动"，其本质上也是一种文化精神现代化运动。显然，精神动能对于任何一个民族强盛和国家发展的重要性不言而喻。

精神动能具有如此重要作用，哪个族群掌握有最具创造性优势的精神文化资源，哪个族群就拥有赢得世界竞争优势的核心竞争力。

4. 精神是文化的结晶，可以通过教育获致

著名哲学家爱尔维修在《论精神》一书中指出，灵魂体现在生命中，是随人的生命产生而存在、生命消亡而消失；精神则是理智，它来源于感觉，精神的一切活动归结为进行判断的思维能力，故人的精神发展是存在差异的，一切身心正常的人都有同等能力获致精神，精神的不等是一种已知原因的结果，这个原因就是文化教育的不同。

爱尔维修的观点表明：精神是客观存在的；精神的质量与势能差异，源于文化教育资质的差异；文化教育是获致精神发展的重要条件与途径，凡心智正常者，既有需求又有能力获致精神发展。

二、大学精神

大学之为大学，不只在于它是一种客观物体的存在，更因为它是一种精神文化存在。这种"精神文化"产生于执著追求科学与真理的群体的"生命的精神交往"之中，因而为群体所共有；不专属于哪一种文化现象，而是为同类或一切文化现象所共存。精神文化为大学文化之精髓。大学之一切文明成就，皆取决于大学学人之精神原动；大学之一切未来，全在于大学学人之精神原创。

1. 定义

所谓大学精神，是指大学这一特定机构在长期发展的历史进程中，经过积淀、选择、提炼、传承并发展而形成的相对稳定的组织价值体系和规范体系，以及通过这种体系所展示出的组织成员的独特心理特质和行为定式的总和。

或者说，所谓大学精神，是指在大学总体文化价值与科学理念的导引下，经大学人的共同努力与长期积淀，形成的具有共同、稳定和恒久的心理特质、价值取向、理想信仰、人格品性、教育神韵与学术风格的总和。

2. 特点与特征

第一，共相同辉与殊相竞彩。大学精神有共相与殊相之分，即大学精神文化既有共相性、普适性的东西，更有个别性、独特性的东西。

其一，所谓共相性的大学精神，是指所有大学在大学为何而立和大学何以为立等问题上所具有相似性的群体心理结构、人格特质、情感理想、行为习惯、优良学风等，如学术自由精神，求真务实精神，爱才护才精神，严谨治学精神，知识创新精神，追求卓越精神，服务社会精神，等等。

其二，所谓殊相性的大学精神，是指个性化、特色化的个校精神，即每所大学都会在历史发展的长河中逐步凝练出自身独有的风格、气质和传统，鲁迅先生称之为"校格"。它通过个校领有的学术传统、人际关系、师生品格、社会声誉、校园风貌等，展现出有别于其他大学的特殊精神文化特质。这种殊相性的个校精神文化特质，就是我们通常所说的难以被别人模仿、超越的核心竞争力。

第二，大学精神之美学特征。大学精神之美，之永恒，归结于其无可替代的正向与美好的价值属性，它体现在以下三个层面。

其一，大学精神之美，在于精神要素的多源性与自创性。多源性表明，大学精神非封闭生成，而是集本土多维和世界多样优秀文化之精华于一身；自创性表明，作为民族文化的重镇，大学精神又是每一所大学成员在长期办学及其学术活动中经过披沙砾金、潜移默化而逐步形成的独特心理结构、行为取向、气质风貌及其呈现的独特生命力、凝聚力和创造力。大学精神一经形成，便具有相对的稳定性和较强的渗透性，它既是一所大学发展之底力所在，又是一种超越时空之民族"永恒"。

一方面，大学精神总是建立在其组织成员对大学文化传统和时代特征的深刻体认之上。大学精神不是大学内外部文化的客观样式表达或生硬榫接，而是美郁于大学师生员工心灵深处的一种理想境界和人格气质；大学精神是大学成员之于大学之道的坚定信仰，是现代大学生存和发展的重要维持因素，是大学成员追求卓越与实现其社会价值的生命定针。

另一方面，大学精神比任何组织与物质资源都更具有激活力。大学一旦将包括价值观、人生观和学校发展之信念、理想等丰富内容在内的精神文化传播迁移于学校成员，必将以其透射、激越和升腾出来的独特震撼力、感召力和凝聚力而催人奋进。

其二，大学精神之美，在于大学精神的发展性、原创性、先进性和时代超越性。所谓发展性，即大学精神非一成不变之旧习俗，而是迭创新义、活力无限的新魂韵。大学精神既是一所大学具有特殊意义的文化遗产，又是其生存与持续发展之动力源，既形成并积淀于学校文化传统之中，反过来又会极大地促进学校文化传统的持续发展。

正是有了发展性这一生命特质及其机制，使得大学精神文化时刻保持着原创性、先进性和时代超越性。

其三，大学精神之美，在于其优雅性与高贵性。所谓优雅性与高贵性，即是指大学精神所蕴含的兼容并包、人文情怀、宁静致远等高风亮节。兼容并包显现的是开放与大度，它使得学校人气积聚、人才迭出、学派兴旺和学术繁荣；人文情怀诉求的是人间博爱与社会责任，它使得学者热心社会、勇于建言和造福桑梓；宁静致远追求的是淡泊和卓越，它使得学人品格高尚、求真务实、甘于奉献和学术有为。上述高风亮节的完美统一，足以显现学者和学校精神"亭亭物表，皎皎霞外"的优雅与高贵。

其四，大学精神之美，在于其独特性和个性性。所谓独特性和个性性，是指特定大学相比较于其他学校所领有的精神文化的殊相性。美之所以为美，就在于它的独特品位、意味与风流并以此鹤立群雄。千人一面，千校一面，则无所谓美。

三、学术文化与学术精神

大学由学术而生，并依学术而成。从本质上说，大学文化的主体是学术文化，其核心是学术精神。大学之大，在于有大学者和大学问；大学之美，在于有学术文化及其学术精神，学术文化与学术精神又可以说是科学文化与科学精神，它们在本质意义上是同一事物的不同概念表达。

德国著名哲学家和教育家雅斯贝尔斯在其《什么是教育》一书中指出，大学的内在精神是通过每一个研究者及学者所表现出来的哲思活动为标志。这里的哲思活动，就是学术文化、学术精神，它是一个"比学术还要多"的东西。

1. 含义

从本质上说，学术文化与学术精神是一个复杂的大学精神文化体系，它包括广义与狭义两个层面的内容。

第一，从广义上理解，学术文化、学术精神分阐明和未阐明两部分：所谓阐明的部分，主要是指已有的教育或学术理论，即构成体系的知识与问题的集合；所谓未阐明的部分，则主要是指从事教育或学术活动的技巧、技艺，洞见和感受力，以及热爱真理、追求卓越的执著精神与情感意志等。这些东西难以用严格、精准的文字加以表述或出版。

于是，学者希尔斯对人类知识有一个著名的两类区分：一类是以书面文字、图示和公式加以显性表述的知识；一类是未被表述的隐性观念意会知识。前一种知识为显性知识，后一种则为隐性知识，或称作默会知识。

第二，从狭义上理解，学术文化、学术精神仅指未阐明的默会知识部分，它包括两个层面的涵义：一是指教育神韵、学术精神和治学风格，它卓有成效地哺育且指引着一代一代学者走向成功，并以先学的笃行和示范、后学的传承和光大而使成功播种成功；二是指学术价值观或学术境界。学术活动的根本目的不在于通常意义上追求结果如何有用，如何使人获利，而是如何使人类对真理的思考更完美、探索更便捷和成就更卓越，而这正是学术文化、学术精神或学术传统的精髓及其意义所在。

2. 中国的大学精神："道"与"学统"

学术文化、学术精神是现代社会语境下的产物。自古以来，中国学者将长期在治教、治学历程中所形成的文化与精神称之为"道"，或曰"学统"，它涵括着学者们认识和探索世界的总规律，世界规律统一于"道"，这个"道"或"学统"涵盖以下结构要素。

第一，求是。所谓求是，即真理第一，理性第一，实证第一，实践第一，实事求是。四个第一始终贯穿于教学与学术活动过程中的三个环节：一是活动原则上的严格理性，真理第一，诚信第一，不唯书、不唯上，只为实。一切以事实说话，一切以数据说话，不搞主观臆测，不做似是而非的结论。二是活动方法和程序上的严谨理性，一切按规律办事，一切按程序办事，一切经过实证实验，把事物解构为最小元素，然后由小及大、由表及里、由浅入深，把握本真，把握整体。三是活动目标和目的上的人伦道德理性，"笃信好学，守死善道"，奉献第一，民生第一，服务第一，不唯功名和势利，不做有悖于道德良知和有损于民众福祉的学术活动及其成果扩散。

第二，兼和。"兼"是兼容并包的"兼"；"和"是和而不同的和。"兼和"一词出自《墨子》，它是对"和实生物，同则不继"哲学思想的高度概括，将其借用于现代学校教学和学术活动中，指的是学者们在教书育人和学术探索活动中所应有的知识视野、智慧神韵和人文情怀：崇尚自由，勇于交流，乐于合作，敏学好问，虚心进学；各美其美，美人之美，美美与共，和实生物。

第三，守正。所谓守正，即是指"笃信好学，守死善道"。每个学者都应恪守学术伦理，走学术正道，做正派学人；淡泊明志，宁静致远；守望天空，求真求善。在现实为实的当今社会，守正弥足珍贵。学者们虽难以做到"芥千金而不盼，屣万乘其如脱"，但也不能见利忘义，舍是取非。一流的品行方做得一流的学问，一流的学问方成就大师、名师。

第四，求新。求新一说源自于《礼记·大学》中引用商汤王的《盘铭》（刻于浴盆上以自勉的箴言）："苟日新，日日新，又日新。"它具有双层涵义：一是说器皿如果能够一天新，就应保持天天新；一是说人的心性修养如同洗澡去垢，不仅要一日净，更要日日净。借用其意，所谓求新、"日新"，是指学者要乐于除旧更新和追求创新，要恒于积小功竞大成。明清时期著名思想家王夫之在继承前人的思想上，进一步提出"有而复有，有而日新"的观点，强调知识无涯，学人当耻于守成而恒于为新。

第五，求用。求用，是中国知识分子自古以来传道治学的最高宗旨与境界，它要求一切学人都务必秉承"铁肩担道义"之社会使命感与责任感，使教育和学术活动致力于经国济世和造福苍生。经世致用与追名逐利并不同道，传道治学活动的功利化或者异化，恰恰是偏离了求用的本宗。

从以求是、兼和、守正、求新与求用为内核的中华民族优秀学术传统精神的意境出发，今日之所谓"师道"之"道"，正当是"以心传心"之知识传递神韵和"造福民生"之学术精神。今日之所谓"人在道中"，即是说作为师者，要遵循教育神韵与心学规律，做知识传衍与人才培养的诲人不倦者；作为学者，要遵循治学传统与研究规律，做真理探索与科学原创的奋力拓荒者。

第二节　现代大学的精神

不同时代的大学，总是领化着不同内容及其不同境界的精神内质。现代大学之为现代，究其本质是每所大学在现代性上所呈现的独特先进性精神文化这一维度，其主旨是围绕以科学和人文两大精神支柱为主体构筑的大学价值观念体系和心理结构体系，具体包括科学精神、民主自由精神、人权平等精神、博爱精神、敬职敬业精神、克勤克俭精神、法治精神、时间观念、成就观念、财富观念等构成的"价值理念"体系及其常新的、由传统延续至今并能指向未来的"意义世界"。相对于社会总体的文化精神，大学精神体现出相对于社会政治组织体制而言的独立性，相对于社会意识形态而言的自由性，相对于组织化社会自我确认特性而言的批判性，相对于重视功利的社会习性而言的超脱性，相对于社会分工定势而言的包容性与创新性等。

从普遍意义上看，现代大学精神以有科学精神、人文精神、学术自由精神、公共文化精神和开放包容精神为精髓。

一、科学精神

1. 何为科学

科学是对客观事物正确认识和理解的知识体系，是对 what（何事）、why（何故）、where（何时）、when（何地）、who（何人）等五个方面的系统揭示与阐释。

第一，科学，既是人类社会的物质创造活动形式，也是人类社会的文化创造活动形式，或者说是人类社会文化创新与永续的机制。换言之，科学本质上是人类社会的一种文化活动或者说精神文化活动及其活动现象，而且是一种能动的精神活动和精神力量。

科学事业及科学事业心皆立基于对精神力量的信仰之上，无此信仰，便无真诚的科学事业心及其真正的科学事业。

第二，中国缺乏大师级人才及其原创性科学成果，毋宁说缺乏科学精神和对科学精神的信仰及其追求真理的勇气。

当人们只是或完全把科学当做一种可以给人类带来生活享受的物质活动及其活动的力量来理解和看待之时，科学也就不再是一种精神活动和精神力量了，此时人们信仰科学，只不过是因为他们崇拜物质享受及其信仰物质力量而已。在这一扭曲的认识误导下，科学势必成为一种物质活动而非精神活动，科学创造势必诉求于物质而非精神条件，从而就不可能为提升自己的科学创新力而自觉地审视与改善自身的精神状态，进而使自己的精神状态调整到适合于从事科学的创造。

2. 何为科学精神？

第一，所谓科学精神，是指科学活动主体在一定的社会和文化格局中，经过科学活动的长期陶冶和磨砺积淀而形成的价值观、人生观、认知方式和行为方式之总和，它包括理性精神、求真务实精神、实验实证精神、开放精神、批判创新精神和学术伦理精神等。

科学精神生成于人类认识周遭世界的求真活动中，因而人们将科学精神直接概括为求真、求理与求实精神。科学精神不仅包括尊重事实和求真务实的态度，探求真理的方法，勇于质疑和创新的精神，也包括去伪存真的方法和勇于质疑、恒于创新及其真理第一的执著意志。

第二，科学精神的价值精髓是理性，因而科学精神又可称之为科学理性精神，它们是同一概念的不同表达。随着伦理价值的赋予及其科学精神的伦理化，现代意义的科学理性精神已经成为工具理性与价值理性的有机统一产物，内中包涵着丰富的人文精神。它是科学的根，没有这个根，科学就成了无源之水、无本之木，科学不成其为科学。

首先，所谓理性，即"有勇气在一切公共事物上运用理性"，（康德）要求现实的一切都合乎人的理性，一切都必须在理性的审判台上受到审判。正是在"理性挺立"的过程中，近代以来的人类科学取得了超过过去几千年的巨大成就，人的个性与价值也同时得以充分张扬与展示。

其次，大学是育大才、做大学问的场所，是穷极真理的场所，高度的科学理性精神是其生存样态之本真。它信奉理性万能，理性具有绝对的力量；相信理性至善，把理性及其实证技术看做是人的本质力量、人的自由而全面发展的确证；支持乐观的人文主义或历史主义，确信人性永远进步、历史永远向上，现存社会中的不幸和弊端只是暂时的历史现象或时代错误，随着理性及其技术手段的进步，人类社会终究可以进入一种完善完满的文明境地。

第三，科学理性精神是理智、独立和客观三方面精神的有机统一，它始终贯穿于科学活动过程中的四大要素上：保证知识条理性的逻辑理性；保证知识精准性的实证理性；保证知识可靠性的实验与经验理性；保证知识造福于人类的人伦道德理性。

3. 科学精神或科学理性精神的现代演绎及其解构

近代以来至今，随着科学的迅猛发展，理性的异化及其科学应用的负效应引发了一系列的科学伦理问题，这使得人们对科学精神或科学理性精神所关涉的视阈进一步拓展，即科学不仅在于关注求真，而且在于注重臻善。

第一，随着科学精神的伦理化，即科学精神的视阈由认知方式的认识论扩展至价值论，由关注认知方式到认知方式和行为方式的相互联系。在这一革命性的变革过程中，伦理化的科学精神不仅日益体现在科学共同体内部的相互关系中，而且体现于科学活动主体对科学成果合理应用的关切，即一种对人——社会——自然系统的责任感和使命感。① 从这个意义上说，科学精神实际上已经超越了科学自身的视阈，进入了科学与社会、科学与人、科学与人——社会——自然系统的关系之中，由此孕育出新时期的科学文化——新型的科学精神。

第二，科学精神实质上科学家群体的活动产物，是科学家群体的精神文化结晶。对科学精神的重新认识与解构，本质上是一种对科学活动及其活动过程中所透视的精神文化的哲学反思。

首先，"文化"与"哲学"是两个不同的概念，其有机结合或交叉嫁接，就形成文化哲学的独特学科定位。所谓文化哲学，是一种将哲学的形而上思考奠基于现实文化之上的当代哲学发展的新形态，是一种打通理性与经验、"形上"与"形下"两种思维运思屏障的新的哲学态度和研究方法。文化哲学是从哲学形而上的价值理想出发，去审视和研究人的现实生活世界和文化世界，从中探求人类的生存本性、行为根据、存在价值、生活意义、生存现状乃至前途命运，去求解人的现实科学实践背后的人文精神，并展示个体生命存在的多样化特征②。

其次，从科学哲学的角度看，科学精神是一种辩证的、求实的、追求真理的哲学沉思；从文化哲学的角度看，科学精神是人类在对自然的认识和改造过程中所体现出来的求真、至善、臻美的文化精神；从社会人伦的角度看，科学精神是一种独立、诚实、无私、实事求是和造福苍生的人格品质。以上三点都足以表明，科学精神的价值度实际上反映着科学家个人与群体的生存境界。

---

① 参见陈爱华：《简论科学伦理精神》，载《光明日报》，2004.1.20，B4 版。
② 参见邹广文：《"上下求索"的文化哲学》，载《光明日报》，2007.10.30，第11版。

科学精神的合理性与进步性，使它逐步被作为普适的文化价值而被全社会所广泛认同与遵从。由此可以说，科学精神在本质上应当是属于人文主义的价值体系范畴。

第三，随着文化哲学在当代生活世界的勃兴，突破了近代以来传统理性主义的狭隘视界，使人们的科学活动更加富有现代哲学韵味，极其注重多姿多彩的现世生活，这种变化体现于三个方面：一是人在对世界的把握上赋予理性运思以人文学意义，从而以全新的方式审视自然、社会和人自身；二是赋予人类理性运思上的多维视角，即将单一认知指向的理性概念不再置于至上地位，而是将认知理性、价值理性、审美理性等多种人类主体把握世界的认识形式不加偏见地有机统一，以此更加科学地展示人类生存与发展的意义；三是文化哲学的视野为科学理性回归人的发展和社会进步，以及人、社会和自然界的三者和谐共生共荣提供了原则和保障。科学理性不再以冷酷无情的数据运思凌驾于现实生活世界之上，而是通过文化赋值并融会于人们的创世活动中。①

第四，铸就人类社会的新型科学理性精神。当今社会，在物质文明高度繁荣的同时却出现种种精神危机，而人们往往把危机的根源简单归结为对理性的偏爱。事实上，社会危机的根源并非理性挺立之过、科学发达之罪，而是为多方面社会因素所造成。而且，科学理性并非与人文主义相悖，强调人的理性的挺立，恰恰是文艺复兴运动中诞生的以高扬人的个性与尊严的人文主义的本质特征。

其一，理性不是简单地张扬人的个性，而是主张将人外化为客体加以科学考察，从而全面认识人的正、负两面性，并通过认识人的负面性而采取严格的制度法律规范并完善人的德性。一切唯科学主义、唯理性主义等，恰恰是对科学理性精神的异化。

其二，随着当代以来科学迅猛发展及其应用的负效应所引发的一系列科学的伦理问题，人们对科学理性精神所关涉的外延进一步加以扩展，不仅关注求真，而且注重臻善。由此科学理性精神越来越多地植入伦理的内涵，亦可称为科学理性精神的伦理化，即科学理性精神的视阈由认识方式的认识论扩展至价值论，由关注认识方式到认知方式和行为方式的有机统一。

其三，所谓新型的科学理性精神，是指科学活动主体在一定的社会和文化格局中，经过科学活动的长期陶冶和磨砺积淀而成的新型价值观念、认知方式

---

① 参见邹广文：《"上下求索"的文化哲学》，载《光明日报》，2007.10.30，第11版。

和行为方式之总和。在此同时，从人——社会——自然生态系统的责任感和使命感出发，科学理性精神的伦理特征不仅体现在科学共同体各成员间的伦理关系中，而且表现为科学活动主体对科学成果的社会合理应用的关切。由此我们可以看到，当今时代的科学理性精神实际上已经超越了科学自身的视阈，进入了科学与社会、科学与人、科学与人——社会——自然系统的生态关系之中，它标志着科学理性精神中伦理精神的生成并由此形成全新的科学理性精神——新科学主义。这种新科学主义的科学理性精神，即是科学理性与价值理性的有机统一，科学精神与人文精神的有机统一。

综上所述，随着伦理价值的赋予及其科学精神的伦理化，现代意义的科学精神已经成为工具理性与价值理性的有机统一产物，它是科学的根，没有这个根，科学就成了无源之水、无本之木，科学不成其为科学。

二、人文精神

科学精神本质上属于人文精神的范畴，因为科学活动的本质是文化活动。但是，由于科学活动遵循的基本原则是工具理性，这使得人们往往因过于理性而忽视了科学的伦理原则与人伦情怀。为了强调科学活动的方向性和正确性，人们在突出强调科学精神的伦理性时将科学精神与人文精神加以二分表述。人文精神的要义在于价值理性，它包括以下层面内容。

1. 人间情怀

人文精神透视的是一种以人为本的思维方式与行为价值取向，其核心旨趣是围绕人性、人道和人权而开展的对人类自身的终极关怀，因而人文精神又可称为人间情怀。基于上述本质性规定，人文精神必然要求尊重人（需要、能力、个性）、依靠人、为了人和服务人。

人间情怀具有双重指向，一是指向于尊重从事科学活动之人的价值，一是指向于遵循科学活动之成果的人伦价值。

第一，作为指向于尊重从事科学活动之人的价值，归根结蒂就是一句话：自作主张。能够自作主张的人，能够为科学、为真理而特立独行的人，才是有人的价值的人。

第二，作为指向于遵循科学活动之成果的人伦价值，归根结蒂也是一句话：造福民生。能够造福于民生的科学成果，能够为民生、为社会带来福祉的科学成果，才是有社会价值的科学。

2. "明德止善"

从制度上讲，中国大学是近现代的事；但从精神上讲，中国大学却有数千年的传统，这就是明德止善精神，它构成中国数千年的大学之道：一是修己立人，更新民众，把人的善良德性承接光大；二是穷极真理、"止于至善"，引导人们格物、致知；三是引导人们不仅独善其身，还要兼济天下。

中国古人曾以贡贤、献猷、立功、兴利之报国四道对明德止善精神加以精辟诠释与解构，它表明的实际上是"德为前提，能为本位"的中国传统文化价值观：一要正德求能，反对无才便是德的观念，确立"能为而不为即不德"、"不尽其能便是不道德"的观念。要把德看做是（或表现为）充分正确地发挥其创造能力，把德指向和落实到为社会发展、为人民利益做贡献的创新创造能力发挥上；二要以能树德（正德），即反对伪善，确立"靠能力实现和扩大道德的意义和作用"的价值观。道德是依靠每个个人的能力和智慧的作用发挥来扩展影响、消除罪恶的，因此道德必须以道德实现力来体现和确认；三要正人郁才，即教育之大计在于养方正之士，郁大器大才，托成人之道，成事业之志。

英国著名科学家赫胥黎指出，要想获得真正的文化，专门的科学教育至少跟专门的文学教育一样有效。[①] 以人文精神为核心的大学学术传统与教育神韵来指导大学的教育与科学探索活动，定能使自然科学与人文社会科学研究及其教育活动和谐共进，共同造福于人类社会；而以"德为前提，能为本位"的中国传统文化价值观，对于我们在当今知识经济时代建构以创新为本位的新社会价值体系具有重大现实意义。

3. 以人文精神指导科学活动的伦理化，以科学精神指导人文社会科学活动的理性化

第一，科学活动有两个特性：一是严格的非目的论；二是把一切定性的经验转换成定量的表述。上述两个特性使得近代以来的自然科学逐渐走上追求所谓"主宰智慧"的道路。由此表明，科学知识的丰硕积累并不必然使有知识者得到教养，也未必有助于人们对自然的理解，而是更多地加强了人们对自然的主宰和操纵。

---

① 参见比尔·雷丁斯著，郭军等译：《废墟中的大学》，北京大学出版社，2008年：第 72 页。

因此，要在发掘和弘扬传统科学精神遗产的前提下，注入人文精神和仁爱情怀，使得人为的科学必须为人服务，为人类的最高福祉服务。

第二，树立科学的人文精神，即在发掘和光大人文主义的优良传统基础上，注入自身因学术偏好而容易匮乏的科学要素和理性精神：树立唯物主义的宇宙观或世界图像，节制激进的唯意志论和浪漫主义，按照自然规律和科学法则安身立命。要而言之，科学的本旨包含着人性，科学的价值就是人的价值，科学的人文精神就是人文精神理性化。

三、学术自由精神

人类尊严的重要标志在什么地方？自由。

1. 自由与自由主义

学术自由建立在自由的社会生活价值观及其生活方式的基础上。因此，说学术自由，首先须理解何为自由及其自由主义。

自由是一种社会生活哲学，一种社会生活态度及其价值观；自由主义是这种社会生活态度、方式或范式的哲学解构及其理论主张，两者相辅相成，共同构成人类盼睐不可或缺的社会生活方式——社会哲学。

第一，自由是人类的一种社会生活哲学，一种社会生活态度及其价值观。一方面，"自由"是人们对自身现实生存方式的一种思想和意志表达，其意思是"由于自己"而不是由于外力，是现实生活中的"自己做主"或"自作主张"，是自主、自决、自为和自律；另一方面，"自由"含有"解放"之意，表明人只有从外力裁制之下解放出来才能实现自己是自己的主人和社会的主人。

第二，"自由主义"则是人们对自由的社会生活态度、价值观、行为方式或范式的哲学解构及其理论主张。

按已故著名学者李慎之的说法，自由主义可以是一种政治学说，可以是一种经济思想，也可以是一种社会哲学；它可以是一种社会制度，更是一种公共生活态度。只有当社会多数人具备自由的坚定信仰、理性意识及其社会生活态度时，这个社会才可以算是一个成熟的、文明的、和谐的现代公民社会，这个国家才可以成为一个法治文明国家。

第三，受千年的社会专制传统及其道德文化陶冶，中国社会至今对自由予以一种贬义的理解，对自由主义更是误解、曲解和深恶痛绝，斥之、避之而不及。

任何东西，适量是药，过量是毒，自由与自由主义也不例外。自由与自由主义在西方可能有过量的问题，但在中国则显然不足。

重温五四精神，超越出身论及其标签化，超越对普世价值的误读与恐惧，这是中国开展先进文化建设所首先要解决的思想解放问题。今日之中国社会，不仅要高扬德先生与赛先生的旗帜，也要高扬费小姐的旗帜，从而让自由精神与科学精神和道德伦理精神一道，成为全民的文化共识和社会生活的主旋律。

第四，让自由进入中国的文化价值体系。自由和强制分别改变和塑造着截然不同的人和世界。人类社会历史发展进程已经在不同文化和不同地域反复验证：强制越多，效率越低，社会越贫穷和落后；自由越多，效率越高，社会越是充满活力与生机。显然，自由没有东方西方之分，也没有中国人和外国人之分。

其一，人的潜能无止境，打开这种潜能的钥匙只有一把，那就是自由。只要给人们以自由，让他们自主地寻求和发展自己的潜能，他们便会展示出灿烂的人性、伟岸的人格、张扬的精神和伟大的创造。

其二，自由是中国改革开放及其社会创新与进步的动力。中国改革开放三十年的巨大成就已充分验证了"自由促进发展"的道理：个人的自由选择权被解放得越多，老百姓的经济福利就增长得越多，国家发展得就越快。

"释放自由"，解除约束，支持民众追求幸福生存的愿景，这就是中国过去30多年方方面面改革新政策的精神主旋律之一。

2. 学术自由及其学术自由精神

自由出生产力，自由也出教育力和学术力。自由进入学者的精神世界并成为一种文化价值观及其生存哲学，这便有了学术自由。

第一，什么是学术自由？所谓学术自由，即自由进入学者的精神世界并成为一种文化价值观及其生存哲学，便是学术自由，它既是学术工作者的一种社会生活哲学与社会学术生活价值观，又是学术工作者的一种生活方式及其活动制度。

其一，学术自由的本质是思想自由与行为自决，它意味着学者在心灵与思想的自由状态下对知识和真理进行自愿、自主和自觉追求，这种追求不受任何科学以外的权威、强力的因素和压力的干扰。学术自由表明，学术没有等级、没有界限、没有强制，真理面前人人平等。

中国古代学者陆九渊认为，从事"道问学"的学者，当如孟子所说的，要"先立乎其大者"。这个"大"就是指的人的自由人格精神。对人的自由人格精神力量抱有坚定不移的信仰的学者，才能成就学术上的千古伟人与伟业。

著名教育家纽曼当年在赞扬学术自由精神时说，自由一词与奴性相对立，是心智、理智的反思和操作的活动。知识之所以高贵，之所以有价值，之所以值得追求，其原因不在于它的后果，而是在于知识认识过程中所呈现的一种科学哲学的胚芽，以及它本身就是目的的理由。

其二，学术自由表达的是一种大学应有的信仰和理念，它是大学以执著忠实于探索高深学问、客观地追求知识与真理为目的的组织属性所决定。没有学术自由，便没有大学；没有学术自由，大学就不能实现它的主要功能：新思想的催化剂和庇护所，新知识的发明地。学术自由与大学实际上是一回事，它是大学的内在生活逻辑和外在活动制度，它既是大学的生命力之源泉，也是学者们的创造力之根基。

其三，学术自由是自古至今大学实现科学与文化原创的"源头活水"，是大学文化的核心内容，是大学的生存之道，进步与发展之道。

学术自由的关键在于容人容事。一种学说一经提出，不管最初怎样为世俗所不容，大学依然得给它"表现"的机会，让其在学术竞争中或生或灭，而非人为去"封杀"！如果一种学说一经提出，立马就遭到封杀，或者被认定为"反动的"、不利于社会的，那就没有科学发现，就没有达尔文、牛顿。

近代以降，有着四大发明的中华民族之所以在科学技术上大大落伍于欧美，正是由于历朝历代专制文化的无情打压，极大地泯灭了以学者群为主体的民族批判性和开放性精神，使得他们集体性养成"道从于势"的依附性人格并丧失对创造性生存的精神信仰和追求真理的勇气。

第二，何为学术自由精神？所谓学术自由精神，是指学者依最高自然法则为自己思想的主人，以及他在学术活动过程中所呈现出的一种科学无禁区、科学无权威、科学自由的特立独行与理性自律的执著信仰与信念。

以特立独行精神、理性自律精神和学术伦理精神三者有机构成的学术自由精神，可以促使学者达到一种生存发展境界：一方面，不接受没有科学依据的任何知识、信念及其约束；另一方面，绝不在没有理性支配下而"为所欲为"。

其一，学术自由精神是一种学术信仰及其对信仰的执著意志。人凭其信仰而忠诚于他所钟情的事业。从这个意义上说，人的一切事业都源自于信仰，没有信仰，就没有事业。

学术无论东西，其学问之道是相通的，亚里士多德之所谓"为了求知而从事学术"，黑格尔之所谓"为学术而学术"，都是指学者的学术事业心而言，这种学术事业心是基于对知识与真理本身的信仰，这种信仰不含有任何功利心和功名心，只有执著于此种信仰并保持这种精神状态的人，才能达到不为世间情物所左右的自由自为境界。

其二，学术自由精神是一个工具理性与价值理性的有机统一体，没有绝对性与单向度性。

一方面，学术自由精神强调，学术自由是社会责任的前提，有了学术自由才可能谈学术自由与社会责任之间的关系。[①]斯坦福大学荣誉校长杰拉德·卡斯帕尔说得好，大学的成功不可能根据政府的计划制造出来，政府要尽可能地远离大学事务。学术自由，但并不等于完全自由，但毫无疑问的是，世界上最强大的大学就是那些能够得益于政府给予确实自主的大学。

因此，学术自由绝不是也不可能为外界所恩赐。如果指望外界恩赐，这样的"学术自由精神"只是貌似或根本就不是什么"学术自由精神"，它不过是外部世界"物化"学者而使其丧失了对自己本质力量的自信，是地道的"自卑精神"。

另一方面，学术自由精神要求学者必须廓清自己的问题领域与认识领域。这一本质性规定表明，学术自由不仅意味着对自己负责任，还意味着对社会有责任。

所谓对自己负责任，是指学者的一切活动必须求真务实，诚信理性，不打诳语；所谓对社会有责任，用韩愈的话说，是指肩负社会进步使命的知识分子应"修其辞以明其道"，把眼光和理念用笔说清楚。学者的良心与良知对社会责任有时更具决定意义，因为他们的一个或几个理论发现常常能够改变一个民族的历史进程。

3. 学术自由精神与改造学术传统、健全国民人格精神

第一，用学术自由精神改造与重构中国学术传统。近代著名国学大师王国维先生在继承严复的学术思想基础上，提出了著名的学术研究"三无说"：学无新旧、学无中西、学无有用无用之分。"学问之事无中西"，"中西二学盛则俱盛，衰则俱衰；风气俱开，互相推动"。王国维先生的学术研究"三无说"，批判与抛弃了"中学为体，西学为用"的传统学术观，创新性地改造了中国学术界的学术传统并指明了以后百年来的中国学术发展路径。

---

① 参见：《现代大学的学术自由与社会责任》，载《新华文摘》，2002.8，第145～147页。

　　与此同时，著名国学大师梁启超先生在其《自由书》中亦指出，思想自由、言论自由、出版自由，此三大自由应皆备于我焉。他在《论学术之势力左右世界》一文中进一步阐释道，然天地间独一无二之大势力，何在乎？曰智慧而已矣，学术而已矣。在他看来，人类历史发展的进程体现着自由精神的发展，正是自由精神的发展推动着历史的进步。由此他提出了有别于"中体西用"的传统学术观的、以"不中不西、即中即西"为新学术原则的现代中国学术传统。

　　事实上，"学"本来就无所谓"中"与"西"。学有真假之分、高低之分和精粗之分，但没有中西之分。无论是知识学问，还是文化精神，只要它具有价值，就必然会在人世间传播，在人际间传递。

　　第二，以自信与自主建构学术自由精神。当前，众多学者总是期盼着外界赐予学术自由。事实上，建立在外界力量赋予的"自由精神"根本就不是什么"自由精神"，而不过是外部世界"物化"了的学者丧失了对自身本质力量的自信，抛弃了对精神力量的信仰之后为了掩饰其内心的自卑的虚张声势而已，它所反映的恰恰是其精神不能自主而不得不诉求于外部力量的精神之无奈，因而这绝不是什么"自由精神"，而是地道的"自卑精神"。因此，以自信与自主建构学术自由精神，是中国学者的当下现实使命与责任。

　　第三，把贯彻学术自由精神与改造提升国民人格精神结合起来，进而以社会文化转型来促进国家与民族振兴，是中国近现代学者的学术自由精神的社会发散。自由民主是培育独立、自主、创新之人格个性的基本文化政治资源，而这一资源恰恰为直至今天的中国社会所最为欠缺。

　　当年，著名思想家梁启超先生把弘扬自由精神看做是改民性、新民德，进而实现中华民族复兴的一种社会文化革命。他指出，重建中华民族精神，关键在于"解放"，即：将学术研究与改造国民性联系在一起，此为第一解放；中国学术应从敬天法古中走出，与西学相荡相磨、相益相成，使之真正成为世界文化的一部分，此为第二解放；促史学从儒家经学的狭隘圈子里走出，以使成为全体国民之资鉴，此为第三解放；摈弃各门各派之狭见，汇成汹涌澎湃之思想洪流，涤荡旧民性、美渥新民性，从而使中国人以崭新的精神面貌屹立于世界民族之林，此为第四解放。

　　著名教育家蔡元培先生则又把改民性、新民德作为终极生命关怀之教育追求。梁启超先生的学术自由精神之为民众"四个解放"也好，蔡元培先生的"终极关怀"之为民众"虑及久远"也好，对于教育界来说，都意味着大学要为社会、为民族培养有精神、有志向和有追求的人。

四、追求卓越精神

1. 原始命义与天性

追求创新与卓越，是大学立校之原始命义，是"知识分子成堆的地方"的学者们之天性。追求卓越，是大学在选择、批判和创新文化过程中所体现出来的那种生机勃勃的"常为新"、"常向上"之开路先锋精神；"参天地，赞化育"（《中庸》）之社会服务精神；"为生民立命，为往圣继绝学，为万世开太平"（张载）之人生境界及其公共奉献精神。

大学是社会之光，其生命力和社会价值在于全方位创新，包括文化精神、思想信念、制度典章、科学技术和行为模式，等等。大学又是一个专门的高级学术机构，其生存之根在于自由的学术竞争与创新，它包括传授高深学问、培养尖端人才和创造新兴学说，这是大学的逻辑起点与发展归宿。在钱钟书先生看来，学与术者，人事之法天，人定之胜天，人心之通天。① "法"、"定"、"通"三字，将大学学术穷极宇宙的使命可谓推到极致。

"山不在高，有仙则名"；校不在规模，有学说乃大，有一流或上流学说则名。正因为大学具有创新的功能以及培养能够大胆创新的人才，"社会才愿意向大学投资"并"肯定大学的效能"。②

2. 笃行与"坐忘"

追求创新与卓越，是"为真理而真理"的求真精神和"为自由而自由"的笃行精神。如果说前一种精神理应是西方的哲学、自然科学和人文社会科学得以生成和发展到现代水平的精神前提，那么后一种精神则可以说是西方发达社会从封建的自然经济演进到区域市场经济再到全球市场经济，从而客观上为通向更高的社会文明形态开辟道路的精神前提。

第一，求真与笃行，本质地体现为谦卑、荣誉、牺牲、英勇、怜悯、诚实、意志和公正的科学骑士精神。欧洲自中世纪以降所形成的骑士精神，它对于后来西方科学的兴起与发展起到了巨大的推动作用，同时它也造就了一种以诚信、理性和实证为基础的科学范式。

---

① 参见李慎之：《中国哲学的精神》，载《新华文摘》，1993.7，第22页。
② 参见［英］阿什比：《科技发达时代的大学教育》，滕大春译，人民教育出版社，1983年：第28～29页。

遵循科学骑士精神，使得教师和学生们不再像在神学院时代那样，只能在一种思想体系中去思考、研究人类未知的东西，而以一种永恒的自由参与精神为最高道德义务，勇敢、执著地探索和发现新知识、新规律，不断地向真理逼近。

对于当前的中国学术界来说，我们缺少的不仅仅是原创性科研成果或者几个院士，更在于缺少精心培养科学健康发展的土壤与环境，缺少以谦卑、荣誉、牺牲、英勇、怜悯、诚实、意志和公正为核心内容的现代科学骑士精神。只有当那些无私无畏的科学骑士大量涌现之时，所谓的科学精神才是具体的、可见的，否则中国科学就缺少了一种社会从内心尊重景仰的风骨与品位。

第二，求真与笃行，欧美学者称之为"修养、科学、寂寞"的严谨治学精神。对此，著名德国教育家洪堡曾精辟地阐释道：自由是必需的，寂寞是有益的；大学的全部外在组织即以此两点为依据。也就是说，有"坐冷板凳"的探索精神和耐于"寂寞"的求知毅力，才能够促进学术成就与大学繁荣。

20世纪30年代的美国著名高等教育学家弗莱克斯纳在谈到学术研究的这一精神时指出，"研究不是通过雇佣他人而是个人独自作出的静悄悄的和艰苦的努力。这种旨在获得真理的努力是目前人的思想在一切可利用的设备与资源的帮助下能够做得最艰难的事情。课题必须是严肃的或具有严肃的含义；目的必须是没有私利的；不管研究结果对财富、收入或物欲的影响多么大，研究者必须保持客观的态度"。[①] 他这里谈到的所谓课题的严肃性，是指学术研究必须有价值，而不是以攫取社会的浮光掠影、鸡毛蒜皮或噱头话题来哗众取宠和邀功请赏。

第三，按照中国学术传统，作为学者，理当自觉地和与时俱进地改善自身的精神条件，努力使自己的精神状态调整到适合于从事科学的创造，进而将科学活动升华到精神文明活动的"坐忘"或"不动心"的高洁与高尚境界。

其一，学者理当拥有不为名利所左右的超凡信仰与情操，并使这种超凡的学术信仰与情操达到孟子称之为"不动心"、庄子则名之曰"坐忘"的境界。

在道学家庄子看来，唯有"坐忘"者，方可"体道"并能够皈依于"体道"事业。反之，不能达到"坐忘"的人，不免为功名利禄所左右，这便是人的所谓"物化"状态。"物化"的人，其心中"有名""有功""有我"，这样的人，充其量能获得关于"物"的"小知"，却不能获得关于"道"的

---

① 参见［美］亚伯拉罕·弗莱克斯纳著，徐辉、陈晓菲译：《现代大学论》，浙江教育出版社，2001年：第108页。

"大知"。

其二，所谓"不动心"和"坐忘"，是指任何外界力量都左右不了的独立人格精神，此时这种独立人格精神达到了绝对自由的境界。有了独立人格精神，必不诉求于外部力量，而是依靠自己的本质力量来博取精神自由。唯其臻于这样的精神境界，才可以从事"学问"并且能够专心于"学问"事业；忠诚于自己的学术事业，并进行真正的精神创造和科学创造。

追求创新与卓越，不仅是学者的职责，也是学生的职责；或者说，师生通过教学互动，在彼此身上共铸创新力，这才是最重要的。这也是文化增殖原理——文化再生，它既取决于教师——作为设计者的创新，也依赖于受传者——学习者的主观能动作用。只有发挥教育活动中的二元主体的共同积极性和创造性，才能把文化最大限度地迁移于受体——学习者身上，使之成为他们参加社会生活的重要经验和技能，才能确保文化的现实生命力和价值。教育的文化功能，究其目的不仅是认识价值，而在于发展价值，培养价值形成力；不仅是传递文化和科学，而在于形成文化和科学创造力。

五、求真务实与刚毅守正精神

"道从于势"、急功近利和浮躁虚华之风，对教育界杀伤力极大。因此，重铸求真务实、刚毅守正的学术精神及其学术传统，对广大教育工作者来说极其重要。

1. 大力弘扬求学求仁和至真至善的学术之道

至真，就是追求科学，追求真理，追求理性，追求卓越，追求奉献与贡献，坚持不懈以至无穷极；至善，就是追求人性，追求仁道，追求人格与精神，慈善为怀，民生为本，普泽社会。

2. 严格规范学术伦理，强固学者的良心、良知、良能

一是从制度上完善系列化的学术规则，二是从程序上规范学术活动。

通过严格规范学术伦理，养成学者的良好学风：大胆假设，小心求证；尊重事实，求真务实；真理第一，敢于争鸣；虚怀若谷，尊重同仁；诚实第一，杜绝虚假；热爱学生，乐扶后学；忠于学术，追求卓越。

以上两方面和谐统一，使学者、学科和学校定本务实，最大限度地创造一个无话语暴力、无学术虚假和格物、致知、诚意、正心、修身、齐家、治国、平天下的教育与学术正果。

111

2004 年 11 月，时任教育部副部长的袁贵仁在杭州"全国高校哲学社会科学学术规范与学风建设论坛"上就学校学风建设提出了"八个提倡"与"八个反对"：提倡解放思想、与时俱进，反对因循守旧、故步自封；提倡求真务实、严谨治学，反对哗众取宠、急功近利；提倡文人相亲、学术民主，反对文人相轻、门户之见；提倡学术自律、尊重他人，反对投机取巧、抄袭剽窃；提倡精品意识、锐意创新，反对心浮气躁、重复劳动；提倡学术批评、学术责任，反对一团和气、恶语伤人；提倡持之有故、言之成理，反对粗制滥造、言之无物；提倡科学评估、公平竞争，反对请客送礼、徇私舞弊。

"八个提倡"与"八个反对"应该成为所有大学在学校文化建设上把握的方向和建构的内容。

六、公共文化精神

深入认识并精心打造公共文化精神，是现代大学精神文化建设的重要内容之一。

1. 何为公共文化精神

所谓公共文化精神，是指社会自由、民主、平等、法、责任、公平正义和公共服务的坚定信仰意识、情感归属和践行意志的总和。

第一，当代公共文化精神的主导性价值取向必须兼顾两方面的问题：一是如何最大限度地保护现代社会个体的主体性、个性、自由、自我意识、创造性、民主参与意识、批判精神等文化特质；二是如何保证那些追求自我利益和自我实现最大化的自由个体形成一个合法合理的社会共同体。由此就衍生出以平等、正义、契约、信用等为核心的人本化的、理性化的社会公共文化精神。

第二，中国现实社会里的精英阶层由三部分人组成：政治精英、知识精英和经济精英。这三部分人掌握着最多的社会资源，也是最有能力、通常被人们寄予道德信任和期望的人，其公共文化精神最重要之处就在于勇于担当时代精神的传播者与公共利益的代言人。

2. 公共文化精神的核心

公共文化精神的核心主要体现于两个层面：一是批判精神，二是牺牲精神。

第一，批判是一个社会富有活力的动力机制。批判之于社会的意义，不仅在于帮助人们更加清楚地认识社会中发生的事，也不仅在于因某种权势或意识形态的主导所产生的认识上的片面性甚至极端性，而是在于超越一般的反思，以寻求社会的合理和人类的幸福为己任，引导和推动社会文明、和谐和可持续发展。

第二，牺牲精神说到底，是勇于道义担当和执著追求真理的献身精神。

1918 年，陈独秀在老北大红楼的办公室和李大钊、高一涵等共同创办了《新青年》以外的另一个著名杂志《每周评论》。五四运动期间，从 1919 年 5 月 4 日到 6 月 8 日，陈独秀在《每周评论》上一共发表了 33 篇《随感录》。现老北大红楼陈独秀展厅里悬挂着《随感录》其中的一段，世界文明发源地有二：一是科学研究室，一是监狱。从这两处发生的文明，才是真文明，才是有生命有价值的文明。陈独秀的"出了研究室就入监狱，出了监狱就入研究室，这才是人生最高尚优美的生活"的态度与意志，就是一种勇于道义担当和执著追求真理的献身精神。

3. 大学理应拥有公共文化精神

高等学校的知识分子以其特殊的社会角色和天生的批判精神，使他们成为社会批判的最重要承担者或主体力量，并由此形成社会批判的传统。

第一，大学有着社会知识精英主体，又源源不断地为社会培养输送着新的精英，理当率先为中国社会文化转型时期的精英文化和社会公共文化建构作出自己的应有贡献。

所以美国著名高等教育思想家亚伯拉罕·弗莱克斯纳指出，现代社会里的政治活动家、商人或媒体出于各自不同动机和知识结构，往往难以解析现实社会问题。因此在解决社会公共事务方面，"唯一能担此重任的机构就是大学了。大学必须保护和培养思想家、实验家、发明家、教师和学生，让他们在不承担行动责任的情况下，对社会生活的现象进行探究从而努力理解这些现象"，① 同时以自己的实力和声望为社会采取明智的行动施加影响。在他看来，人类社会还没有设计出任何可与具有人才与智慧优势的大学相比的机构。

第二，具有学术背景和专业素质的现代知识者或学者，应当秉承仰望星空的理想和勇担道义的责任，以知识与智慧创新，造福社会、进言社会并参与社会公共事务，为现代公民社会的文明进步与成熟作出牺牲与贡献。

其一，高深知识是高等学校批判功能发挥的知识基础与学理基础。

---

① 亚伯拉罕·弗莱克斯纳著，徐辉、陈晓菲译：《现代大学论》，浙江教育出版社，2001 年：第 7 页。

其二，知识分子的文化品质和素养所显示的洞察力、反省力是展开社会批判的重要保证。

其三，与社会保持相对独立是高等学校批判功能发挥的关键。自治、自主、自决和自由，是高等教育机构产生与发展的组织生命力特征，而这正有力地确保了高等教育机构作为社会批判的特殊角色地位。

七、开放包容精神

大学是群英汇聚的教育和学术殿堂，来自世界各地的师生相聚在一起，交流思想，探索奥秘，追求真理，实现梦想。大学为开放交流而立，并在开放包容中诞生、成长与发展，这是世界上任何一所大学生存发展的必由之路，也是引领社会进步的必由之路。

1. 问题的提出

受空间限制，某一地域的社会成员的文化生活往往具有片段性与情景性。高等教育必须考虑如何培养并提高社会成员的文化诠释能力，而有开放包容精神才有多元文化的教育，也才能培养出具有世界文化视野的大器大才。

文化竞争力决定着任何一个族群或社团的生死存亡。一方面，一种文化的伟大，在于其特有的开放性与包容性；其生命力的恒强，在于永无止境的交流，而不是如同保护珍宝。另一方面，任何一个族群社团的文化唯有与时俱进，推陈出新，才能永葆先进性与强势竞争力。

2. 开放包容精神的三点指向

开放包容精神是一切大学优秀学术传统的核心内容及其价值，它指向于三点。

第一，对待学术活动，社会应当尊重并以法律保护学者的学术自由，提倡科学无国界和学术无东西。作为学问或学术，不论是人文社会科学或是自然科学，都有先后、精粗、高下、正确与谬误之分，但无所谓中西，谁先进就应该学谁；只要是先进和优秀的，都属于全人类共同的文明财富，既无所谓姓"东"姓"西"，也不为某个民族或国家所专有，即使是最机密的科学。[1]

第二，有包容才有开放，有开放才有交流、比照、博采和创新，作为学者

---

① 参见何兆武：《中学西学之争下的近代化道路》，载《中国教育报》，2006.12.12，第3版。

自身，应当自重和互敬，自由竞争，自由探索，兼容并蓄，智慧互补。

第三，理性看待真理，它既不可能放之四海而皆准，也不可能管一万年。原因在于：一是社会具有复杂性，不同的社会，其情况千差万别，不可能完全套用于一个真理、一种规律和一种模式；二是真理具有复杂性，不是说朝着真理走就可以走向真理，因为真理需要不断探索和持续实践；三是真理具有相对性，没有永恒不变的真理，真理的生命力在于不断被发展、完善和超越。

总之，最能体现时代风貌和社会价值的大学精神，同时也是一个民族传统奋斗精神与现实进取精神的高度统一，它们相互联系、相互交融、相互促进，形成一个完整的生命有机体，如果忽视其中任何一个部分，都将使人类精神分裂、社会发展失衡。

第三节　大学文化精神之现代原创

佛莱克斯纳指出，在保障大学的高水准方面，大学精神比任何设施、任何组织都更有效。[①] 奥尔托加也指出，在大学里建立起符合时代要求的思想体系，树立崇高的精神境界，是任何一所大学的一项凌驾于其他之上的基本功能。他们的观点表明，大学肩负的重要"文化使命"之一，便是以培育有"人之精神"之人：大学精神滋养着学者们的人性、人格、气质，孕育着学者们超越世俗的精神文化，使他们得以以个人与群体的魅力与超凡的判断，为社会设立文化价值尺度，从根本上推动和引导着社会进步；学子们则在学校里养成良好品质、德行与习性，以带入未来生活和工作的场所，用自己所理解的完美价值与文明标准去建构全民族与全社会的思维方式、价值理念和行为规范，进而创造理想中的社会现实。与此同时，先进民族文化精神的发散与影响，又将为大学的发展构筑适宜的人文环境，为大学精神的深化不断注入新的内容与活力。

一、文化自觉——大学精神文化传播与传递使命之重

所谓文化自觉，是指对新文化精神构建之于社会变革重要性的觉悟。当今世界，文化力不仅深深熔铸于民族的凝聚力、生命力和创造力之中，而且越来

---

① 参见［美］Abraham Flexner, Unversities, Amercan English German. Oxford University Press, 1990. 354。

越成为一个国家的综合国力和国际竞争力的核心组成部分。作为民族国家的文化重镇，作为民族灵魂的反映，培育和弘扬现代大学精神同时也就是弘扬和培育中华民族精神。

1. 大学与社会的文明互动

按照现代社会的分工，学校是人类文化精神的加工厂、集散地与辐射源，责无旁贷地负有文化精神传播与传递的使命与责任，即从横向上传播文化，从纵向上传递精神。

世界历史进程中曾出现过多种争妍斗艳的灿烂文明，如古希腊罗马文明、巴比伦文明、玛雅文明、印加文明等，但都在沧海桑田的变迁中一一消失。究其原因，既有客观历史条件所致，也有自身传承方面的原因。唯我中华文明历五千年而生生不息，薪火相传，独放异彩，正是由于民族珍惜、护卫的结果。如果说思想是精神的骨血，那么学术就是精神之躯，因为中华民族的精神源流于浩瀚的学海中。正是一代代学人秉承"为天地立心，为生民立命，为往圣继绝学，为万世开太平"的高尚情怀，呕心沥血，矢志不渝地追求探索，在浩如烟海的世事万象中发微探幽、钩沉稽玄，窃天火、煮己肉、照人间，才使中华文明一代代传承不绝、愈久弥新。学子们是真正的"传灯的人"。

都德的《最后一课》之所以被作为文化经典而被列入世界各国的教科书，就在于它深情地唤醒了人们心灵深处的民族精神之承递意识。因此，不管是因为社会为大学提供最合适的生态环境，还是因为大学师生员工聚集起来形成并养育一个社会，大学与社会一直相生相伴。小而言之，它是一个地区的文化森林，大而言之，可以为整个民族国家提供文明进步的动力与方式。大学文化，甚至就是社区文化和社会文化；大学精神，就是社区精神，乃至于民族精神。从这个角度说，文明社会造就了大学，大学也造就了文明社会。

2. 让智慧之光穿透"围墙"，照亮社会

大学通常是定位于特定空间之中的。不管是因为社会为大学提供最合适的生态环境，还是因为大学师生员工聚集起来可以形成一个社会，大学与社会一直相生相伴，大学精神与民族精神共生共荣。大学文化，甚至就是社区文化和社会文化；大学精神，就是社区精神，乃至于民族精神；精神文化无法遗传，只能通过传播传递方式加以承继、养育、发扬与光大，即从横向上传播文化，从纵向上养育精神。从这个角度说，文明社会造就了大学，大学也造就了文明

社会。

知识经济时代，大学不仅对师生具有重要性，还有对它所处的地域具有重要性，即大学对所在地域的经济、文化和社会发展能作出什么贡献。大学的人才以及通过人才从大学带走的知识、智慧和文化走向社会、改造社会，表明的便是大学引领社会全面进步的火车头作用。如果说人才和科研成果还多少可以度量的话，大学的精髓——精神文化则是无法度量的无形财富。电子脉冲可以在几秒钟内聚集无数资金撑起摩天楼群，但再多的金钱也无法换来大学背后的人文底蕴。从大学师生的公众形象、大学内灵魂工程师的学术讲座到大学园区的文化氛围，以及学校知识产品的文化内涵，都在发散着神圣的大学精神。

因此，让大学以人文底蕴为核心的文明气息、智慧之光穿透学校围墙，扫除世俗，提升社会公众精神文明素养，是大学博雅崇高精神的神圣价值所在。

3. 大学精神的传承与光大之希望在于校园人

"渊深而鱼生之，山深而兽往之。"建设精神家园，就是要倡导校园里人与人、人与社会的和谐，由此树立校园中相互包容、尊重、团结、合作与互助的群体精神，自尊、自立、自重、自强、自主的独立精神，正义、博爱、诚信与守约的公共道德精神。上述精神一旦形成，就会不断浸透到学校中的行为主体和各种文化载体中，以其特有的导向、凝聚、激励、塑造等功能在个体全面发展、大学持续发展以及社会永续进步中发挥重要的动力作用。

第一，现代大学的精神文化由学校成员之间的人际互动、学校与社会之间的场景互动而形成。大学文化精神的传递，一是通过显性课程的知识教育方式，以信息转移于人——这一活生生的载体上；二是通过隐性课程，即通过校园文化的熏陶和社会活动的情感交流，将文化精神内化养育于学生的心灵深处。两者有机结合，使学生通过主体——客体——主体与内化——外化——内化的良性循环，实现吐故纳新的健康"文化呼吸运动"，成长为"有文化"和有"人的精神"之人。

第二，精神文化无法遗传，只能通过传播传递方式加以养育、承继、发扬与光大。中国文化最伟大之处就是讲教育之"育"、之"养"。五千年的历史都是养出来的，不是造出来的。因此，大学精神之传承与养育，要义在于养心、养性、养智、养德。

一是学术传统之传承，二是名士大师风范之弘扬，三是校园文化之陶冶，

117

四是制度文化之规约。四要素有机统合，形成精神文化的巨大穿透力和辐射力，一定能养育出代代人杰。

4. 精神文化的选择性传播与传递

精神文化是教育的重要生态环境，有什么样的精神文化，就教出什么样的种群。从这个意义上说，文化生态环境即是人类的现实生存环境，它既指社会生态环境和规范生态环境，又指已被人们感知并赋予一定文化意义的自然生态环境。民族精神是一个民族赖以生存与发展的支撑，包括民族追求的共同理想、确立的共同价值、形成的共同思维方式和共同品格，是民族文化的最高形式。没有远大的民族理想，就没有坚定的民族志向；没有高尚的民族品格，就没有振奋的民族精神。一种精神激励一个民族，一个民族选择一种精神。①

在世界文化多元化的今天，精神文化也日益多样化。面对不同文化之间的交流、碰撞与竞争的态势，对于具有人才、知识优势的社会特殊机构——大学，负有不可推卸的选择责任。

第一，只有不断博采众长的精神文化，不断与时俱进的精神文化，才是最有生命力、最有竞争力的精神文化。博采众长，就是凭借"全球的人格"和开放的国际视野，以超凡的"杂交文化的凝聚力"，采万紫千红以酿佳蜜。一个民族创新能力的大小，张弛、持续的力度，不取决于愿望，而取决于精神文化，取决于包括思想、理念、制度在内的综合文化。

社会越向前发展，人们选择的范围越广，选择的自由度越大。而能否自主、成功地选择，是一个社会成熟的标志。

第二，加强对外文化传播，建构国家与大学形象。一个国家文化被接受的程度，是一个国家兴衰强弱的标志。文化精神力是综合国力中最具能动性的力量，它显示一个民族国家的凝聚力量、动员力量、鼓舞力量和推动力量。

当今世界，文化力的能动力量变得越来越重要。经济有市场，文化无国界，这是当今世界国际形势发展的一个重要变化。因此，通过文化交流，展示中国文化魅力，弘扬中华民族精神，扩大中国的国际影响，进而促进国际认同，是建构和树立民族国家形象的重要途径和确保民族国家安全的重要手段。

大学既是文化的主要载体，又是传播的主要场所，打造大学，强化大学文

---

① 参见邓和平：《现代大学之文化精神》，载《高教发展与评估》，2003.6，第12 ~ 13 页。

化传播力，既是新时期国家文化发展战略和国家安全战略的重要组成部分，又是大学打造自身核心竞争力的重要战略着力点。

二、大学文化之光大在于精神原创

教育创新取决于观念创新，而观念创新的实质就是精神原创。精神之原创是大学文化、乃至于整个民族社会文化之发展与光大的不竭源泉；原创是大学精神的核心，是教育事业发展的内驱力，是大学追求卓越的核心竞争力。

1. 大学精神的历史延续性、持续再生性和时代原创性

大学精神之所以具有先进意义、普世意义和强大的生命力，就在于它具有的历史延续性、持续再生性和时代原创性。

大学作为高级人才和高深知识的荟萃之地，具有不同于任何其他社会机构的特殊的文化生产与创新"势能"：学者知识丰富，视野开阔，思维敏捷，创新活跃；学术深入，学科融汇，专业复合；学校文化厚重，信息灵通，交流频繁。三重因素整合，使学校往往最能得社会风气、灵气之先，从而也使其在生产与创造新的时代文化精神方面，具有举足轻重的地位与作用。

（1）精神原创是文化转型、科学革命与社会进步的原动力。

第一，众所周知，作为当年英国人思想支柱的清教伦理精神，曾经极大地促进了英国的社会文化政治变革及其科学革命与产业革命：宪政改革诞生了先进的社会民主制度和市场经济制度；而蒸汽机、纺织机、机床、火车和电机的发明与发展，则带来了人类有史以来的机器大生产和工业文明。发明力学的牛顿是清教徒，发明蒸汽机的纽可门和瓦特是清教徒，英国皇家学会创建初期的 68 个会员中有 49 个是清教徒，法拉第、斯蒂芬森等也都是以清教精神去进行科学研究和技术发明的。因此，一位前苏联科学家曾经指出，英国的资产阶级革命是喊着清教口号进行的。美国通过科技大革命与社会大发展快速超越欧洲国家，也是与一批怀有虔诚清教精神的欧洲移民的艰苦奋斗分不开的。

第二，半个多世纪以来，特别是改革开放以来，中国的科学技术发展虽然有了重大进步，但总体现状不能令人满意：我们缺少世界级的大科学家和大发明家，缺少有突破性的理论建树和重大元创性成果，无论在理、化、生等诸多传统自然学科和当代一些前沿学科领域，还是传统与现代人文社会科学领域，我们还基本处于跟踪者甚至旁观者的地位，由中国人来引导世界研究潮流的学

119

科很少。

科学原创往往使一个国家发生重大科技革命、经济革命和社会革命，而文化精神原创，不仅使科学创新具有无穷无尽的内在发动力和支撑力，更使大学进步与社会发展具有不竭的驱动力。因此，精神原创不仅体现出一所大学乃至于一个民族文化精神的先进性，更是体现出一所大学乃至于一个民族的生存力与世界竞争力。

（2）精神原创是任何一所大学的神圣使命与社会责任。精神原创，需要大学以与时俱进的心向与意向，以推进社会文明为情向与志向，以其自身的卓越知识与智慧，充分利用社会所给予的一切环境资源，实现精神原创。精神原创作为一种意识理念性的韵味活动，在其整个过程中，必须有充分的个体创造欲望张扬，有充分的个体自由意识倾向表达。换言之，精神原创是精神生产者自由抒发情感、理想，阐释对世界、人生的体验与追求，以及通过外显的方式进行主体关照、价值确立和知识体系的建构的一种重要方式。

第一，精神原创需要生态化的环境与氛围。这一决定性条件不仅关系到大学，更是关系到一个国家、一个民族文化精神的生成、原创力大小与民族存亡的关键因素。奥尔特加说得好，"如果学校确实是国家的一个职能机构，与其内部人为创造的教学氛围相比，它更多地依赖于他所处的民族文化氛围。这种内在和外在的平衡是造就一所好大学的一个基本条件"。①

其一，从生命哲学的视野看，只有精神活动才是人的生命活动的最高形式，因而也只有精神文化才真正表现出文化的生命特征。离开人的生命意识，任何文化思考都没有真正的教育价值。学校的文化建设不能只从社会意志出发，而要把学校文化建设变成师生的自主精神生活。所以，精神文化建设必须突破学校文化建设的传统框架，在新的哲学背景下构筑学校文化精神建设的理论基础和实践形态。

其二，在创造力日益重要的现代社会，社会文化生态环境与氛围对创造性人才的生成发展及其创造的张力，越来越具有决定性的作用。

在心理学家看来，智力或精神的发展完全取决于个人自己的努力程度，具有创造基因的文化环境与潜在的创造个人是创造力的两个必要条件，只有适宜的气候与生态环境才能极大地促进人的创造。美国心理学家索里和特尔

---

① 参见［西班牙］奥尔托加·加塞特著，徐小洲、陈军译：《大学的使命》，浙江教育出版社，2006年：第6页。

福德就认为，创造性是由个体生活在其中的那种社会气氛，即创造性环境培养出来的。由此，美国心理学家阿瑞提在分析创造基因时把文化手段列为第一个因素。他从 20 世纪 70 年代起，就开始大力宣传社会环境对人类创造潜能开发的作用和意义，并探讨创造性人物与其所处时代的关系。他认为：天才的潜在性要比天才的实际出现更为众多，教育者的责任在于寻找能够激活人类潜能的各种方法，而一切想促进创造力的政治领导人必须促进文化手段的存在与发展。

文化专制、观念封闭及其缺乏理性精神，是中国人近代以来难以生成创造性精神并难以实现"科学革命"的一座座传统围墙，而开放的观念形态、价值体系及其社会制度体系与科学发展和社会进步在本质上具有"一致性"。显然，要培育出一个富有创新精神的民族与国家，要培育出一个善于开展精神原创的学者群体，突破点在于营造自由宽松的外部社会环境。

第二，以自由文化及其学术自由制度确保精神原创。精神原创不仅仅需要物质保障，更需要环境与制度保障，而围绕以自由文化及其学术自由制度为核心的法律法规及其运行机制是精神原创的基础性保障。它具体体现在：一是大力弘扬自由文化精神，让自由成为深入人心的精神信仰、生活哲学和社会法则；二是界定外部干预大学的责任边界，还原学校、学者的精神活动主体地位，三是积极鼓励和支持学校与学者开展积极的精神文化原创活动，四是加快建设现代大学制度，用制度保障大学的精神原创活动。

总之，弘扬自由文化并严格遵循学术自由制度，才能坚持目标的合理性、方式的先进性、程序的优化性、过程的持续性和结果的理想性。

第三，完善学校网络生活以促进精神原创。随着人类进入信息社会，因特网已极大地改变了大学师生的学习、思维、行为、心理发展乃至于生活方式等，由此网络社会已经成为大学培育师生精神文化和实现精神原创的独特场地。

在网络社会里，学校所有成员的身份被消解，人人只有一个共同身份——网民。网络以无中心的平行性、散发性等活动特点，带来人际交往的开放性、独立性与平等性。这种人类第二社会的自由平等特征，极有利于人们自由性、民主性、平等性、创造性及个性性的思想意识与行为做派养成，极有利于学校成员创新意识、精神与创造能力的养成，而这一切又极有利于学者们的精神原创。

2. 中华民族之和平崛起依赖于大学精神之原创

改革开放三十多年来，大学在国际化浪潮中以学术交流、科研合作与信息沟通等丰富多样的方式，推动着世界各大学理念的融合创新，推动着不同民族之间的文化交流与采借，在不断焕发大学的学术青春过程中，也为弘扬和培育富有时代特色的民族精神提供了源源不断的精神文化资源。

第一，中国要在世界上实现真正的和平崛起并发挥建设性作用，必须有包括民主、法治和竞争观念及其制度体制资源在内的先进的文化综合影响力。

当年英国之崛起及其产生世界性影响，不仅仅在于其强大的海军力量，更在于它的市场经济、财产制度、宪政制度和科技革命等一系列文化性创新成果的力量；美国之崛起及其世界性影响力，也在于它的包括国内殖产兴业、自由竞争的精神文化，及其三权分立的民主法治制度，以及包括联合国、世界银行和世界贸易组织在内的国际性新制度等一系列文化性与精神文明创新成果的力量。而目前中国能够影响世界的主要是经济、市场方面的物质性资源，以及部分国际安全资源（国际和平制衡），而非观念、意识形态与制度体制方面的文化性原创资源。

第二，当前，中国已经进入一个社会发展关键时期：即"经济容易失调，社会容易失序，心理容易失衡，道德伦理需要重构"的时期，此时既存在快速发展的有利条件，也存在诸多滞阻发展的障碍因素。解决上述问题的关键在于整个民族的文化心理结构及其文化素养的构建，也就是说，在物质文明具备一定基础、制度文明具备一定雏形的情况下，通过全民族的文化自觉，以先进的文化塑造现代人格精神，构建整个民族新的生存与发展方式。

文化不是少数人的知识，而是大多数人的生活方式和生存状态。因此，文化繁荣与否与每个人的生存处境息息相关。只有大众的自由自觉，精致美妙的创造才能突破小圈子，抵达民生日用、生成民胞物与的和谐繁荣。我们大可不必急于提供现成的文化标本，制定一套礼仪、体制、规则、范式、谱系，不必急于标榜中国人的伦理之处、善美之道、忠孝之重、和合之大、阴阳之精，相反，应该鼓励生民实践，游学四方，广纳百川，创造富有生命力的新文化精神。

第三，生生不息的文化环境对于任何一所大学的发展，乃至于对社会的改造与影响关系重大。大学良好的生态环境之所以能引领社会文化，首先是因为具有学术自由的宽容环境和科学民主的大学制度，从而保障了文化创新；其次是因为大学汇聚了多学科专家，他们和年轻的学子一起进行科学研究，直接创造着新文化；同时还因为有着源源不断的经过多年大学文化熏陶、思想活跃、富有创新精神的学生，他们带着富有时代活力的理想信念走向社会各个领域。

如何实现中国文化性资源的原创性突破，是中国大学乃至于国家真正走向并参与世界竞争的重大历史性课题。面临这一历史性的机遇与挑战，作为社会，不能再充当文化资源的唯一提供者和强制提供者；作为人才、知识与智慧集散地的大学，既有文化自觉、得风气之先的优势，又有启发社会、播灵性之后的责任，大学应该大有作为，也必须大有作为。

3. 加强大学精神文化的研究

大学精神从来就是社会精神文化的重要策源地，无论是在五四运动时期的中国救亡图存大变局之时，还是改革开放之初社会思想解放大转型之际，大学阐发的新文化、新精神都及时为不甘落后、自强振兴的中华民族精神提供了重要精神文化资源。

第一，改革开放以来特别是在 20 世纪之交，我国高等教育研究领域出现了一股研究大学的热潮。关于大学理想、大学理念、大学精神、大学制度、大学之道、大学之用、大学之治的研究如火如荼，蔚为大观。

大学精神文化研究及其建构的热潮涌动，正表明的是一种对大学时代转型与变迁时期的意志的表达，或者说，是社会转型触发大学转型以及大学为寻求文化和社会合理性及其重构新的大学精神的努力。

第二，大学既要有"出世精神"，又要有"入世精神"。

大学的出世精神，就是大学的超越现世、仰望星空的理想主义精神和甘于奉献的牺牲精神；大学的入世精神，就是大学的现实公共精神和与时俱进的变革精神，以及追求卓越和造福社会的人文精神。

一方面，一个卓越的群体需要两种人：天上的白云和地上的桥梁。天上的白云，是精神情操的象征和道德伦理的化身；地上的桥梁，是引人入胜的阶梯和攻城拔寨的英雄。没有前一种人，一个群体将成为一群耗子，生存能力可能很强，但只能生活在没有阳光的阴沟暗洞里；没有后一种人，一个群体到不了风景独好的彼岸，模仿能力可能很强，但只能苟活在没有风采的异族背影下。

另一方面，兼具出世精神和入世精神，既是加强大学精神文化研究，实现大学精神之现代转型的出发点，也是大学精神重建与出新的基本价值和行为取向。

　　展望未来，大学现代精神之建构的伟大任务远未完成，加强大学精神文化之研究，实现大学精神之建构及其面向时代之转型而任重道远。

第五章 现代大学之理念

理念属于精神文化范畴。大学之所以有着无与伦比的历史辉煌并将继续辉煌，在于它有理念并善于以持续更新的理念指导自己追求卓越并恒于卓越。

第一节 大学理念概述

理念治校，既是一个大学组织及其成员成熟的标志，也是一所大学走向成功的前提条件。一方面，有理念的大学表明其有思想、有理想、有信念、有目标、有追求，而这又恰恰是一个社会组织有无文化品位、有无精神追求和有无生命力的重大标志；另一方面，理想信念导引着大学成员的精神境界及其原创方向，它既是一所大学成长与发展的原驱力，也是一个民族、一个国家的文明得以繁衍的原驱力。因此，大学的理念研究及其理念治校，是自古至今中外教育界高度重视的学术领域。

一、大学理念及其研究

今日所谓之大学理念，总的说来是人们对大学从中世纪欧洲教师与学生的自发"行会"组织发展演变到今天具有现代教育思想、现代办学模式、现代学校制度及其组织规范、目标明确、职责清晰和成员相对固定的一种教育与学术机构的形式认可与价值认同。

1. 理念与大学理念

（1）何为理念。所谓理念，是指将从个别事物中抽象得到的一般认识加以概念化，由此构成相对稳定的观念世界；一种理念总是反映着人们一定的思想倾向、价值诉求和生存取向。

第一，理念源自于理想，"理想"是"理念"的源泉。"理想"，一般是指人们对某种生活目标的向往和"憧憬"，它导源于人们对生存现状的不满及其超越的谋划，正是通过对某种生活目标的意义化过程的深思熟虑，便有了

"理念"。

第二，理念是人们的哲思活动及其哲思活动的结果，是对"理想"的意识整合与理论建构。如果说"理想"还只是一种变化不居的"憧憬"，那么"理念"则已经是理论化、系统化并具有相对稳定性的愿景，或者说已经是一种具有可符号化的理论性、前瞻性、导向性的精神信念。

第三，理念具有特定性和不可替代性，它是人们行为的先导和准则。理念一旦确立，即意味着价值判断、信仰皈依和行为趋向随之确立，并由此迅速唤起人们精神上的热忱与追求，赋予人们自觉的生命与生存意义，并使这种意义转化为自主、自觉的行为过程。

因此，著名社会学家马克斯·韦伯有个著名的比喻：理念的作用如同扳道工，有助于任何社会成员与社会组织确定由理想与愿景所推动的活动路径。

（2）何为大学理念。

第一，所谓大学理念，是指人们对何为大学、大学为何而立和大学何以为立等问题的哲学思考及其理想信念。具体说，是指人们对大学的理性认识、理想追求及其在哲学意义上所形成的学校教育观、人才观、学术观、管理与发展观；或者说，是人们对上述类型之大学地位、本质、功能、发展规律的哲学思考及其理性认识并由此形成的具有全局性影响的观念体系，它包括：以人为本的立教理念、以学为本（包括学者、学生、学术与学科）的立校理念、真理至上的治学理念、学术自由的行为理念、教学科研并重的强校理念、开放化的发展理念、可持续发展的理念、追求卓越的理念和服务与引领社会文明进步的理念。

第二，诞生于德国新人文主义运动时期的现代大学，是理念治校的成功典范，其精髓在于：理性主义崇尚科学和理智，认为自然和社会受永恒不变的规律所支配；教育和学术可以开辟人类追求道德与幸福发展的道路；相信科学的力量与价值，认为学术自由是实现科学发展的必由之路；学术自由与国家利益不相矛盾，相反它极有利于服务国家的现实利益和民众的长远福祉。

2. 大学理念的要素结构

（1）从词义上看，大学理念包含两层意义：一是大学固有的义理与秩序，即大学作为社会组织所固有的运行道理与运行规则，这是大学的"实相理念"，或大学理念的本体部分，它构成人们对大学的形象性认识与角色性判断；二是大学成员对大学机构的认识与判断，属于大学组织的"虚相理念"，它包括大学的道德理念、功效理念、自由理念与功利理念等。这些理念位居大学理念中较深层的位置，具有主体方面的价值判断与情感皈依意义。

大学理念之"理"，是大学主体行为的一种规范，是大学发展的文明程序；大学理念之"理"，又是大学发展的规律，要实现大学的可持续发展，就必须尊重和遵循大学生存发展之"理"、之"道"。大学理念之"念"，是大学组织之希望，它引导大学无时无刻地对自身的前途加以憧憬与策划；大学理念之"念"，又是大学发展之愿景，它激励着大学成员团结合作、奋发有为与追求卓越。

（2）从内容上看，大学理念包括大学对其社会定位、办学思想、发展目标、运营方略、社会责任及其理想大学模式的系统构想，它实际包含两方面的内容：一是对大学的理性认识或基本看法，主要是有关怎样看大学（大学是什么），即大学的含义、大学的宗旨、大学的使命、大学的职能等；二是有关大学的理想愿景（为何而立、何以为立），即主要是有关怎样办大学（大学应该把握什么和大学应该做什么），它涉及对如何运作大学、如何把握大学与社会之间的互动关系等方面的思想及其价值实现途径的根本判断，以及大学自身的价值观、发展观和外部的大学社会观、角色观等。

（3）从性质上看，大学理念属于大学文化构成中的精神文化范畴。如果说大学精神文化表明的是大学成员的学术传统与人生境界，表现的是大学成员的共同文化价值观、行为准则和道德规范，那么大学理念则是对包括大学精神在内的大学文化观念层次的另一种表述，"人们对大学精神、性质、功能和使命的基本认识，是对大学与外部世界诸元之间关系的规定，以及内部管理及运转的哲学基础"。①

（4）从功能上看，大学理念是一所大学发展的总体性理想愿景，它是引发或建构学校一切其他理念的基础理念或元理念。作为一个上位性、总体性的大学理念，它不仅反映着大学教育的本质，而且涉及时代、社会、个体诸方面的因素。从"理念"切入，不但可以把握大学教育的本质、功能、规律，而且能更好地理解大学教育规律如何制约和支持人们对大学教育的认识、策划和追求。

由于每一所大学的社会定位不同，使得它们的发展战略各有特色，发展形象千姿百态，但在最基本的一些理念方面它们具有相似性，而且无论什么样的大学，都会立足、并追求那些相似性。比如，追求真理，崇尚自由，担当责

---

① 参见王英杰：《规律与启示——关于建设世界一流大学的若干思考》，载《比较教育研究》，2001.7，第1～8页。

任，造就人才，创造知识，提高质量，扩大规模等，这可以说是世界所有大学都执著信奉的理念。这里，学术自由、追求真理属于自由理念的范畴；提高质量、社会责任属于道德理念范畴；创造知识、造就人才属于功效理念范畴；扩大规模、追求效益则属于功利理念范畴。

（5）从特征上看，大学理念既是一种教育现象，又是一种文化现象，它不可避免地受到各民族文化传统的影响及其社会政治、经济发展的制约。

一般而言，大学理念源自于两方面的哲学基础：一是认识论的哲学基础。从认识论的思想出发，大学趋向于学术至上、真理至上或者为学术而学术、为真理而真理的社会哲学观及其生存生活方式。二是政治论的哲学基础。从政治论的思想出发，大学趋向于功利性的社会目标，即大学将服务社会与人才培养、发展科学一道视为现实任务。

基于两种认识论的大学理念，高等学校演绎出从人文主义、理性主义、功利主义到理性主义、人文主义与功利主义有机结合的历史演变与发展历程，并由此产生三种类型的大学理念及其实践追求：以洪堡为代表的教学科研相结合，为学术而学术、为科学而科学的德国理性主义大学理念及其实践；以纽曼为代表的坚持自由博雅文化教育传统的英国人文主义大学理念及其实践；以柏林大学为代表的带有德国新人文主义文化教育传统的理性主义大学理念及其实践；以威斯康星、斯坦福大学为代表的带有美国实用主义的教育哲学观的功利主义（或工具主义）大学理念及其实践。

上述理念及其实践各有特色，交互影响，交相辉映，交替引领着各个时代世界高等教育发展的主流方向与实践。

（6）从价值上看，大学理念中服务社会的职能拓展，是大学走向开放和成熟并与社会日益协和的重要标志。

众所周知，在世界千年的高等教育发展历程中，曾出现过一个长时间的"冰河期"。这种现象固然有宗教势力和封建势力对大学的控制和禁锢，使得大学日益成为封闭于狭小校园的"供品"，那些享有殊荣封号的大学由于坚守保守的古典主义办学传统而逐渐失去昔日的创造辉煌，由此演化为"教育化石"。正是在日益走向开放、服务于社会的新路中，大学才又焕发了生机，并再次显现自己之于社会不可或缺的重要作用。

二、办学理念及其几对矛盾关系

理念是理想的，也是原则的。大学在落实理念的具体实践过程中，常常会因为认识倾向和价值追求的差异而发生办学实践上的不同旨趣。

纵观世界高等教育发展历程，在大学理念的形成与演变过程中，始终存在着自由博雅教育与功利实用教育、精英教育与大众教育、求学与求术、求理与求用、学术自由与社会责任、大学自治与政府控制、社会本位与学校本位、社会本位与个人本位等诸对范畴的矛盾与冲突。在这些矛盾与冲突背后，是人们对高等教育的哲学认识冲突，以及在不同时代场景下的大学职能定位思考。

1. 办学理念的含义

（1）办学理念为大学理念的下位概念，是指任何一所大学在落实大学总体发展愿景及其在具体办学实践过程中所产生的办学思想及其方针决策指向的总和。比如，美国的卡内基-梅隆大学，其总体发展愿景是：发扬创新、解决问题和跨学科合作等传统，满足不断变化的社会需求，继续保持世界一流大学和高等学校领军者的地位。

围绕学校总体理念的具体办学指导思想是：为了迎接 21 世纪的挑战，学校将进一步准确定位，营造一种启迪智慧、鼓励创新和创业的氛围，在教育与技术创新、科学发明、创造力的表达、艺术创作等方面，继续保持领先地位。为了发挥学校的比较优势，把握机遇，与外界展开富有成效的合作，学校继续致力于跨学科研究和教育，不仅在学科、院系之间，而且要在跨机构、跨国家和跨文化之间进行合作。为了完成使命，学校继续将精力和资源聚集于能够实现卓越、形成比较优势的领域；其办学方针是：力争实现"影响大于规模"，同其他大学相比，学校院系规模较小，和竞争对手相比，关注的领域也更加集中。但学校通过资源重点投入，扩大比较优势；通过战略定位，弥补规模上的局限；通过学科间的合作，调整有限资源，加强核心优势。①

（2）办学理念与大学理念一脉相承，是大学理念的派生理念，是建立在教育理念和大学理念基础之上的对高等教育创新或创新高等教育的理性认识，是学校办学特色化的思想灵慧及实践经验的感悟累积与升华。

不同的办学理念，会有不同的办学方针、办学路径、办学模式和办学风格。因此，如果说作为理论探析的大学理念具有共相意义，而作为实践探索的办学理念则具有殊相意义。

---

① 参见刘丽红译：《卡内基-梅隆大学发展战略规划》，国家教育行政学院编：《世界高等教育：改革与发展趋势第三辑》，2004 年：第 118～121 页。

2. 求学与求术

一部大学的发展历史，就是求学或求术的矛盾关系的曲折历程，它大体经历了统一——分离——再统一三个历史阶段。

（1）在中世纪以来的相当长时间里，欧洲大学中的学与术是统一的，其主要原因在于：当时社会的科学文化发展普遍落后，科学技术尚处于混沌不分的发展形态。因此，大学既以科学原创和培养科学精英显示自己在社会中"学"的地位，又以技术发明展示自己在社会中"术"的价值。

（2）文艺复兴后，随着人文主义思潮的兴起，在高扬人的价值和科学的价值的同时，催生了学与术的分化。随着理性主义的强化和学科专业的细化，学与术开始分家并出现扬学抑术的办学趋势，这一趋势为洪堡的办学实践得以确立，但也由此带来了学与术关系的恒久矛盾冲突。洪堡主张，大学的主要任务是追求真理，科学研究第一；学与术分离，大学与专门学校分家。洪堡的这一办学理念以柏林大学的巨大成功而表明其具有时代合理性。

（3）经19世纪中叶以后的赠地学院运动，以德国大学为办学样板的美国大学朝着两个方向发展：一种是建立德国式的以纯粹科学研究和培养学术精英为主的研究型大学，朝着求学、求理的方向发展；一种是创办赠地学院式的定向于服务社会和实业的、专门培养实用型人才的应用实科型学院或大学，朝着求术、求用的方向发展。

表面上看，美国大学的实践似乎加剧了学与术的分家，但实际上它是社会分工变化在大学学术结构设置上的合理反映，是大学为适应社会需要而进行的内部结构调整，因而这种办学主张及其模式以其成功实践，既顺应了时代潮流，又表明了理念的合理性。

3. 求理与求用

求理与求用实际上是求学与求术关系的另一种表达，因为它们在历史上的曲折历程中常常相互交织，并伴随在理性主义认识论与功利主义政治论两种教育哲学观和教育价值观及其办学模式的矛盾和统一之中。

（1）求学、求理或求术、求用思想均源自于古希腊时期以"三圣"为代表的理性主义教育思想主张，只是在以后的历史岁月里，随着人们在不同社会场景以及在理性主义理解上的侧重不同而导致在教育哲学观上发生差异。比如，传统的人文主义者极力主张古典式的自由博雅教育及其纯粹学术研究，以促进人的身心和智性发展为圭臬；文艺复兴和启蒙运动以后，以洪堡为代表的新人文主义者则主张科学主义的知识教育及其纯粹学术研究，以促进人的身心和知性发展为旗帜。

（2）求学、求理的办学传统之所以在高等学校、特别是在研究型大学占据着主导地位而弥久不衰，就在于它深深地植根于理性主义的思想文化土壤中。之所以出现这种现象，与人们对大学作用的认识有关。探索高深学问是大学产生和发展历程的逻辑起点与归宿，传授、探索和创造高深学问为大学存在的理由与价值。

那么何为高深学问？美国《耶鲁学院 1928 年报告》认为，那些"完全可以在会计室、车间和农场里学习"的科目不应进入高校，大学应"强调学习文学与科学，因为这些是学生在繁忙的日常生活中可能永远不会有时间和机会去探索的学问"。① 在美国著名高等教育哲学家布鲁贝克看来，高深学问就是深奥的学问，这些学问或者还处于已知与未知之间，或者虽然已知，但由于它们过于艰深而为常人难以理解和把握。显然，以布鲁贝克为代表的高等教育哲学思想曾主导了 20 世纪中叶以前的大学理念及其办学实践。

（3）人们对高深学问的理解是从高深程度上予以认识和解释的，对此通常不会有异议，但在探索高深学问的目的上，学界历来存在着不同认识，这便产生了求理还是求用、求学还是求术的争论。

在大学理念发展史上，坚持认识论的高等教育哲学观的教育家，大都认为大学是探索纯科学、纯学术的机构，强调以闲情逸趣的好奇精神追求知识与探索真理，为科学而科学，为学术而学术，探索的目的为求理而非求用，或者说求理就是求用。比如，洪堡、纽曼、弗莱克斯纳、赫钦斯、雅斯贝尔斯和蔡元培等；而坚持政治论的高等教育哲学观的教育家则强调，追求知识与探索真理不仅出于闲情逸趣的好奇精神，更在于积极地使知识与真理为个人发展和社会与国家进步服务。这便有了探索科学是为了求用的主张，比如，杜威、范·海斯、克拉克·科尔等。

4. 学与术、理与用之矛盾缘由

世界高等教育发展的历史进程表明：求学与求术、求理与求用等办学理念上的矛盾，实际上是人们在高等教育哲学认识论领域的矛盾反应。

（1）求学与求术、求理与求用并非决然对立。一方面，任何学术对于人

---

① 参见约翰·S. 布鲁贝克著，王承绪等译：《高等教育哲学》，浙江教育出版社，1987 年：第 5～6 页。

类发展都有用，有用与无用之分是对学术的急功近利解构。"人皆知有用之用，而莫知无用之用也"，两千多年前的庄子就已指出了人们对待学问的思想认识上的这一弊病，然而古来多少文人雅士徒知吟咏庄生之词句，而不解其中之真谛，可谓令人叹惜。时至主张"科学原创"的今日，有些人还在主张学术研究之"评判的标准不应是诺贝尔奖，而是对中国经济发展有什么用"之类似是而非的观点且依然能赢得不少人的赞同。比如一些基础性研究选题，如果不生拉硬扯上点"应用前景"，就往往得不到资助。

另一方面，主张求学或求理的教育家都认为，大学的学术发展就是国家的发展，就是最好的为社会服务。这实际上也是求理与求用的一种融合形式，只不过其立足点是以求理为主。这可能也是导致学术型大学不同于其他类型大学的理念与实践之差别所在。

（2）求术或求用但绝非求利。求术与求用主张的目的在于促进大学面向社会办学，在于促使教学科研与人才培养要注意适应社会需求，而非求利。当年牛顿讲微积分，有位小商人发问道："这学问有什么用？"牛顿气愤地扔给他一英镑并讽刺道："这位先生还想从学问里找好处啊！"又过了很多年，爱因斯坦讲相对论，有位贵妇人问道："这有什么用？"爱因斯坦反问道："刚出生的婴儿有什么用？"

时至今日，那位浅薄小商和无知贵妇关于科学的提问有时也会挂到各级政府官员和主管部门管理人员的口头。他们关注的只是学术的现世实用价值，却全然不顾或全然不知学术的内在精神价值与外在原创价值。他们只欣赏科学之树上能满足物欲的果实，为果树浇水施肥也只是为了日后采摘果实，而要将科学森林中暂时不结果或不以结果为目的的树木统统砍掉，这是一个可悲的事实，是对求用意义的庸俗化。由此带来的严重后果就是导致许多人忘却了仰望星空的学术崇高使命。

（3）求学还是求术、求理还是求用的不同办学理念，直接衍生出主智主义与主知主义的不同办学模式。主智主义与主知主义的办学模式差异实际上是顺应社会分工的结果，是学校教育结构与社会经济结构需求之间相互调适的结果。两种办学模式之间不存在孰是孰非的问题，关键在于如何根据学校定位而在具体办学实践中灵活地把握它们之间的平衡点。

（4）政府的大学观及其理念影响着大学的发展制度特征及其运作功能与效应，而政府和社会当下同时存在的功利主义发展观及其重理工、轻人文社科的观念人为地影响着学校的学科建设方向与发展行为方向。求理与求用、有用与无用的社会压力，常常导致学校学科建设在其间处于两难境地。

（5）办学理念是高校办学的灵魂和指针，是高校可持续发展的精神支柱。先进的办学理念可以外塑形象，内聚人心，为学校实现可持续发展提供源源动力。先进的办学理念既要与学校传统相承接，又要与时代相适应。

5. 通识通才教育与专业专才教育

实施通才通识教育还是专才专业教育，是高等学校办学实践中面临的两难选择并成为一个弥久不衰的话题。

（1）通识通才教育与专业专才教育思想及其模式的渊源。

第一，人才分为两种：专才和通才。所谓专才，也称"纵向型人才"，指的是专业方向比较集中，只在某一个领域或某一个领域中的几个方面具有专门知识、技能和技巧的人才，或者说，是指在一定知识基础平台上在某一个专业领域具有较多的专业知识，较熟练专业技能的人才。

所谓通才，也称"横向型人才"，指的是发展比较全面，知识面比较广，活动领域比较宽的人才，或者说是对各个领域都有所涉猎的知识面广博的复合型人才。

主张培养知识广博型人才的教育就是通才教育，主张培养知识专深人才的教育就是专才教育，这是目前高等教育界两种基本的教育模式或人才培养模式，它们有着各自的指导思想、教学程序、知识体系与教育方法。

第二，自古以来，无论是承传于古希腊时期的博雅教育及其"七艺"教学，还是中国的博士教育及其"六艺"教学，都着眼于健全人格及其完整知识，都定性于通识教育或"全人教育"，并形成表述虽异但性质目标相同的人本主义高等教育传统。

第三，随着社会经济发展及其分工的细化，对人才知识技能结构的要求也趋于细化，由此学科专业发展也走向细化，于是，专才专业教育应运而生。专才教育及其专业教学模式是适应社会生产力发展和社会竞争导向的结果，既有其存在的进步性与合理性，事实也证明了其人才培养的有效性与合用性。

第四，现代通才通识教育是对应于专才专业教育的一种教育思想，与传统博雅教育思想相近相通。

首先，"通才通识教育"实际上是博雅教育在现代语境下的一种表达，它是一种相对于职业或者实用教育的在于培养健全人格的教育思想及其人才培养模式，它强调以人为中心、以人的全面发展为圭臬，要求人的自由、平等和个性解放等；强调以整合化的知识培养知识技能素养全面发展的人，这种人崇尚科学、理性，拥有宽广的知识面和多才多艺，等等。

其次，"通才通识教育"的出现是对专才专业教育的一种平衡，并非取代也不可能取代专才专业教育。通才通识教育和专才专业教育都是现代高等教育的重要组成部分，二者不可分割、分离，其作用亦不可相互取代。

（2）两种教育的合理定位。高等学校是培养高端人才的地方，实行以专才专业教育为主、以通才通识教育为辅的教育方针，应该是当今时代两种教育的合理定位。

第一，通才通识教育与专才专业教育都是社会变迁发展对人才需求导向的结果，它们的存在都有其科学性、合理性与优劣势，因而应兼容并蓄、相得益彰，共同促进高等教育事业的科学与优化发展。

第二，到底是实施通才通识教育还是专才专业教育好？笔者以为，在这个问题上不必拘泥或极端化理解，而是应该依社会发展需求及其不同的学校层次类型来确定不同的人才培养规格并施以不同的教育。通识通才教育与专业专才教育各有所长，人们在制定教育方针过程中，应将两种教育思想加以兼容整合、把握得当，从而实现优势互补，以最优的模式为社会培养最优的人才。

第三，无论施以什么样的教育和采用什么样的教学模式，都应以心性和谐、人格健全、智能发达、品位高尚、体魄强健的现代知性人为最高人才培养目标。

第四，中国农业大学教授奉公在《本科生元才教育：超越通才和专才教育》① 一文中提出了元才教育观。

文章认为，现代知识的加速增长使一个人实现"通"的难度不断增大，从小学直到大学毕业，每个人都不可能通晓各个领域的知识和学问而成为通才。通才只可能是一生的目标，不可能成为一生的结果，更不可能是大学四年的结果。因此，通才及其培养体制已不合时宜。当前学校应实行元才教育。所谓元才教育，即是指将潜藏于人们身心内的各种元素加以尽可能唤醒并得以张扬的教育。

在笔者看来，所谓元才教育，实际上是自由博雅教育、素质教育、人文教育、知识整合化教育及和谐教育主张的同义而不同术语的另类表达方式。

6. 办学理念与大学的社会职能定位与发展定位

（1）任何一所大学欲确立具有自己特色的办学理念，并以理念实现成功

---

① 参见奉公：《本科生元才教育：超越通才和专才教育》，载《中国科学网电子杂志》，2008 年，第 45 期。

办学，必须首先明确自己的社会职能定位与发展定位。所谓社会职能定位与发展定位，是指该大学以其现有资质条件和能力确立自己的现实办学目标和未来发展方向，以及根据目标和方向追求对社会所应尽的职责和应发挥的作用。

职能定位与发展定位上的判断失误，会导致决然不同的办学理念选择，并由此导致大学在办学过程中出现职能选择上的矛盾冲突。这主要体现在大学究竟是一元职能——教学（以人才培养为中心）、二元职能——教学与科研（教学科研双中心）、三元职能——教学、科研与服务还是多职能（教学、科研、服务三中心或更多）之争。

（2）教学科研是大学的基本职能，教学科研二元职能并重是现代大学的主体社会职责与使命，这种职能与职责不能淡化甚至改变。

第一，大学应该以自身的学者、学科、学识、智慧与科技优势开展社会服务，但服务职能只是前两个职能的延伸，不能影响大学的主体职能发挥。多职能不管如何多，其实质仍然涵括在主要职能或第三职能的范围中。

第二，不同类型、不同层次的大学，应该从自身的特色出发，在不同的职能上为自己恰当定位。但无论如何定位，为社会现实发展服务是重要职能但不是主体职能。

第二节　社会变迁与大学理念建构

一、社会变迁影响下的大学理念理论建构及其实践形态转型

社会在变迁中进步，大学理念理论在建构中发展。不同时代的社会变迁，对不同时代的大学理念理论及其实践形态产生重大影响，由此使各个时代的大学理念发生不同的要素结构变化，并由这种变化引发不同的大学发展样态。

1. 从传统大学到近代大学的理念理论变革及其实践形态变迁

（1）传统大学（12～15世纪）的理念理论建构及其实践形态变迁特征。中世纪以来，随着教会势力的超强和神学主义的盛行，传统大学的理念理论建构及其实践形态变迁具有明显的时代特征。

第一，以神的旨意为办学宗旨，奉行神学主义的理念理论和经院主义的办学模式。

第二，以维护和传播教会神学教义经典为己任，追求神学的绝对精神。

第三，教学以培养神职人员、僧侣和社会精神贵族为根本目标；学术活动

围绕"地球中心论"和"上帝造世论"展开。

（2）近代大学（15～18 世纪末）的理念理论变革及其实践形态变迁特征。随着文艺复兴运动的兴起，大学理念及其理论开始重新建构，其主旨是以弘扬人性与人的自由和天赋人权为宗旨，力图使大学摆脱教会控制，成为推动文艺复兴运动的能量场。

第一，大学仍然遵循自我放逐和自我封闭式的经院主义办学模式。

第二，大学开始建构科学主义的理念理论，探求以人为中心的人文主义世界观和培养具有人文主义精神资质并符合新兴资产阶级要求的代理人；以哥白尼的"日心说"和牛顿的力学为学术活动的理性主义出发点。

2. 近代至现当代以来的大学理念理论变革及其实践形态变迁

自 19 世纪以来至今，随着启蒙运动的深入和人们思想认识水平的深化，随着新大学运动的蓬勃兴起和科技革命的日新月异，大学理念理论及其实践形态发生根本性的转型。

第一，大学自治、教学与科研相结合、学术自由的大学理念得以重新确立并日趋巩固，科学至上、真理至上成为大学的执著追求，大学成为独立于世的由学者自治的知识城。

第二，致力于原创科学研究和高深学问的探索与传授，教学目标从培养社会精英到培养社会精英与培养社会适用人才相统一，人的人格健康、个性解放和素质和谐而全面的发展成为有效教育的最高原则；为改善社会成员的生活质量和满足社会需要的各级各类适用人才成为大学发展的最高理想。

第三，以知识创新与社会价值最佳结合为学术活动的最大使命，以理性主义精神和人文主义关怀相统一为学术活动的最高境界。

第四，大学逐步走入社会生活的中心，功能的多元化使其角色已经演变为引导、推动社会变革与国家发展的发动者和促进者；反过来，社会的高度繁荣、富裕和文明又推动以真理至上为己任的自然科学全面繁荣、以人文关照为己任的人文社会科学全面复兴。

当今时代，整个世界在科技革命的引领下，出现突飞猛进的进步，少数发达国家已经进入知识经济时代，众多发展中国家也开始进入工业化阶段。与此同时，伴随着经济全球化步伐，文化全球化和高等教育国际化已成为时代潮流。

理念的与时俱进建构，使得大学的理念理论更加完善、更加卓越、更加符合实际。

3. 不同时代的大学理念理论建构及其实践形态变迁引发的组织运行变迁特征

（1）传统大学奉行教学一元职能，大学的组织结构由松散型行会逐步过渡到以学科为中心的专业组织系统，大学的管理模式为教会控制下的政教合一、以教师或学生组成的行会式自治管理模式，逐步过渡到基本成型的以学科为中心的学院制自治管理模式。

（2）近代大学的职能仍然以教学为主，并逐步开展研究、传授哲学、医学和艺术等高深学问，大学的组织结构逐步确立以学科为基干的专业组织系统，大学的管理模式为政教分离之下的教授自治管理形式。

（3）随着现当代大学理念发生重大变革及其教学科研二元职能的确立，一是大学由传授和研究人文社会高深科学知识为主逐步转移到以传授、研究自然科学高深科学知识为主；二是围绕以教学和科研为办学宗旨的专业学术组织系统的大学组织结构日益完备，这种结构系统包括研究所、实验室等机构，高等学校系统发生层次类型结构变化，研究型大学脱颖而出；三是大学形成以法律为依据、理事会决策下的校长负责和教授自治的民主管理体制，这种体制以学术和行政管理两条线运行并以学术权力为中心；四是随着服务社会进入大学理念并日益强化，传授高深学问、培养优质人才、追求学术卓越和为社会提供科技成果转化服务，成为大学提升社会声望与地位的奋斗目标；五是组织结构日益复杂，成为一个围绕以学科教学与项目研究为核心的专业学术组织系统与部分科层管理系统的结合体，大学形成国家协调、社会参与、理事会决策、校长领导负责、专业学术部门指导和教授会自治的运行模式。

（4）未来大学（21世纪以后）的理念理论建构及其实践形态变迁特征。

第一，在以人为本的办学理念指导下，大学力求满足所有社会成员全面发展、社会多层次、全方位的需求。

第二，大学的组织结构将形成新的每一个开放、多样但高度紧密结合的（跨学科、跨专业、跨部门、跨院系、跨区域和跨国界）松散单元集合体。

第三，大学的管理模式为，由信息开发者（由教师、研究者群体组成）、传播者、学习者或研究者共同维系的一种平等互动但又相对紧密的开放式民主管理形式。

4. 不同时代的大学理念影响下的教学科研活动形态特征

（1）传统大学的办学形式为单一的自圆其说的封闭式体系，教学形制为无选择的、受时空限制的个体教授、讲演为主，教学内容为以宗教神学学说为主的课程知识体系。

（2）近代大学的办学形式为追求自我完满式的封闭体系，教学模式为无选择的、受时空限制的个体教授与班级授课相结合，教学内容为以宗教神学学说、人文和自然科学三者兼容的课程知识体系。

（3）现当代大学的办学形式从探索以学科为核心、多层次、办学风格的半封闭体系逐步演变为适应社会各种类型、多种层次的社会化的开放体系办学形式；教学模式从无选择的、受时空限制的讲座制和年级与班级授课制为主逐步走向部分选择的、受一定时空限制的学分制与班级授课制相结合；教学内容从围绕以现代科学不断分化细化的学科专业为中心的课程知识体系逐步转变为在以科学与人文走向新的融合的趋势下，产生复合型、交叉型和跨学科型的、多学科知识融会的宽口径课程知识体系。

（4）未来大学（21世纪以后）的教学科研活动形态变迁，一是办学形式方面，将构建与区域联系为一体的、高度分化与高度整合的社会化和国际化开放办学体系；二是教学模式方面，将构建多向选择的、无时空限制的、以个性化为主的协作式教学模式；三是教学内容方面，将构建以学习者的需求和能力为原则，并与现代科学发展的综合体系结合设置的多样化自选学习课程及其知识体系模块。①

二、大学理念变迁及其重构的历史性特点

从洪堡、纽曼到威斯康星，欧美大学理念经历了两百多年的历史性变迁与重构，形成洪堡、纽曼和威斯康星三种代表性的、并一脉相承至今的近现代大学理念及其实践模式。三种理念及其实践模式在大学发展的历史进程中，既充分展示出辉煌的时代性作用，也导致产生不少难以平衡的现实性问题。

1. 大学科学与理性发展的文化诉求

大学理念研究及其理念理论体系与时俱进的重构，总是源于社会环境变化下大学现实自身科学与理性发展的文化诉求。

（1）大学理念源于大学研究。大学理念理论及其实践形态对于大学自身以及社会发展与文明进步有着如此重要之作用，以至于人类社会自有大学以来就有关于大学的种种理想与理论探索。

---

① 参见康宁：《网络化与大学教育》，载《高等教育研究》，2000.1。

第一，大学作为一种社会创制，并不是按照什么人的先知先觉而产生。换言之，并不是先有大学的理念才有大学，而是相反，先有大学，然后领导者和学者们针对大学在发展过程中出现的种种问题而不断提出他们的大学理念，以期校正并将大学纳入理想与理性的发展轨道。

第二，自中世纪大学创建以来，人们始终在探索大学这个组织的奥秘，但展开专门的研究并形成系统的有关大学的思想理论，则是 19 世纪以后的事。

20 世纪以来，随着社会的文明进步及其高等教育的重要作用日益显现，大学及其大学理念研究不仅成为高等教育研究的一个重要学术领域，而且逐步学术化、专业化、科学化与系统化，由此逐步形成系统的科学理念理论体系。

第三，大学理念研究虽然见仁见智，但立足点趋于一致：任何一个有追求的大学、任何一个文明的民族或国家，都愿意积极投入充足的财富和资源来打造大学，以期实现各自发展的理想目标，而这也正是现代大学较之于古典大学更趋向于社会实际生活而不是脱离社会生活的发展特点。

（2）大学理念重构及其理念治校的动力源自于自身发展愿景而非外部意志。

第一，大学理念重构及其理念治校的动力源自于大学的内在发展诉求，这符合内因是事物发展的决定性因素这一根本法则。一改中世纪以来由教会和世俗国家提供理念资源而为大学自身创造理念并设计办学原则和模式，正是以柏林大学为代表的德国新大学运动及其后衍生于欧美的现代大学运动的现代性文化意义及其普世性哲学价值。

第二，大学理念研究及其理论成果产生于教育界且多半为大学校长、特别是知名大学校长的就职演说和办学经验研究，这符合理念研究及其理念理论发展的逻辑和规律。例如，柏林大学的办学思想及其指导原则的主要制定者费希特，是柏林大学的首任校长；纽曼的大学理念直接宣示于爱尔兰天主教大学的校长就职演说；而赫钦斯、德里克·博克则分别是芝加哥大学和哈佛大学的校长。

究其原因，一是校长是大学发展愿景的主要设计者和发展过程的主导者，有理念并能以理念治校，直接反映着校长的职业使命感、办学责任感和校长的远见卓识；二是作为大学校长，他们带着自己的理想和信念去治理大学，不仅赋予大学理念以丰富的理论与实践内涵，更重要的在于使大学理念产生无穷的生命力。事实表明，能否办成一流大学和高水平大学，首要的取决于校长的理念。因此，校长有理念并善于以理念治校弥足珍贵，其思想理论价值及其文化意义远远超出了物资资源对于大学发展的影响。

反观当今中国，大学理念研究多为学者的理论推演，既有纸上得来终觉浅之薄妄，又有坐而论道之空泛，而应该提出大学理念的校长们则鲜有将理念说清说透并付诸实践，这不能不说是中国大学理念研究、理念理论发展及其大学发展中的一个重大缺憾。①

（3）大学理念重构之时，往往是某个国家和社会处于重大变局和大学处于转型的关键之时。

第一，洪堡和费希特重构柏林大学理念之时，正是国家处于民族分裂和外敌入侵的严峻历史时期。在面临民族统一和国家振兴的重大历史转折时刻，洪堡等人提出了"司科学的托儿所"同时也是"司普遍文化大的机构（谢林语）"的文化主义的大学理念。这一理念的理想诉求包括：教学与科研，个体价值与个性发展，过程而非产品，学习与审美体验，科学进步与道德培养融为一体，为国家造就主体而非服务者，有民族与国家认同意识的民众，等等。

将文化建构作为其办学原则的大学理念，既界定了大学这一现代机构的形态，也界定了它与民族国家的关系。② 洪堡的文化主义大学理念重构及其实践，在造就了一个新德意志民族和国家的同时，也在现代性层面注入了文化主义思想要素的高等教育哲学观。

第二，洪堡和费希特重构柏林大学理念之时，也是欧洲大学的办学传统陷入绝境而面临理念更新及其实践模式重大转型的关键时期。

正是针对处于绝境的传统经院式大学办学范式，即教会和世俗专制制度按照国家和社会的实用目的和功利目的设计和建立的大学；针对欧洲大学在教会辖制下为了顺应神的旨意而不承认科学自由，世俗专制王权为了巩固其统治地位而不允许学术自由，洪堡等人提出了教学与科研相结合、学术自由与教授治校的先进大学理念及其制度设计。

第三，大学理念重构总是在争论中实现思想超越和要素更新，大学总是在多样化理念指导下个性化发展。

一方面，由柏林大学引发的新大学运动，激起了现代大学理念与传统大学理念之间的矛盾论争，这就出现了以纽曼为代表的为维护古典人文主义教育价值取向的传统大学理念之辩。但是不管怎样，大学理念是办学之道，而大学理念的创新者与辩护者都是大学之道的"卫道者"，其理念之争只会使得大学理

---

① 参见邬大光：《大学理想和理念断想》，载《中国教育报》，2006.6.30，第3版。

② 参见［加］比尔·雷丁斯著，郭军等译：《废墟中的大学》，北京大学出版社，2008年：第66页。

念理论体系更趋科学、理性和完善，实践模式更富个性、特色性和多样性。

另一方面，有大学以来就没有非此即彼和一成不变的大学理念。正是有了多样化的大学理念及其个性化实践，才使得大学有着可供选择的指导理论及其多样化实践模式并呈现五彩缤纷的发展样态。

（4）大学理念总是随时代和社会变迁而重构。大学理念理论是动态性发展的产物，它受制于社会变迁及其外部现代性的种种社会意识形态要求。

第一，作为一种社会机构，大学发展必须顾及经济社会发展的逻辑或规律，否则它将无法生存。因此，20世纪以来，特别是伴随着知识经济时代的到来和大学进入社会发展的中心，人们将大学与社会之间的和谐关系研究纳入到大学理念理论体系建构及其国家发展和世界竞争的现实战略设计中。

第二，任何时代的大学理念，总是代表着当其时的大学精神情感诉求。比如，洪堡和费希特的大学理念，代表着大学办学传统处于危机时刻人们企盼大学重生的新人文主义的科学理性精神诉求；威斯康星理念代表着大学追求卓越及其改善发展环境的现实主义精神与实用主义情感诉求；弗莱克斯纳和赫钦斯的大学理念，则代表着大学在流连于社会服务站之中的世俗化危机时刻所呼唤的学理至上的现代人文主义精神诉求。而今日之中国大学找文化、找理念、找精神，又恰恰是中国大学在整体文化失落、精神缺失时的一种科学理性精神与人文主义情感价值诉求。

（5）构建现代大学理念成为一项世界性的文化创新和与教育理论创新活动。

第一，世界历史发展进程表明，一流国家总是与一流大学互为条件。正是认识到国家和大学互动发展的这一客观规律，研究并与时俱进地建构大学理念已经成为当今包括学者、企业和政府在内的世界性的文化创新和教育理论创新活动。而且更加可喜的是，一些后发国家在国家现代化的追赶中也开始加强大学理念的研究及其本土化理念理论体系的建构。

第二，改革开放以来，随着中国社会大转型之际，随着中国人对大学之于民族振兴和国家强盛之间关系重要性的认识，以及随着中国人积极打造世界一流与高水平大学之际，中国人开始为大学找文化、找理念、找特色和找地位。20世纪90年代以来，奋力追赶世界教育现代化潮流的中国高等教育界，展开了现代大学理念及其教育思想的大讨论，讨论的问题包括：中国高等教育的大众化、国际化与个性化、高等教育的产业化、知识创新与科教兴国使命，以及创办世界一流大学、高水平大学与中华民族振兴关系等国家重大发展战略问题，并由此形成有中国特色的现代高等教育思想理论体系。

第三，大学理念必须因时而变，因地制宜，崇尚特色。大学理念既不具有绝对性和固定性，也不灵验于任何时代或任何大学。因此，每所大学都必须因时而变，因地制宜，追求特色，这既是大学理念研究及其建构必须遵循的原则，也是各所大学理念及其理念治校的独特价值及其生命力之所在。

2. 理性主义共识上的洪堡、纽曼理念

秉承理性主义精神的洪堡、纽曼等人并以他们为代表的以认识论为基础的高等教育哲学观，使得以学理至上的以为科学而科学和为学术而学术的思想价值观重新回归大学理念。

（1）近代以来的大学理念及其理念治校的历程表明，洪堡、纽曼的大学理念及其实践模式在本质上具有同一性，即学理至上、大学自治和学术自由，而这也正是洪堡、纽曼的大学理念及其实践模式所具有的历史合理性、时代进步性与文化保守性的根本标志。

（2）洪堡、纽曼等人的大学理念虽然都建立在学理至上的认识论的高等教育哲学观上，但由于旨趣不尽相同而导致两者在大学理念认识及其实践模式上有所侧重。

如果说以新人文主义思想为宗旨的洪堡大学理念稍倾斜于政治论的高等教育哲学观的话，那么以古典人文主义思想为宗旨的纽曼大学理念则更侧重于坚守传统认识论的高等教育哲学观。

（3）之所以说洪堡的大学理念稍倾斜于政治论的高等教育哲学观，是基于洪堡的大学理念中所坚持的强烈民族主义和教育与科学救国兴国的文化主义意识。而这一文化主义意识形态及其实践导向，正是判别以柏林大学为代表的德国新大学运动所呈现的理念愿景与实践形态的现代性价值之关键。

3. 与时俱进与标新立异的美国大学理念重构

（1）文化交流与西学东渐。如果说从中世纪到近代以前的大学理念发展史是一部区域性的文化交流史，那么近代以来的大学理念发展史则是一部文化西学东渐史。

第一，柏林大学理念及其成功实践，使德国的现代大学运动之火从西半球的欧洲燃烧到东半球的美国并衍生于世界，自治、自由、为科学而生活的现代大学理念成为世界高等教育发展的主导思想。

伴随着美国大学的崛起和称雄世界，从"霍普金斯之火"到"威斯康星之风"，美国的人文主义大学理念、科学理性主义大学理念和实用与功利主义

大学理念轮番亮相并交相辉映，引领着自20世纪以来直到今天的世界大学现代化发展潮流，"美雨"由此取代"欧风"而主导着世界高等教育的发展路向。

第二，美国大学的理念理论建构及其实践模式发展表明：大学理念理论从产生、传播到发展，从共享到重构，都源于创设者和享用者的相互采借，理念之有普适性，就在于它本身所具有的开放性文化特质。没有大学理念的相互采借、沟通和独立自主创新，就没有学者、学科、学术的发展与繁荣，就没有大学理念研究的发展、理念理论体系的创新及其实践模式的创新。

（2）一百多年来，美国的大学理念及其实践早已越出德、英的模式而生成自己的性格，即理性主义精神及其不拘一格走特色化发展道路的与时俱进和标新立异态度，以及求新、求异、求实的现实主义追求。美国大学理念研究及其重构以及理念治校之所以如此成功，原因在于以下社会历史条件。

第一，将探索深奥知识和发现真理作为大学最高理念的专家学者，遇到了众多的支持并遵循它们的知识实干家，从而使学理型大学在为学术而学术、为真理而真理的辉煌奋斗中赢得崇高的学术声望和社会地位。

第二，以威斯康星大学为代表的一大批赠地学院大学，将坚持理性主义高等教育哲学观的德国大学认识论注入实用主义的哲学思想，形成了新形势下的强调以政治论为基础的现实主义高等教育哲学观，它标示着大学理念所蕴涵的哲学认识重心从开启心智、培养理性到装备"心灵"、发展精神力量再向注重实科、实学和实用方向的倾斜。

第三，走特色化发展之路是美国大学理念理论重构及其理念治校成功的关键。在对"英国模式"和"德国模式"加以兼容改造和重构之后，指导美国大学发展并形成不同于他国的鲜明样态：从个体看，研究型大学学术兼容、理用兼备，以求学、求理和精英型教育为主；普通型大学学术兼容，以求术、求用和应用型教育为主。

正是秉承实用主义精神并执著于个性化、特色化的发展理念，使得世界上没有任何国家的大学像美国大学那样，无论是研究型大学还是普通型大学，都有着如此强烈的"出手"意识及其超强的出手能力，并演绎出一个又一个令世人赞叹的"硅谷"故事。

大学理念理论演进到今天，世界上任何国家的任何大学都认同并积极追求集三个功能完美于一身，尽管它们由于各自的社会定位及其在实施过程中在完整程度和侧重点上各有不同。

4. 理念理论与实践模式的当代重构

从以人为中心到以人与人、人与社会、人与自然和谐共荣。

伴随着千年复杂的社会变迁和大学理念转型进程，大学生成四种实践形态：宗教教义大学、研究型大学、社区大学和企业型大学，它们或为教会服务，为学术服务，为公众就业服务，为国家政治和经济社会发展服务。不过，大学理念转型及其理念治校生成的种种实践形态，都具有其历史的合理性、社会的现实性和时代的进步性。

（1）从历史到今天，大学无论以何种形态出现，其运行主旨总是以人类自己为中心。基督教大学的宗旨是为教义教会服务，其理念的中心是关注人类灵魂的价值；研究型大学以精细化的科学探索更是加剧了对非人类世界的功利性价值观，因而并没有改变传统大学的"人本主义"性质；社区大学增加了对自然界和社会的兴趣，但它显然是围绕着人的"需求"的功利主义价值观来实用地看待世界；企业型大学是世界上最为否定价值的高等教育形式，因为它把人和自然界都视为功利性对象，物质是资源，人力也是资源与资本。于是所有资源都成为它的工具价值——商业价值的限制。①

（2）一种以人、社会、自然界和谐发展的文化觉醒及其大学理念重构与实践模式的更新。从中国的传统和合文化看，无论现行哪一类型的大学，都不足以达致学校乃至于世界的和谐。因此，大学必须实现新的理念重构和转型——从关注政治价值、经济价值到关注文化道德价值和美学价值，从关注人的生命发展价值以及大学和自身所依托的文化教育系统、人类社会系统和地球自然界系统的整体生态化共荣格局。

有鉴于此，当代大学理念必须注入全新的文化价值要素——它既不以人类为中心，也非二元或虚无，而是以一种植根于价值的道德性判断，肯定地球上所有人和生物、人与自然的共生价值与和谐价值。办绿色教育和办绿色大学顺理成章地成为当代大学理念的新价值要素，根据这一赋有全新价值要素的理念及其宗旨，大学将在目标、使命与责任上产生新的追求。

三、大学理念变迁的历史性成就及其问题

大学文化之强盛、之高雅，基于大学特有的两个品性：一是毫不动摇地忠诚理念并执著于理念治校的哲学信仰；二是始终致力于在传统与现实变革之间

---

① 参见杨桂青：《另一种教育的可能》，载《中国教育报》，2005.4.28，第12版。

持续开展理念理论重构和实践模式的创新。

1. 历史性成就

（1）理念及其理念治校的普世化。伴随着大学的地域性特点与封闭性特征消失，大学理念理论以文化符号形态走向社会，走向世界；与此同时，以理念及其科学理论治校成为普世化的大学行为取向。

（2）理念理论发展的社会化和公共化。在社会发展的历史长河中，伴随着大学逐步走出高深莫测的知识象牙塔，大学理念中的平民教育思想要素和社会公共意识日益趋强，大学成为追求社会公共性作用及其社会价值的文化与科学知识共同体。

（3）理念研究及其理论建构更趋理性。大学在社会适应性日益增强的同时，理念理论更趋理性。追溯大学的发展历程，可以深切地把握到大学理念研究及其理论建构的脉络：由因应自身发展逻辑和规律而遵循学理至上的自由主义生存哲学，由因应社会发展需求而遵循实用主义的现实主义生存哲学。选择何种生存发展哲学，各所大学越来越理性地依自身条件与特点而定。大学生存发展方式的种种变化表明，大学在社会适应性日益增强的同时，理念研究及其理念理论建构和实践模式设计更趋理性。

总之，经历着不同时代和社会变迁，经受着各个集团、各种流派、各方利益错综复杂的思想交锋、观念碰撞、文化交汇及道路选择，大学理念理论及其实践模式不断实现着与时俱进的嬗变。

2. 现实性问题

针对大学在社会变迁进程中所出现日益深入社会生活的状况，近代著名英国教育家怀特海敏感地发现并忧虑地指出这种世界性的大学发展趋势及其存在的危险：由于对大学服务于国家时应起的主要作用缺乏广泛的了解，大学的基本作用可能会遭到破坏。

综观大学理念建构与重构的历史进程，当社会对大学的社会作用发出种种挑战时，尽管向来以自治、自由为宗旨的大学理念决不会为媚俗而放弃真理的追求，但在强大的社会影响面前，又势必作出某些必要的精神牺牲。这一历史性和普遍性现象说明，大学的理念建构、路向选择及其实践成败并非完全由自身所能决定。

（1）理念重构：内在逻辑与外在逻辑。理念归理念，现实归现实。大学理念总是社会现代性的产物，即大学总是按照社会发展的现代性逻辑惯性行事。

第一，现代性逻辑。德国著名社会学家韦伯在《学术作为一种职业》的演讲中指出，人格原则一度是大学通过科学进行教育（教化）的基础，但时下正日益被"客观性"所取代。

在他看来，现代科学只是西方"理性化过程"、即我们的世界通过科学和科学定向的技术在思想上理性化构成的一小部分，它只有在它的进展中才有意义，它参与了世界的"去魅化"，它把存在的东西归结为没有内在意义和规范力量的纯粹事实。这种科学因此也没有意义和价值取向，它不可能是洪堡意义上的教育或教化。因此，一切教化的因素日益从科学教育（其实是科学知识传授）中销蚀是现代性的必然现象。

第二，社会需求逻辑。作为一种社会机构，大学必须服从社会市场、经济发展和资本增值的逻辑。这种逻辑要求大学的教学与科研越来越密切与需求、资本和权力结合在一起，要求大学教育越来越以符合效率与效益的要求为准绳，否则它将无法生存。

在这种历史的总趋势下，以明明德和新民为最高宗旨的教学目标往往为谋生吃饭的功利目标所左右和干扰。所以美国学者哈瑞·刘易斯在其《失去灵魂的卓越——哈佛是如何忘记教育宗旨的》一书中指出，经济动机成为"象牙塔"教育的主题，人们已经忘记了教给学生人文知识并怎样成为人；忘记了家庭经济困难的学生与家庭富裕的学生接受教育的目的是不一样的；忘记了如果没有公民的自由理念，大学就无法教会学生认识自身与社会、与全球的关系这一道理。

第三，世界大学理念理论体系总体看是沿着两方面的现代性逻辑惯性建构。

一方面，大学理念应该也必须遵循并阐释自己的内在逻辑与规律发展；另一方面，应答社会发展提出的种种问题和挑战，也是大学现代性的特征及其现代生活的逻辑。只要大学被看做知识创新的重镇以及它也堪任这一使命，大学理念便势必注入外部意识形态。

（2）理念选择：零距离还是等距离？20世纪以来，随着国家现代化和经济全球化及其高等学校在世界各国中战略性地位的持续提升，大学理念失衡及其社会角色肢解的现象更加强化。

第一，大学的职能向来被认为应当是教学与科研相结合并兼及服务。但是一个多世纪以来，大学的教学、科研与服务三种职能在效率效益第一的社会功利化目标驱动下被肢解。大学在屈从并忙碌于应答社会要求的过程中，服务职能日趋强化，本体职能却日益弱化，大学与社会之间日渐趋于零距离。

第二，由于市场导向和经费困扰，能够赚钱的功能（教育服务、专利转让）被日益强化，教学科研活动的商业化味道将越来越浓。从学科看，重工商轻文理；从学术看，重应用轻基础；从学者看，重科研轻教学。热门学科或搞应用研究的教授，有可能像摇滚歌星那样被众人吹捧，并被机构代理；而基础教学教师少酬劳、基础研究学者有风险则被冷落。

第三，反思。美国著名高等教育学家弗莱克斯纳对大学在走向社会的过程中所发生的种种异化现象深恶痛绝，他在其 1930 年代发表的名著《现代大学论》一书中反思道，"在一个头脑发昏、大师匮乏、缺少标准和向四处插手的大学里，文化不可能繁荣"①。大学服务社会的最好形式应在于"出书"，而非"出手"。

1994 年，美国学者哈威·布鲁克斯在《研究型大学面临不满》一文中，反思现行异化的大学理念及其理念治校的结果后归纳出七大弊端：寓于学科组织教学，不适宜解决社会问题，也不对学校、学生以及投资者负责；重科研、轻教学，特别是轻本科教学；大学科研对社会需要反应迟缓；大学没有充分利用现代信息技术和认知心理学的研究成果改进教学；大学服务泛化，尝试做太多的事情，结果并不令人满意；大学人事上的终身制不利于激励人们奋发向上；大学的非智力领域的忽视导致学生人格的非和谐发展。

第四，通病。今天大学的一些根本问题，如大学被金钱和权力支配、教育商业化、本科教育空洞化、基础理论尤其是文科基础理论研究萎缩、分数贬值、师生之间缺乏深入的交流甚至没有交流、学术腐败与学术垃圾泛滥，等等，这些都反映着思想认识和理念选择的偏差，它不是中国大学的"地方病"，而是全球大学的"流行病"。②

日本教育家永井道雄曾由此告诫人们：要警惕现代大学的危机，当大学的教育和学术上过于贴近社会的时候，大学的创造性就会枯竭。

（3）理念研究与理念理论话语权：中心化与边缘化。20 世纪以来，正向全球化进程中的世界发展呈现分化一样，大学发展的分化现象也日益严重，在一些优质大学走向社会中心的时候，一些非优质大学则受到社会冷落并在社会

---

①　参见［美］亚伯拉罕·弗莱克斯纳著，徐辉、陈晓菲译：《现代大学论》，浙江教育出版社，2001 年：第 126 页。

②　参见张汝伦：《大学之道和现代大学教育的缺失》，科学网电子杂志，2009 年，第 118 期。

边缘徘徊；与此同时，大学理念研究及其理论话语权也在发生着中心化与边缘化的两极分化。

第一，一部分所谓世界公认的一流或知名大学主宰着世界高等教育的发展潮流，而另一部分边缘大学则始终是中心大学的追随者；与此同时，前者主导着大学理念研究及其理念理论的话语权，而后者只能是大学理念研究及其理念理论的追随者和诠释者。

第二，占世界绝大多数的发展中国家的大学基本上都是边缘大学，尽管它们在本国发挥着重要作用，但它们在世界大学大家庭中因没有话语权而不得不遵循并效行发达国家的大学经验和模式。此如美国波士顿学院著名高等教育学家 P. G·阿尔巴特所指出的，第三世界大学面临着一种奇妙的悖论：从国际范围来说，它们是边缘大学，在许多方面都依赖并效行国外大学；而与此同时，它们在本国却处于中心地位。

第三，大学理念研究与理念理论创新已经成为当今世界性的文化活动，但由于研究起点低，加上资金匮乏，发展中国家的大学理念研究及其理念理论发展要从边缘进入中心比以往要困难得多。

四、理念创新：理想与现实之间

自 20 世纪 30 年代以来至今，随着大学理念论战的深入，"以人为本，真理至上，持续发展，走向社会"的完整表述为当代大学理念理论体系的重构赋予了新的时代内涵。

1. 要素改变与高等教育哲学观及其大学理念的重构

从根本上说，大学理念反映着大学的生存哲学。20 世纪以来至今，两种高等教育哲学观的论争与竞争、平衡与倾斜表明：一种代表着传统的遗产，一种则代表着时代的动向；一种代表着传统的理念范式，一种则代表着大学的现实诉求。

（1）两种高等教育哲学观的平衡与倾斜及其两种办学模式的并驾齐驱。美国著名高等教育哲学家 J·S. 布鲁贝克在 1982 年出版的《高等教育哲学》一书中，深刻地分析了高校发展中两种高等教育哲学观与两种办学模式并驾齐驱的社会历史原因。

第一，"在 20 世纪，大学确立它的地位的主要途径有两种，即存在着两种主要的高等教育哲学，一种哲学主要是以认识论为基础，另一种哲学则以政治论为基础。"

认识论哲学基础上的大学理念强调"学术的客观性"和"价值自由",而政治论基础上的大学理念则强调"政治目标"和"为国家服务",两种哲学认识论基础上的大学理念在指导现代大学实践模式的设置历程中冲突不断,或此消彼长,或"并驾齐驱"。①

第二,生活在现代社会里的大学,一方面应在不受控制和干扰的情况下开展教育与学术活动,另一方面大学又要对社会发展做出即时性的贡献。由此,现代大学必须将自由教育与专业教育协同并举、自由的学术活动与服务的学术活动并行作为办学指导原则。

但是,并举、并行只是一个指导原则,每所大学在选择自己的理念路向及其发展模式时,都应以自身的资源条件进行个性化定位。

(2)新知识论的政治论与高等教育哲学观及其大学理念的重构。20世纪中叶以来,随着知识经济形态的逐步确立,新知识论的政治论引发高等教育哲学观及其大学理念的重构。

第一,伴随着科技革命的蓬勃兴起,承载知识与人才优势的大学日益成为民族思想智慧和国家科学技术创新的策源地。具备什么样的知识与智慧,教与学的质量如何,已经成为知识社会中的中心议题和中心政治问题。知识的获取和传播正在占据知识社会的政治领域,就像财产和收入的获得和分配已经占据社会的政治领域二三百年一样。由此,知识论赋予政治论的高等教育哲学观以新的思想要素,并由此相应地重构着大学理念理论。

第二,新知识论得到学界认同。比如,布鲁贝克指出,知识经济时代,知识论应该成为大学存在的哲学基础:大学教育思想以知识为核心演绎;大学以知识创造地而从社会边缘走向社会的中心,成为国家民族进步的动力支柱;坚持科学主义与人文主义并重的价值观,实现大学推进社会进步的新使命。

中国著名高等教育学家潘懋元先生持有与布鲁贝克基本相同的见解。他认为,在知识经济时代,知识被纳入生产函数之内,成为生产函数的内部因素而不是外部因素。换言之,知识、科技能够自行增值,因此传递与创造知识、科技的高等教育,其社会功能及其价值应当重新评价。

(3)新资本论的政治论与高等教育哲学观及其大学理念的重构。随着社会新经济发展形态的确立,经济学家的人力资本论和社会学家的文化资本论成为影响高等教育哲学观和大学理论理论重构的又一新要素。

---

① 参见［美］约翰·S. 布鲁贝克著,王承绪等译:《高等教育哲学》,浙江教育出版社,1987年:第12~18页。

第一，以美国著名经济学家舒尔茨为代表的人力资本论认为，人力资本已经取代物质资本的地位，成为经济增长的新动力。任何民族与国家之间的竞争优势实质在于人力资本的优势，教育的使命在于，以发达优质的教育造就和积累丰厚的民族人力资本。

第二，以法国著名社会学家布迪厄为代表的文化资本论认为，文化资本有不同的民族形式，但所有民族都有文化资本形式；文化资本具有货币资本的性质，它是交换社会资源的资格与条件；拥有文化资本便能在民族社会整体中拥有更高的经济与社会地位；文化资本的多寡是决定各个民族与国家之间进行对话和竞争的前提条件。

新资本论与新知识论一道构成新的政治论内涵，左右并影响着当代高等教育哲学观及其大学理念理论重构的时代走向。

（4）"创一流"的大学理念及其政治论批判。20世纪90年代以来，世界各主要国家掀起了一股争创世界一流大学的潮流。"创一流"，这个源于早年美国霍普金斯大学的大学发展愿景，在以新的政治论认识论要素注入当代大学理念后流行于世。这一最新现象引发一些学者的不同意见。

第一，在美国学者大卫·科伯看来，"一流"只是一个空洞的能值。争创一流，只能使大学理念徒增更多的政治论色彩，大学发展必定更加趋于公司化、社会化和政治化。如果大学在社会市场的压力下，完全屈从于所谓"一流"标准的量化，那它就跟企业公司无异，师生也不再是传统意义上的学者，而成为"学店"的商人与顾客。如此而来，一流的标准将会彻底抽空大学的文化与学术内涵；一流的争创将会彻底抽空大学所谓文明遗产，大学人不再需要"吸引他们的伟大思想，有的只是自己和他们的生存需要"。①

第二，加拿大学者比尔·雷丁斯就"创一流"也进行了批判性揭示：现代大学的理念已经由康德的理性理念、洪堡的文化理念变异为当今争创一流的技术——官僚体系理念。

在雷丁斯看来，"一流"有如货币，既不真实也不虚假，既不无知也不自觉；"一流"不是一个确定的判断标准，而只是一种尺度。一流唯一的优点是完全没有内在的意义，或更准确地说，没有所指②。因为量化指标既不可靠，

---

① 参见［美］大卫·科伯著，晓征译：《高等教育市场化的底线》，北京大学出版社，2008年：第280页。

② 参见［加］比尔·雷丁斯著，郭军等译：《废墟中的大学》，北京大学出版社，2008年：第21页。

也不是任何一个想成为一流大学的充分条件。

在雷丁斯看来,"争创一流"只能使大学的文化使命被消解,而强烈的市场表现欲扩张使之更趋同于公司化。因为思想活动及其思想活动所激活的文化,正在被对一流的追求及其绩效指标所替代。在争创一流的理念左右下,大学越来越走向公司企业的会计式量化管理。在日益进入市场竞争体系的过程中,大学的文化诉求与精神境界日益式微。

大学一旦失去文化与精神向心力,它就会更像一个传统社会的戏班子,一个由老板(学校领导者甚至学者)、演员(教师)、学徒(学生)、观众(社会)和"黄牛"(教育掮客或学校经纪人)共同拼凑起来的戏班子!

第三,面对流行一时的争创一流造势,不少中国学者亦持有不同见解。在一些学者们看来,争创一流和追求卓越本身没有错,但如果由此使高校走入计量化管理和指标化跃进的歧途,则会背离一流和卓越的本来价值。

当前,国际上在评价一所大学学术地位时,热衷于获得诺贝尔奖的教师有多少、获得诺贝尔奖的校友有多少,在 NATURE、SCIENCE等刊物发表论文多少等指标。

前不久,中国中央教育科学研究所高等教育研究中心推出"卓越"大学的绩效排行榜指标:当量在校生数、当量学历在校留学生数、百篇优秀博士学位论文数、国内学术刊物发表论文数、国外学术刊物发表论文数、国际学术会议提交论文数、出版专著数、国家最高科学技术奖特别奖数、国家三大科技奖一等奖数、国家三大科技奖二等奖数、省部级科学研究与发展成果奖数、国家级项目验收数、鉴定成果数、发明专利授权数、技术转让与当年实际收入金额、专利出售与当年实际收入金额等 16 项指标评价。①

试问,上述中外会计式计量出的指标数据,是不是就一定能界定大学或实现大学的"卓越"呢?

2. 大学理念的现代重构与创新

大学理念的现代重构与创新成为世界性大学文化建设的重要组成部分和大学实现可持续发展的基础工程。

(1)世界上任何一所大学从初创到成功,再从成功走向成功,都依靠一套完整的理念体系——愿景、价值观、使命。作为大学组织文化的核心部分及其大学文化建设的中心任务,当代大学理念的建构应从以下五个层面展开,笔

---

① 参见熊丙奇:《追求卓越是大学的灵魂吗?》,搜狐博客,2009.12.30。

者将这五个层面概括为五个"W"。

第一个"W"是 Why（为什么）。为什么要倾心打造世界高水平的大学？这是大学文化建设的一个非常重要的问题，它是给组织成员倾心倾情于教学科研事业编织一个美好的理由、理想与远景，由此凝聚人心，汇聚人气，共图大业。

第二个"W"是 What to do（做什么）。做什么和不做什么，有所为和有所不为，是任何一所大学为取得事业成功并从成功走向成功这一过程中，在审时、度势、定位与导向方面所必修的课程。

第三个"W"是 For whom（为谁）。For whom（为谁）是大学发展的核心问题。或者说，这是一个事关大学发展的境界与前途的问题。

一方面，欲做品牌学校，必先做品牌事业。任何一所大学都必须以优质教育服务与优异学术事业赢得社会声望与地位。另一方面，任何一所大学都必须以公平、正义的教育发展和学术创新"为子孙后代服务"，为社会造福，为教...E 杂志友表论文多...个可持续发展的内外部环...

第四个"W"是 What is the most important（什么是最重要的）。毫无疑问，学校成员（特别是教师与学生）的全面与优异发展，教学与科研、学科与学术的优质与可持续发展是最重要的，这是学校一切发展的逻辑起点与归宿。

"风物长宜放眼量"。大学理念的高远，在于其不仅激励与引导学校员工发展的可持续，教学质量与学术创新的可持续，学校事业的可持续，而且在于大学的一切工作与成就确保民族国家发展的可持续。

第五个"W"是 By whom（靠谁）。学校发展依靠谁？一要相信和依靠自己的知识与智慧，二要相信和依靠全体员工的共同智慧与奋斗。

一方面，"人之初，性本上"，人人皆有上进心，人人皆有责任心，学校的一切工作在于以大爱之心，爱才、惜才并倾心倾情地用好才。

另一方面，"人之初，性本惰"，大学要善于以理想与制度来激励和约束领导与员工，让全校上下在组织发展与团队成长的过程中，展示每个人的个人价值，提升组织的社会品牌价值。

（2）世纪之交和进入 21 世纪以来，人们在理性把握并平衡大学的三种职能关系及其重构科学合理的现代大学理念理论过程中，特别是诸多世界著名大学校长在中国政府和高等教育界组织的数次大学校长论坛上所围绕两种教育哲学认识论进行积极而深沉的反躬自问过程中，获得以下五个方面的大学理念理论的新智慧。

第一，在教育理念上，坚持高等教育普及化与英才教育精英化的有机统一，坚持从有教无类向因材施教扩展，实现从有教无类到更高层次的因材施教——有教有类、各类分享的新型民主化教育理念的转型。

第二，在办学理念上，坚持以人为本的立校原则，坚持教学科研二元并重原则下力求教学与科研二元地位的有机统一，教学科研第一前提下的教学科研与服务社会的有机统一，求理求学宗旨上的求理求学与求术求用的有机统一。

第三，在教学理念上，坚持生命哲学下的精神成人教育，坚持从单向灌输式向人本互动发展式的理念转型，坚持教师专业发展与学生全面发展并行不悖。

第四，在人才培养理念上，坚持探索高深学问与实用专门技能的有机统一，专才专业教育主导下的专才专业教育与通才通识教育的有机统一。由此，通过人文修养、科学修养和技术修养的整合化教育，培养人性健康、人格平衡与素质协和的理性公民与社会人才。

第五，在学科发展理念上，坚持学校定位与学科特色化发展道路，并在特色化发展中确立学科地位及其优势。

第六，在学术发展理念上，坚持为真理而真理、为学术而学术的宗教信仰般（敬畏、使命、责任）学术活动宗旨，坚持既关注脚下又仰望星空的学术发展价值观，并在特色化发展中确立学术地位及其优势。

理念清了，方向明了，行为便理性了。世纪之交以来的大学理念重构与创新表明：大学的生存之本在于教育服务，在于成就人与发展人；在与学术创新，在与发展自己并造福社会。在探讨大学学术本位与社会本位的关系问题时，人们不能忘记了大学功能的原始命意——教书育人；不能忘记了社会发展的归宿——发展人。未来的大学理念及其办学实践，必须坚持既关注脚下、又仰望星空这条思想主线，坚持以人为中心、以科学为中心和以社会为中心的三种价值观的有机统一。三种价值观的有机统一并不表明它们是平行关系，而是在努力追求前两个价值的前提下实现第三种价值。

第三节　中国大学理念理论体系的现代建构与当代重构

破解被称之为"钱学森之问"的关键，首要的在于抓住加强中国大学的现代性建构这把钥匙，而现代性的建构，关键又在于建构现代性的高等教育哲学及其大学理念，从而形成与时俱进的现代大学发展战略及其实践模式。

一、现代大学理念之建构

在中国，大学的说法及其对大学的思想认识古已有之，但现代性的大学理念研究及其建构则发端于晚清而形成于大陆民国时期。

1. 大学之道

（1）大学理念的中国之解。两千多年前的中国就有了大学的认识及其说法，并逐步形成中国人的大学理念——大学之道。

《大戴礼记·保傅篇》记载，"古者八岁出就外舍，学小艺焉，履小节焉。束发而就大学，学大艺焉，履大节焉"。这是中国人关于大学的最早认识及其表达。后来的《礼记·大学》提出了大学之道，即开篇的那几句："大学之道，在明明德，在新民，在止于至善。"《礼记·学记》中对"大学之道"的解释是，"九年知类通达，强立而不反，谓之大成；夫然后足以化民易俗，近者悦服，而远者怀之，此大学之道也"。

在东亚国家中，日本最早用"大学"一词来翻译西方的 university 并创办了大学。这种具有现代意义的大学认识及其实践，经由留学日本的学者带回国内后，为中国现代大学从理念到形制的发展奠定了理论与实践的基础。

（2）梅贻琦的大学之道新解。中国现代著名高等教育家、前清华大学校长梅贻琦先生在其发表于《清华学报》1941 年 4 月第 41 卷本中的文章中，就大学理念问题发表自己的新见："今日中国之大学教育，溯其源流，实自西洋移植而来，故制度为一事，而精神又为一事。就制度言，中国教育史中固不见有形式相似之组织；就精神言，则文明人类之经验大致相同，而事有可通者。"[1]

第一，求知、进德、新民，这可以说是梅贻琦先生对中国古人关于"大学之道"的精辟再解。在梅贻琦先生看来，从制度上说，中国大学的产生虽然是近代的事；但从精神理念上讲，中国大学却有着千年的历史传统，古代典籍中的大学及其"大学之道"，其说法并不相互抵牾，"知类通达，强立不反二语，可以为明明德之注脚，化民成俗，近悦远怀三语可以为新民之注脚。"

梅贻琦先生指出，"今日之大学教育，骤视之，若与明明德、新民之义不甚相干，然若加深察，则可知今日大学教育之种种措施，始终未能超越此二义

---

① 参见刘述礼、黄延复编：《梅贻琦教育论著选》，人民教育出版社，1993 年：第 99 页。

之范围"。大学各系科学术的传授和研究，固然可以格物致知功夫目之，课程以外的学校生活，以及师长持身、治学、接物、待人之一切言行举措，也对学生格致诚正的心理生活不无裨益。而人文科学、社会科学学科的设置，学生课外的社团活动，以及教师以公民资格参与社会的种种活动，学生的实习，树立一种风气，等等，都对学生将来离开学校，贡献于社会有所抱注。"此又大学教育新民之效也。"

第二，梅先生并不认为中国古人的大学之道与现代大学无关或最多间接有关，但是认为它表达甚至也可以作为现代大学之理念。在梅先生看来，今日中外之高等教育的诸多弊端，恰恰是偏离了上述大学之道，或者我们今天所说的大学理念。

2. 现代大学理念之兴

当我们今天谈及大学理念时，不必言必称欧美，但明德、止善、新民和求学求仁的传统大学之道远不能构成现代性的大学理念理论体系。

随着 19 世纪末 20 世纪初现代高等学堂的建立到 1949 年的这段历史时期，以蔡元培为代表的一批大教育家和大思想家们悉心研究、科学诠释并充分展示各自的教育思想、理念与风格，经数十年的实践、修正和完善，初步形成并奠定了具有中国特色的、基本系统的现代大学理念理论体系。

由于中国的现代性大学一起步就与贫穷、落后和挨打的国家共命运，因此教育救国救民的功利主义思想始终贯穿于大学发展的全部历史进程。

（1）兼容并包，普适主义。秉承"万物并育而不相害，道并行而不相悖"的中国和合文化传统，兼容并包与普适主义的大学理念要旨在于：一是各派学说观点及学科内容的兼容并包；二是各类各派学者、专家的兼容并包；三是各种教育思想的兼容并包。三者互为逻辑、陈陈相因。

（2）学术第一，学理至上。即大学以治学为宗旨，为学术而学术，而不得为"治术"功用所累。一个民族或国家要在世界竞争中立得住脚，必须以学术为基础，凡学术昌明的国家没有不强盛的；反之，学术落后和知识蒙昧的民族，没有不贫弱的。

（3）开放办学，育才第一。一是开放办学，中西兼容；二是学术自由，唯才是举；三是主精英教育，养硕学闳才。

何为硕学闳才？一等品行、一等学问之一等人才也，"宏、厚、精、深、新"五方面要素和谐发展也：宏，广闻博学，此为创造之才之基；厚，基础扎实，根深叶茂；精，由博返约，略知百行，专精一行；深，以精为础，究本穷源；新，学无止境，恒于创新。

如何培养硕学闳才？实施文理渗透、兼容并蓄的通识、通才教育和人的全面发展培育，即求知进德，新民兴国；博雅通识，文实一体；体育健身，文化强心；经世致用，造福桑梓。

（4）大学自治，民主治校。具体体现于以下三方面：一是学校独立，教育家治教，设置理事会领导下的校长负责制。二是求知进德，杜绝形形色色的封建奴化和工具化教育。三是依法治校，无为而治，崇尚"三无"的管理价值取向，即：无智、无能和无为。

在蔡元培看来，大学既不是企业，不是政府，更不是军队，而是一个自由自在的学术创造空间。校长的职责在于把最好的教师和学生吸引到学校来，让大家在这儿愉快地学习和愉快地创造。"无智"，是说不要用你的想法去代替别人的想法，大学是一个学术自由的地方，应该让不同的学派都发挥作用，有一席之地；"无能"，是说能而不举，不要觉得你比谁都行，不能把自己当成高高在上的一校之长；"无为"，是说无为而无不为，有所为有所不为，校长主要抓学校应该办理的大事，比如发展规划与筹谋人才和钱财。

梅贻琦主政西南联大八年，他将管理经验总结为"八年之久，合作无间；同无妨异，异不害同；五色交辉，相得益彰；八音合奏，终和且平"。正是得益于他一以贯之的民主法治管理，使得具有不同历史、不同学风、不同制度（国立、私立）的三所名校，成为中国非常时期学术创新和人才辈出的洪炉。

上述五项中，第一项是何为大学的组织观，第二、三、四项是大学为何而立的发展观，第五项是大学何以为立的运行观。

3. 理念治校成功的意义及其反思

自"大学"这一拥有现代含义的高等教育形制引入中国后，表现出了强劲的后发之势，无论国立，私立，或是教会大学都如雨后春笋般成长。从建立到初具规模，用了不到 50 年的时间，许多高校已经成为国内一流、世界知名的大学，例如，有号称五大名校的北大、清华、浙江大学、武汉大学和中央大学；有工科翘楚的北洋大学、交通大学；有私立闺秀的南开大学、厦门大学；还有一度达到世界一流办学水平的教会大学如燕京大学、金陵大学、圣约翰大学，等等。

1941 年清华大学在成立三十周年之际，收到了国外"中邦三十载，西土一千年"的贺电。1948 年，英国牛津大学致函国民政府教育部，确认包括国立北京大学、清华大学、中央大学、浙江大学、武汉大学、私立南开大学以及协和医学院的文理科学士毕业生成绩平均在八十分以上者，享有"牛津之高级生地位"。

为什么当年的大学办学能够有如此骄人的成功与辉煌？关键在于诸多教育家们有着与时俱进的大学理念及其先进制度设计，再加上辛勤实践与勇于创新，以及政府和社会一定程度上的开明与支持。

（1）得益于一批有先进思想并勇于实践先进思想的弄潮者。大学初创时期，最需有好的设计者与建设者，这些设计者和建设者应该有着把握局势的卓识远见、教育兴国强国的责任与使命，以及海纳百川的文明诚意。中国现代大学起步时期的幸运就在于，它们的设计者与创办者们基本上都具备上述优秀品格。

第一，20世纪初，最早承担传统教育向现代教育转型职责的，既是一批进士或举人出身的传统士子，又是一批学贯中西、有先进思想并勇于实践先进思想的教育思想家和改革家。比如北大校长蔡元培、南开大学创始人严修、南洋大学堂校长唐文治、交通大学校长叶恭绰，以及光华大学校长张寿镛，等等。中国近现代大学发展史显示，这是一种较为既奇特、又普遍的现象。

第二，这些人既有坚实的中国文化底蕴，又有扎实的西方文明素养；既有开明的勇气和骨气，又有创新的底气与智慧，因而国外一走，他们就能敏感地把握并跟进世界高等教育发展的潮流。严复留学英伦，蔡元培多次赴德赴欧考察，学得欧风；梅贻琦、蒋梦麟、胡适留美，带回美雨。

第三，这些人从一开始就居于办教育、办学校的主导地位：严复，北大第一任校长；蔡元培，先后做过政府教育部长、北大校长和中研院长；蒋梦麟，先后做过北大校长和政府的秘书长；梅贻琦，先后荣任清华大学校长和西南联大校长；傅斯年，做过北大校长和政府教育部长，如此等等。

作为教育家和教育决策者，他们的教育思想、办学理念及其教育政策，不仅为中国现代大学理念理论体系奠下了基石并影响了中国现代高等教育的发展路向，也为大学发展奠定了科学、理性并能带来成功的实践模式。

一方面，他们秉承教育救国理念，审视传统，力开未来，辛勤耕耘，为创办中国自己的现代大学进行着坚持不懈并卓有成效的奋斗，使中国大学进入了一个理念研究及其理念治校的辉煌时代。

另一方面，他们的大学理念体系总体上建立在传统认识论与现代政治论兼而有之的基础之上，执著坚持教育救国、科学救国与精英救国；精英教育与大众教育相兼；专业教育与职业教育相兼；教学与科研并重；求学求理与实用实利教育相结合等立校思想原则。

著名书评家马勇曾大加感叹，在民国时期流乱的时局下，中国的大学教育并没有就此垮台，相反却获得了长足的发展，为民族复兴保留了难得的读书种子，毫无疑问是因为那时的中国还有一批有见地、有能力并能发挥见地和施展能力的大学校长。

（2）得益于政府和社会一定程度上的开明和支持。时势造英雄，英雄造时势，这是一个相辅相成的规律。

第一，鼓励并资助多元办学。1929 年 7 月国民政府颁布的《大学组织法》规定，除国立大学外，可以设立包括教会大学在内的私立大学，与国立大学地位平等，办得好的大学，中央和地方政府给予适当的拨款补助，这是一种难得的开放眼光与胸怀。

在政府与社会的支持下，当年的南开大学、厦门大学、复旦大学、东吴大学、辅仁大学、岭南大学等，都是堪与国立大学比肩的国内著名私立大学，其校长张伯苓、林文庆、马相伯、张寿镛、陈序经等，个个称得上是一代教育大家。曾任国立东南大学校长的郭秉文回忆说，从全国范围来评论，有些教会大学已处于中国最好与最有效率的大学之列，这是因为它们兴办得较早，所以就有更大的影响与更多的优势。

第二，教育独立和大学自治的理念深入人心并以制度保证。学校就是学校，不是官府衙门，此为政府和社会的共识。当时的政府《大学组织法》规定，大学校长不得由政府官员兼任：大学校长一人综理校务，国立、省立、市立大学校长简任，除担任本校教课外，不得兼任他职。1945 年，蒋梦麟做了国民政府行政院秘书长后，马上辞掉北大校长一职。由于大学依其社会角色地位实行自治自主管理，因而学校运行较少受到政府的干预与社会的干扰。

第三，学术自由。思想自由，是世界一流大学的通例。蔡元培如是说。一切党派退出中大，抗战后担任中央大学校长的吴有训亦如是说。

当记者问到著名生物化学家邹承鲁，当时条件非常差，西南联大也不大，何以培养出那么多的人才？其回答非常简单，就是两个字：自由。

正因为如此，战乱时期的大学，普遍坚持"内树学术自由之规模，外保民主堡垒之称号"的理念，教授和校长们努力使学校尽可能保持着自由的空气，为教学营造相对宽松的学术环境，抵制了各种政府干扰和浮躁的社会风气。

（3）办学起点高。一是办一流大学、育一等人才的立校、立教目标。1912 年 10 月 24 日，时任政府教育总长的蔡元培，在其主持颁布的在中国土地上建立现代大学的第一个法令《大学令》的第一条中规定，大学以教授高深学术，养成硕学闳才，应国家需要为宗旨。

时任武汉大学校长的王世杰指出，大学不办则已，要办就办一所有崇高理想，有一流水准的大学。办一流大学，须一流师资。以梅贻琦为代表的教育家们始终坚持，师资是大学第一要素，知之甚切，故图之也之极。

二是设一流课程，选一流教材。北洋大学在建校之初，课程设置，教科书选用等方面均以哈佛、耶鲁为蓝本。交通大学出身的钱学森回忆说，1935年秋，他刚到美国麻省理工学院航空工程系学习时，发现交通大学的课程安排全部照抄此校的，连实验课的实验内容都是一样的。交通大学就是把此校搬到中国来了！无疑，当时交通大学的本科生教学属于世界先进水平。

当时的大学，重视外语程度为现在所不可想象。这在很大程度上反映与发达国家的先进教育接轨的决心和态度。由于直接选用英文原版教科书，毕业生留学英美，英语均能应付自如。这一点在诸多大学，特别是教会大学里尤为突出。

三是传承国学，强固精神。秉承既与世界先进教育接轨，又大力弘扬民族文化精神的理念，当时的大学普遍重视国学教学，规定学生必修国文。交通大学唐文治编写的《南洋公学新国文》，一度成为风行一时的国文课本。清华大学的国文一直都是大一学生的必修课。中国的国学大师基本上生成于那个时代，与坚持重视国学的教育方针和文化多元的文化方针分不开。

（4）从优招生，从严治学。一方面，大学普遍实行自主招生。秉持宁缺毋滥的原则，成绩优秀者，"虽家徒四壁，亦大加欢迎"；若考分不够，"虽豪门巨绅，亦拒之门外"。另一方面，优胜劣汰，从严治学。据《清华大学史稿》关于物理系学生学习情况记载，1929年入学学生11人，到1933年这一班毕业时，仅剩5人，淘汰率为54.6%；1930年入学学生13人，到1934年毕业时只剩4人，淘汰率为69.4%；1931年入学14人，到1935年毕业仅剩7人，淘汰率为50%；1932年入学28人，1936年毕业时仅剩5人，淘汰率为82.8%。

胡适先生当年在《谈谈大学》的演讲中曾不无感言：记得二十余年前，中日战事没有发生时，从北平到广东，从上海到成都，差不多有一百多所的公私立大学，当时每一个大学的师生都在埋头研究，假如没有日本的侵略，敢说我国在今日世界的学术境域中，一定占着一席重要的地位，可惜过去的一点传统现在全毁了。胡适先生的感言并非诳语。在中国一大批教育家们的辛勤努力下，当时的高校人才培养与学术研究活动确实呈现出良好的发展态势。

（5）承前启后，继往开来。蔡先生一干人的一生成就不在学问，而在开出一种风气，酿成一大潮流，影响现世，彪炳千秋。以蔡元培、张伯苓、蒋梦麟、梅贻琦诸君为代表的一批教育大家的独特办学理念及其治校风格开中国高等教育一代新风，他们主持的大学成为中国大学历史发展进程中最重要、最辉煌、最具影响力的大学，这些大学奠定了中国过去、现在乃至于未来的中国大学发展格局。毫不夸张地说，他们的名字及其丰功伟业已经深深地嵌入了中国高等教育乃至于中国近现代历史，直到永远。

当年曾应蔡先生之邀到北京大学讲学的世界大名鼎鼎的美国著名教育家和教育理论家杜威，曾大发感慨地评价蔡元培说，"拿世界各国的大学校长来比较，牛津、剑桥、巴黎、柏林、哈佛、哥伦比亚等等，这些校长中，在某些学科上有卓越贡献的不乏其人；但是，以一个校长身份而能领导那所大学，对一个民族、一个时代起到转折作用的，除蔡元培外，恐怕找不出第二个。"① 事实上，大陆民国时期的那些教育大家们，个个堪当杜威的美誉。

几千年前的中国出了个大教育家孔子，然而不幸的是在他成为偶像后，被千年顶礼膜拜而无人超越。20 世纪的中国终于又产生出蔡元培这样一批教育大家，但我们是否又只能继续把他们置于笔墨夸赞、史料珍藏，放在纪念馆里供人瞻仰？

郁达夫当年在纪念鲁迅时指出，一个没有英雄的民族是一个可悲的民族，而一个拥有英雄而不知道爱戴他拥护他的民族则更为可悲。那么，一个面对伟人只能顶礼膜拜却无法再超越的民族是否也令人遗憾呢？

蔡先生一干人所处之时代堪称乱世，办学条件比今日要差得多，犹能如此特立独行，创造辉煌！试想以今日之物资富足、社会稳定，再加上先辈们之卓越思想、自由精神，何愁中国高等教育后无来者？何愁高等教育事业不能更加辉煌！何愁学术不能更加灿烂！

二、社会变迁与当代大学理念理论体系重构的国内外动力

1949 年中华人民共和国的成立，揭开了中国高等教育发展历史的新篇章。但是，在政治第一、阶级斗争第一的工具主义意识形态指导下，执政党与政府以万能和正确的角色充当大学理念资源的唯一供给者，由此导致大学理念研究中断，理念治校及其理性发展之路受到严重干扰。"文革"结束后，违背科学、违背理性和违背规律的极"左"教育思想与政策垄断大学的局面开始逐步改观，这种改观可用一句话概括——还原大学。

---

① 参见刘宝存著：《大学理念的传统与变革》，教育科学出版社，2004 年：第 98 页。

改革开放三十年，中国社会发生重大变迁。这种变迁既引发社会观念的重构，也引发高等教育哲学观及其大学理念及其理念理论体系的重构。

1. 社会环境变迁对大学发展的导向

大学的发展，既受自身规律的支配，也受社会变迁的制约。一般而言，社会人口因素、文化因素和经济结构因素是影响大学发展形态的三个最重要因素。

（1）人口变迁对教育发展的影响。人口变迁，主要指人口的生死消长与区域分布和流动的动态变量关系，它会对教育发展产生直接影响。

第一，人口出生的峰期变化带来的年龄结构问题，加剧了人口与教育之间的起伏矛盾，使教育无法保持在相对稳定状态下持续发展。

中国目前已经进入到低出生、低死亡和低自然增长的人口再生产类型阶段，总人口在 2030 年前后达到峰值，为 14.39 亿人。根据预测，从 2015 年开始，中国 15~64 岁的劳动力人口在达到 10 亿之后，绝对数量才转为逐年减少。①

人口爆炸性增长和劳动力人口基数过大的结果，使就学人口急剧增加和教育需求市场急剧扩张。对于那些目前高等教育入学率很低的国家，由人口因素引起的高等教育入学压力将会持续以指数增长。

2004 年中国人口城镇化率为 41.8%，估计到 2020 年接近 60%。城镇化，地区、城乡之间的经济社会发展不平衡，都直接影响着教育布局结构的变化②。

第二，一般认为，要使一个国家在全球化中处于较好的竞争状态，高等教育适龄人群的入学率需要达到 50% 左右，发达国家基本达到这个要求，而发展中国家离这个标准则相距甚远。比如，中国每年应入学儿童均在 2000 万以上，高等教育毛入学率目前仅在 23% 上下，要满足这些人受到基本教育和受高等教育的要求，教育事业必须相应地发展。

新中国成立以来的高等教育经历过四次大发展：第一次是 1958~1960 年，在校生规模从 66 万人增加到 96 万人；第二次是 1982~1985 年，高校从 806

---

① 参见蔡昉：《失去劳动力优势，中国经济靠什么增长？》，载《中国教育报》，2006.10.14，第 3 版。

② 参见张力：《中国高教发展基本形势与若干政策》，载《中国教育报》，2005.9.7，第 5 版。

所增加到 1016 所，在校生从 120 万人增加到 179 万人；第三次是 1992～1993 年，在校生年递增 22% 和 21%；第四次是自 1998 年以来的连续大扩招，在校生从 1998 年的 643 万人迅速增加到 2005 年的 2300 万人，中国高等教育的毛入学率也同期迅速从 5% 多一点增长到 2005 年的 21%，突破高等教育大众化 15% 的基本标准。

据国务院学位办主任杨玉良披露，我国硕士生招生数已从 1982 年的 10778 人发展到 2007 年的 360590 人，年均增幅为 15.07%；博士生招生数从 1982 年的 302 人发展到 2007 年的 58002 人，年均增幅为 23.41%，大于硕士生招生数的增幅。截至 2007 年，我国累计被授予博士学位者达 24 万人、硕士学位者达 180 万人①。

资料显示，中国目前高等教育在校生人数已经超过 2300 万，规模位居世界第一。

（2）科技革命与经济形态及其产业结构变化的影响。

第一，科技革命既是经济形态变革的发动机，也是产业机构变化的调控器，还是教育发展的调控器。面对科技革命，既要解决好高科技与高端人才需求，又要解决劳动密集型产业与中低端人才需求的问题，还要解决好精英教育与职业教育的协调发展问题。

目前，中国每年提供的就业岗位约为 7.5 亿个，而发达国家所提供的就业岗位加起来也就 4.3 亿个。所以，中国面临的是全球最大的、最为持续的就业压力。这一严峻的现实，既要求高等教育长足发展，又要求各级各类教育协调发展。

第二，经济发展周期导致的投资不平衡、人才需求不平衡，引发大学教育发展的周期性波动及其社会动荡，它主要来自于两方面因素：一是经济发展质量及其结构形态，二是社会政策变动。

第三，教育与文化发展水平总是与区域经济社会发展水平密切关联。地区经济发达，文化教育事业也相对发达，成为出人才、吸引人才的中心地带，国内外皆如此。

第四，人才市场的动态性变化，引起大学教育发展的波动及其社会动荡。随着中国劳动力市场的逐步发育成熟，出现了与个人回报率相关的均衡工资概念。一个人选择受什么样的教育，不完全看政府指导性计划，而是越来越关注报酬水平。趋势表明，随着市场经济体制的逐渐完善，政府将逐渐淡出人才管

---

① 参见吴芯雯：《向中国大学说不》，网易读书，2010.2.12。

理运行系统，既不通过指令性计划也不通过指导性计划，而是基本依靠劳动力市场均衡工资水平来调节，政府只是监管其信息渠道的畅通，受众和供方的信息对称。

与此同时，在人才资源逐渐通过市场机制配置的社会背景下，高校还面临着从精英教育向大众化教育发展的特定阶段问题。这一问题使得高校急需重新考虑自己的合理定位。

（3）国际环境变化对中国教育发展形态的影响。20世纪后30年，国际社会发生与教育相关的三次革命性变化，它对各国政策方向和教育发展形态产生深远影响。

第一，20世纪70年代国际组织倡导的终身学习理念导致高等教育的第一次革命性变化。与原来一次性正规学历教育相比，人们可以通过不同方式进行全时空、全方位的终身学习。

第二，第二次变化在20世纪80年代，信息技术革命推动教学范式发生革命性转型。与此同时，信息技术革命还推动现代社会结构从科层制向"扁平化"和"网络化"演变。中国教育在这场革命中，管理理念、管理方式和教育技术有了长足发展。

第三，第三次变化是20世纪90年代出现的"WTO"冲击，其蕴涵的现代文化教育精神对各国特别是中国教育产生深远影响。

第四，21世纪肇始的第四次革命性变化，就是和谐的、可持续发展的教育。进入21世纪以来，国际经济、政治、文化格局发生新的变化，联合国的千年发展目标和"可持续发展十年"计划，均对教育发展提出了新的要求。在世界可持续发展及其国际合作等重大问题上，中国政府已经做出了符合本国国情的决策。近年来，中国政府积极倡导坚持以人为本，树立全面、协调、可持续的科学发展观，对教育在可持续发展中的战略地位提出了新的要求。

（4）改革开放带来的社会变迁与高等教育变迁。

第一，社会流动的开放化和快速化，使每个社会成员都需要借用文化教育资本以提高社会地位，实现上向流动和改善生活质量。当个人接受高等教育的意愿增强和选择教育内容的自主性增加时，对高等学校都形成巨大冲击，促成高等学校教育体制变革与教学体系的更新速度加快。

第二，社会价值观念及其行为形态影响着高等教育发展。随着社会成员对"控制命运"、"光耀门楣"、"望子成龙"、"学而优则仕"，以及现实"多元价值"观念及其对文化资本价值日益增强的诉求，使高等学校日益公共化并极大地影响着大学发展的制度、目标、内容及方法。社会大众的价值观念及其行为取向，既是高等教育持续发展的动力，又是制约甚至破坏高等教育发展的因素。

第三，社会功利主义价值观及种种实用性要求影响着学校发展。一方面，政府的政治认识论及其大学观，影响着大学发展的制度特征及其运作功能与效应；另一方面，政府和社会当下同时存在的功利主义发展观及其重理工、轻人文社科的观念，人为地影响着学校的学科建设方向与发展行为方向。求理与求用、有用与无用的社会压力，常常导致学校学科建设在其间处于两难境地。

第四，社会与学校内部对学术自由理解的不同所导致的行动差异，对大学的学科建设与学术发展产生影响。例如中国主张的"和而不同"思想多用在国际政治和国际关系方面，而不太注意积极使用在国内政治方面。事实上，和谐而又不千篇一律，不同而又不导向残酷搏杀，这不仅是中国要对外倡导的国际政治理念，也是国内良好政治文明生态的一种需要。中国要在世界上建设性崛起和发挥建设性作用，依赖于中国文化及其担负有文化创新使命的大学的首先建设性崛起。没有先进的文化力，就没有持续的学术发展力和科学创新力，就没有国家的振兴及其持续竞争力，以及对世界的影响力。

第五，办学思想与理念的理解差异，影响大学的发展战略及其实施。比如，中国大学更多地强调师生的硬功夫，如博学多才，而国外更多地强调师生的创新与独立人格精神；中国大学更多地强调师生的道德人品，即做人、为人之道，而国外更多地强调师生的探索、冒险与自我实现精神。

（5）教育的社会公共性变迁，使其与社会的公共关系更趋复杂。中国有3亿多学龄人口，占全国总人口的1/5左右，几乎涉及全国所有家庭。中国有1000多万各级各类教师，学校教育成为从业人员最多的公共事业。教育事业是公共财政投入的最重要领域之一，子女教育也是家庭支出中的最大项目。教育作为在社会生活中占有如此重要地位的事业，成为公众最为普遍关心的对象成为必然。

第一，随着教育力进入国家核心竞争力，高等教育的战略重要性及其地位超过任何时代。

第二，随着社会文明发展以及人们经济富裕和社会地位的提高，社会各阶层受教育的期望值普遍提高，这一期望值既体现于量，更体现于质。

第三，教育事业作为关乎国家民族的长远发展，关乎家庭个人根本利益，因此社会有权通过各种方式表达意愿和施加影响。学校必须不断更新观念，不断调整和构建新型的学校、教育与社会的公共关系，自觉接受社会监督，自觉履行社会义务，积极适应社会需要。

（6）社会环境因素的反思。

第一，作为社会组织的一员，虽然大学的社会存在方式或生存状态从来就是为一定社会政治、经济制度和文化传统所决定，但现代大学作为人类创造的以培养人才、探求真理、服务社会为己任的学术组织，具有超越时空的组织与制度个性，学术发展的内在逻辑是普适性的。因此，作为现代社会的教育机构，大学显示了特殊的社会生命力：自大学诞生以来，其传统组织模式、自由自治气质虽历尽千年流变，仍尽显生机无限。

第二，尽管如此，不可否认的事实是，在特定的国家和社会，大学的制度环境——社会政治制度、经济制度和与之相适应的文化教育制度（包括文化传统），对大学制度个性、学术个性、气质个性的包容程度，都直接影响着大学发展路向及其样态，这也已为大学千年发展史所充分证明。

2. 建设世界高水平大学的宏图愿景

（1）建设高水平大学的紧迫性。中共十六大提出并在十七大再次确立了在 21 世纪的头二十年在中国全面建设小康社会的宏伟目标，并从经济、政治、科技和文化教育等四个方面提出可持续发展的一系列具体的社会奋斗目标，而其中打造发达的高等教育事业、打造若干所世界一流和高水平大学是主要战略目标之一。

第一，教育对于全面建设小康和和谐社会具有基础性、先导性和全局性作用，因而在全面实现小康社会和和谐社会的宏伟目标的过程中，承担着十分重大而又艰巨的历史使命。要完成这样的历史使命，需要一个发达完善的现代教育体系作支撑。

第二，在构筑中国宏大的现代教育体系中，世界一流、高水平大学的打造是重中之重。因为这一类大学是培养和造就高素质的创造性人才的基地，是打造创新民族与国家并实现科学原创、文化积累和推动社会进步的前提条件。

当中国的高等教育进入世界强国之列及其越来越多的中国高校进入世界知名大学前列之时，就是中国综合国力强盛之日，就是中华民族腾飞之日。

（2）建构中国特色的大学理念理论体系的紧迫性。20 世纪中叶以来，伴随着知识经济时代的到来和大学进入社会发展的中心，人们将大学与社会之间的互动关系研究纳入到国家发展和世界竞争的战略设计中。面对当今世界的严酷竞争与挑战，中国必须加快建构现代大学理念理论体系的步伐，以使大学既保持自身发展的内在逻辑与规律的独立性，又与外部环境保持着不即不离的支撑与互动的关联性。

第一，大学理念是大学文化的核心部分，是建设现代高水平大学的思想理论基础。新中国成立以来，高等教育遵循以政治论的教育哲学为基础的功利主义大学理念并付诸实践：30年的政治工具，30年的政治工具加经济工具。高等教育近六十年的这种发展格局，使高等学校严重缺文化、缺理念、缺精神、缺个性、缺特色，而这正是中国高校与世界先进国家的一流大学差距的根本所在。

改革开放以来，随着中国社会进入大转型之际，随着中国人对大学之于民族振兴和国家强盛之间关系重要性的认识，以及随着中国大学在大步走向世界和实现自身现代化的进程中，找文化、找理念、找精神、找个性、找特色和找地位的任务显得日益紧迫。

第二，大学的现代化建设，包括文化思想建设、制度建设和基础设施建设三个基本方面，其中教育思想现代化是大学现代化最重要的文化条件、心理基础和人格保障。教育思想的现代化好比计算机的"软件"部分，大学的现代化没有"硬件"不行，没有"软件"更不行。

第三，以教育思想理论建设促进大学的教育思想理论创新。教育思想理论创新是一个基于新的时代、新的背景、新的形势，以新的视角和新的方法，研究教育改革与发展过程中的新情况、新问题，探索教育实践中的新观念、新体制、新机制、新模式、新内容、新方法和新途径的过程。在研究现代大学的建设发展路径中，这一创新显得尤为重要。思想端正了，理念更新了，路径选对了，目标、过程与结果才有可靠保证。

（3）以特色定位推进现代大学的理念理论体系建构。大学的理念及其定位和发展战略涉及一所学校在较长历史阶段内带有全局性的办学思路、战略目标和实施举措等。

第一，大学定位是学校办学目标、办学角色和办学特色所蕴涵的理想及其价值追求，它属于学校发展的战略方向谋划和实践路径设计。

第二，大学的科学定位包含两层意思：一是对现有位置——本校在高教与高校系统整体结构中目前所处位置的科学认识；二是对未来目标位置的合理规划——本校经过努力，到目标实现期在高教与高校系统的整体结构中可以达到目标位置的科学把握。

没有对学校现状的科学认识，就不可能有对奋斗目标的科学规划。但仅有对现状的科学认识和未来预期目标的规划还不够，如果没有科学合理的制度和政策，没有相应的资源保障，没有有效的激励与监控机制，定位就是空话。

第三，大学的科学与恰当定位需要两个重要环节：一是能级判断，即首先实现学校的能级结构定位的合理化；二是特色定位，即学校自身的学科优势与人才特色的科学把握。能级判断准确，办学特色对路，才能实现学校合理定位，并在"安于本位"的努力奋斗中，谋求突破与实现跨越。

第四，对于一般高等院校的定位来说，其战略目标当在向高水平教学型大学发展，为社会培养高素质型和高适应型人力资源；对于研究型和教学研究型大学，则应将精英教育放在首位，将优质教学、科研创新和培育英才放在首要地位，兼及社会服务，以精心打造高水平和一流大学为宗旨，积极参与国际竞争。

三、当代中国大学理念的理论体系

20 世纪末至今，是中国大学理念研究最为活跃、也是大学理念理论体系的重建时期。

经过 30 年来的改革开放风雨历程，中国高等教育发生了重大变革，现代大学理念实现跨越式的思想进步与理论发展，初步建构并确立起与时俱进的、以科学发展观为指导的现代大学理念理论体系。

1. 大学自治

（1）大学自治的理论依据。自治与自主，是每一个拥有独立法人地位的社会组织或机构的天然属性及其天然权力。

第一，按照系统理论，每个社会子系统都有着一个为其他系统所无法替代的功能，并由此生成与其他系统相区别的独特运作逻辑和特殊资源。每个系统都会通过强化自己的职能、功能及其资源贡献，来凸显并建构自己在社会环境中的主体性和特别性。

第二，作为独立的社会组织，尤其作为专门的教育和学术机构，大学有其独特的运作逻辑和发展规律。大学要是实现自身的健康、稳定与可持续发展，必须遵循自身的运作逻辑和发展规律。

第三，大学对自治与自主权的强烈要求，既反映出大学摆脱外部干预的情感诉求，又反映出大学追求目标的积极主动精神。

（2）如何实现大学自治。大学自治诉求的深层意蕴乃是学术自由，它是大学主体性与自主性生成的重要外部环境。大学自治诉求的目标，一是重构大学与政府的关系，二是还原高校以完全意义上的独立法人地位，并在此基础上重构大学的内外部自治体制。

第一，让渡政府控制权以回归大学自治，其核心是分离"三权"，解除大学与政府之间的隶属关系，代之建立委托—代理人制度。大学校长可以作为委托人和独立法人，通过理事会对学校工作实行咨询、立法、问责和监督，全权管理和经营大学。

第二，自主管理与自主经营。自主管理与自主经营，是大学作为一个社会独立的学术机构为避免外界干扰而应有的符合大学自身发展逻辑规律的主权，是大学实现内在发展、外在竞争及其追求卓越的基本前提，是实现社会与国家期望的先决条件。自主管理与自主经营，就是让学校按自身规律去独立自主地发展，政府只应充当"守夜人"或"保护人"，从而保证学校实现科学、稳定、健康与可持续发展。

（3）大学实现完全意义上的自治，并非让学校成为游离于政府之外的无序实体。作为政府，其主要职责是通过法律制度、财政制度和科研项目来宏观指导与调控学校发展方向；作为学校，则是通过依法治校及其卓越的自治、自主、自律行为，围绕学校声誉和社会需要高质量、高水平的出人才、出成果。

总之，大学组织的特殊属性决定了它应该也必须对自身的前途负责，对社会成员的和谐发展负责，对社会的文明发展负责，对国家的前途负责。

2. 专家治校

专家治校理念，包括教育家办教育和教授治校两个方面的内容。

（1）办教育，教育家当然是专家。教育家办教育是专家教授角色的回归和责任的回归；纠正当前高校衙门化、行政化和官本位化现象，是实现专家教授治校的基本前提。

中国共产党早在 1946 年 2 月 6 日的《新华日报》社论《学校要做民主的堡垒》一文中就有精辟的论断："学校应该让真正从事教育事业的学者去办，西南联大所行教授治校制极值得赞美，教育行政机关只能处于辅助地位……大中学校长成为委任的官员，是极坏的制度，尤其是大学校长更应该是极荣誉的职位，只有教授与学生的公意才能决定其去留。此后，教科书的统制应该取消，让学生根据民主与科学的精神而自由地编撰……应该征求专家、学者、教育工作者的意见进行修改，学校内教师讲学、学生讨论的自由应该做到充分的保障。此外，现行的统一招考，教育官署审定教授、教员资格等制度也是变相干涉学校行政，也没有保留的必要。"①

2007 年 3 月，温总理在《政府工作报告》中提出教育家办学这一明确主

---

① 参见丁东等编：《大学沉思录》，广西师范大学出版社，2005 年：第 55～56 页。

张。在 2010 年 2 月举行的教育改革中长期规划研讨会上，温总理再次强调这一主张。时隔 60 年后的今天，温总理多次强调教育家办教育，表明我党再次确认教育家而不是"教育官"在高校办学中唱主角这一专家教授治校的思想理念。

综上所述，今日之大学要淡化以至取消大学校长的官员身份，由本校教授组成的学术委员会在更开放的范围内并以民主程序遴选出的优秀适宜的专家教授出任校长，真正实现由"教育官办学"向"教育家办学"的转变。

（2）要出教育家，就要选拔懂教育的校长办学，而且经公选的校长确实有权主理学校。大学校长角色可大致分为三种类型：学术象征型、教学行政型和校务经营型，一般来说，大学校长应是校务经营型，即应是名副其实的教育家，有突出的组织和协调能力，突出的社会活动与公共关系能力等。

但是，选拔校长无论有多少标准，有三条必须把握：一是要有一定的教育思想及其相应的教育理论水平；二是要有教育管理的实践经验和治学风格；三是要有热心教育的情怀和奉献精神。

（3）教授治校与治学。近年来，人们对教授治校与治学的呼声越来越强烈。这种呼声所反映的，不简单地是人们的一种怀旧的情结或复古的愿望，而是人们在寻求"还原大学"过程中所发出的一种自然呼唤。教授治校只是一种符号，它背后反映的则是"大学不像大学"的问题。

第一，人们期望教授治校，说明现实中的教授没有治校，而是行政官员在治校。理由在于，在中国现行大学体制结构下，无论一个人原先是怎样的角色，一旦进入行政管理系统，便遵循行政行权逻辑，这就是所谓的"屁股决定脑袋"和"到什么山上唱什么歌"。更为复杂的是，大学里许多就职行政岗位的人虽然也有"教授"的称号，但他们与教学和学术研究基本没有什么关系。

第二，教授既可以治学，也可以治校。教授皆为学者，学者不治学岂非笑话！因此，教授治学，本意在于治校，在于行使学术权力治校。

其一，教授治校，并非直接指向某个人，而是指教授整体。就教授个人而言，他们中可能很多人并不适合担任校长或其他管理者，但并不表明他们不适合参与治校活动。

一方面，某个教授可能不适宜直接做管理者，但却有权选择和监督"管理者"，有权参与管理大学，有权要求管理者这样管而不能那样管，从而保证大学的学术性、文化性和先进性；另一方面，众多的教授中一定有适合做校长的人选，教授治校也一定能把学校办好。说大学不能由教授治校，就像说企业不能由企业家管理一样荒唐。

其二，教授治校不是一种政治策略，而是一种教育思想，一种大学管理价值取向，一种保证大学之为大的根本制度安排。大学是一个学术性机构，教授既是这个机构中的活动主体，又是这个机构中相对而言学术水平最高的群体。限于专业分工，他们不是全能之才，但他们最理解并能把握大学的本质和宗旨，最熟悉教学科研活动的逻辑和规律，最熟悉大学发展的规律和规则，最爱惜和维护大学的声誉，因而他们在整体上既有智慧和能力、又有义务和责任来治理学校。

其三，教授治校，意味着大学管理体制中政府权力、学校行政权力和学术权力三者关系的重构，重构的目的是强化学术权力体系。

在中国，几千年来的封建"官本位"治理传统构成了全部社会生活。所谓"官本位"治理传统，是指以政统为主导、道统做支撑的社会运行的所有观念及其制度系统，即以权力垄断权力及社会所有资源配置的观念及其运行制度系统。它具体表现为：以政府权力系统为特征的政统可以择定道统，代替法统，统取学统，或者说政统在社会生活中有择道、代法、统学的所有权能。

"官本位"治理传统及其形成的文化理念对高校危害极大，重申教授和专家治校理念，正在于强调回归并完善以学术权力为本位的现代大学制度。

3. 学本位

所谓学本位，即大学发展必须以学者、学生、学术和学科为中心，以学术自由为制度保障，努力实现学者成长、学生成才、学术创新、学科发展和学术卓越，最终实现学校发展。在学本位中，学者、学生是核心，学术、学科是基础，学术自由是关键。

学本位理念的核心是学者第一、学生第一。一方面，学校发展的最终标志及其最终价值，是学者学生发展；另一方面，学校的社会声望与兴旺，均仰赖于学者学生的学说与学术创新。"山不在高，有仙则名"，学校规模不在大小，有学说乃大，有大师大才则名。①

第一，以人为本的哲学就是学者学生第一。以人为本的"本"有两种理解：即本钱还是本位？以人为本钱，就是工具主义加刚性管理；以人为本位，就是人文主义加柔性管理。

所谓学者学生第一，一是大学为学者学生而立，学者学生在学校所有教育

---

① 参见邓伟志：《"大学"者，有学说则大》，载《文汇报》，2003.8.14，第11版。

资源中为第一重要资源；二是以学者学生发展为本，让教师在书香校园中成长为名师大师，学生在教学科研活动中成长为大器大才；三是在学校发展运行中，尊重学者学生的尊严并发挥他们的主人翁作用；四是教师自律与学生自治。教师自律和学生自治，即自由、自主、自为和自律。

学生自治是我们长期以来不以为是并极度忽视的问题，而大学和中学的一个根本区别在于：中学生是未成年人，而大学生则已经成为法定公民。学生在大学期间如果不能自由、自主和自治，那是学校管理的重大失误；如果一个年轻的公民在大学期间没有学会自由、自为与自律，那是学校教育的重大失败，由此共和国的公民社会则无从产生，创新民族与创新国家更无从谈起。

第二，学科与学术是大学存在的基础。学科为本，就是努力创建世界一流的前沿学科，努力创建富于生命力的新兴学科和富于生态性的、可持续发展的基础性学科。

学术为本，就是大力支持和关爱学者对科学真理的探索与追求。温家宝总理指出，一个民族要有一些关注天空的人，他们才有希望；一个民族只是关心脚下的事情，那是没有未来的，① 我们的大学少一些功利主义，多一些理想主义，就会有多一些关注天空的人；大学少一些官本位，多一些埋头办学的教育家，我们的未来才大有希望。

既关注脚下，又仰望星空，是发展学术、学科的理想原则，忠实履行这一原则，学科发展、学术卓越便大有希望。

第三，学术自由是学本位之能否为本位的关键。学术自由与大学实际上是一回事，学术自由既是学者的生活哲学，也是学者的生活方式；既是学术创新的环境氛围，也是学术生存发展的机制。没有学术自由，就没有学本位，就没有学者、学生、学术和学科，就没有大学，就没有创新民族与国家。

4. 依法治校

（1）依法治校包括依法治校和民主治校两个方面的价值体系，其核心在于：民主是法治的文化基础，法治是民主的制度体现，两者相辅相成，缺一不可。

第一，民主与法治说到底，是一种尊重学者、尊重学术的精神信仰、思维方式与价值取向，即：尊重人（需要、能力、个性）、依靠人、为了人和服务人；尊重学术，以学术为本，以学科为本，以学者为本。

---

① 参见《人民日报》，2007.9.4，第1版。

第二，根据这一精神信仰、思维方式与价值取向，一是要求管理方式由传统科层制、监控型、授权型向松散耦合型与民主合作参与型转变，并最终转向以智慧潜能开发、人力资本的价值增值为主体。

二是在学校整个运行过程中，力求少一点管制，多一点民主；少一点指令，多一点法治；少一点刚性，多一点弹性；少一点精细，多一点简约；少一点强制，多一点信任，由此使学者真正成为学校的主人、管理的主人和发展的主人。

（2）民主是确保学校文明发展的基本前提。教育管理犹如太阳底下的一面三棱镜，通过不同的文化传统、教育传统和社会制度折射出不同的光泽。

第一，民主治校是实现"求心力"与"远心力"平衡、统一的文明途径。所谓"求心力"，即向心力，指群力求同合一而向中心聚集；所谓"远心力"，即离心力，指众力与中心保持距离而各行其是。① 就政治行权方式而言，"求心力"谓之集权统治，"远心力"谓之分权分治。两种方式很难说它们就一定优劣两分，而是各有利弊春秋，关键在于把握行权过程中的平衡有度、张弛有度和适时适度。人类赖以生存的地球之所以能在浩瀚的宇宙间历经亿万年而运转不息，关键在于其能始终保持以太阳为中心运转的位置与速度，进而维持着"求心力"与"远心力"之平衡。现代大学的民主治校理念，也应遵循"求心力"与"远心力"的平衡规律，遵循民主与集中的平衡规律。

中国大学长期奉行集权运作，一直对"远心力"缺乏辨证、甚至带有偏见的理解，导致社会各层面的"求心力"观念坚如磐石，严重地影响了事物的科学与辨证发展。

第二，民主治校，关键在于坚持程序方式，包括扩大管理过程中必要的多方参与、协商与合作，实现民主决策、民主治理和民主监督。

所谓民主治校，不等于是一人一票的少数服从多数的计票游戏，而是一种各方参与的协商过程，一种多数和少数都得到尊重的结局。

一方面，实现民主治理，要求学校领导必须具备尊重各方权利的素质与愿望；有各方是相互依存关系的理念与情怀。另一方面，实现民主治理还取决于多方参与意识的发动，多方参与意识越强，实现参与治理的可能性和成功性就越大。

---

① 参见陈永明：《教育管理的"求心力"与"远心力"》，载《新华文摘》，2004.23，第98页。

（3）法治是确保学校科学与有序发展的可靠保证。所谓依法治校，就是使学校的一切决策活动和发展过程做到有章可循、有法可依和有法必依，由此使学校实现有理、有据、有序及其健康、稳定和可持续发展。

第一，依法治校，一是法制完善，法规完备，有法可依，照章办事；二是政府、市场和学校三方面权利边界清晰，大学举办者、管理者和经营者三方面的责权利内容清晰；三是大学内部治理结构包括行政权力、学术权力、教职工权利和学生的民主权利的边界清晰。

第二，实现学校管理体制和运行方式的转型，一是党政分开，实行党委治党，专家治校；二是加强和完善理事会决策下的校长负责制，实行校务民主议事制度及其程序，包括议事、听证、监督、问责及其责任追究制度；三是完善教代会制度，学校总体发展决策应由教代会讨论决定；四是加强和完善学术委员会和教授委员会领导下的包括师资队伍建设、业绩考评、职称评审和学科专业设置与建设等学术管理运行制度。

第三，依法治校的真谛是尊重与保护人权与学权，其要义在于尊重和保护教师与学生的自治权和发展权。对于中国大学来说，学生是学校里时下最弱势的群体，他们的权利最容易受到漠视和侵犯，因而最需要强调以学生为本。

大学生具有学生与公民的二重身份：作为学生，他们理应接受学校各种规章制度的强制性约束；作为公民，他们的合法权利理应得到法律保护。因此，作为学校来说，一方面要"慎用权力"，不能随意介入学生私领域，对待学生的各种缺点错误应尽量采取宽容的态度依法加以量度处理；另一方面要教育引导，帮助学生增强法制观念和维权意识。

人的身心健康发展也需要"求心力"（群体规范）和"远心力"（个性自由自主）的平衡与和谐，如果个人"远心力"（个人兴趣爱好与特长、创造精神与能力）没有得到充分施展，也就谈不上社会整体积极向上与全面发展，"求心力"也将虚拟化。

5. 科学发展

科学发展理念，即是高等教育事业和高等学校的科学发展观。

（1）所谓科学发展，一是指遵循高等学校发展规律及其内在逻辑科学办学与可持续发展，二是指大学依据教育科学理论理性发展，而不是凭着经验办，跟着风向走，追随外部意志走。

当前，国内创办一流大学的呼声高涨。在这种历史背景下，宣传造势是必要的，但先行精心打造一流教育学说、让一流的教育学说推进教育事业科学、理性、健康与稳定发展更为重要。

（2）大学的科学发展，一是要理性与健康发展，防止盲目发展和大跃进式发展，二是必须把官本位、钱本位和物本位等形形色色的非教育和逆教育因素减少到最低限度。①

（3）树立教育长效的战略发展观。教育不是立竿见影和急功近利的事业，因此必须批判短视的实用与功利主义。教育长效论必须在中国深入人心，特别是以教育的优先发展来确保教育的长效。

国内外事实证明，凡是经济发达地区，必定有高水平的大学，必定有超前的、力度较大的经费投入。现实问题是，没有人不说教育重要，但在数字出政绩、出官员面前，真正举重力、举心力投资教育者少之又少。

（4）树立知识整合化教育观。自然科学与人文社会科学是社会前进中的双轮，各有分工、各有用处，它们之间的关系是一种互补、共进关系。把它们分离是错误的，相互消解是愚蠢的，相互为敌更是危险的。当今知识社会，文理融合、全面发展的整体知识化教育，既是人才和谐、健康而全面发展的必由之路，也是大学学科、学术繁荣的必由之路。

（5）树立生态化发展观。大学生态化发展观与科学发展观或可持续发展观，提法不同，视角各异，但内涵本质与外求目标具有同向性。

第一，树立大学的生态化发展观，是指把大学视为一个有机、统一的生态系统，其内外部生态系统中的各生态因子（各种环境资源、学习和其他教育者）都呈有机联系，这种联系又动态地表现为统一与矛盾、平衡与失衡运动。

第二，大学既要探讨与自身生态关系尤为密切的外部生态因子，如自然、社会与规范环境资源等因子对学校生态系统和谐发展的影响；也要认真探讨学校内部各种生态因子，包括教育活动中的授受双方的生理和心理环境等内在的生态环境因子，以及对教育教学活动开展和学生身心发展的其他校园环境影响因子，从而以内外部生态环境影响因子的和谐统一来促进大学的和谐与生态化发展。

---

① 参见邓伟志：《教育社会学的七个前沿问题》，载《新华文摘》，2004.9，第136页。

6. 科教并举

科教并举，既是现代大学之办学基本原则，也是现代大学之办学基本形制。

（1）君子务本，大学之"本"就是人才培养与教学。人才质量和教学水平是体现大学优劣的基本尺度。任何一所一流大学或者好大学，其重要标志之一，就是能培养出在社会各个领域里具有重要影响的精英人才。因此，精英教育与专业教学是所有大学的本体使命，是大学发展的重中之重。

（2）科研反映着大学的学术水平和社会声誉，它支撑着人才与教学的质量向度，故科研必须与教学一道，在高校尤其在研究型大学建设中置于同等重要地位。

大学既是培养直接服务于社会的高端人才的机构，同时也是国家科学技术研发的重要基地之一（还有社会其他科研部门），因此直接影响到国家的文化教育力和科技创新力。当前的问题在于，由于大学普遍过度关注科研指标，由此导致教师重科研而轻教学；科研管理的量化过于刚性，导致教师的短期行为和学术腐败。

（3）钱学森追问之思。2005年，钱学森先生对前去看望他的温家宝总理说，现在中国没有完全发展起来，一个重要原因是没有一个大学能够按照培养科学技术发明创造人才的模式去办学，没有自己独特的创新的东西，老是"冒"不出杰出人才。

对于钱老的这段话，不同的人自然有不同的解读。在笔者看来，由于我们的大学肩负社会使命太多、太重，因而往往不得不牺牲其培养专业人才、开展专业教育和为学术而学术的本体使命，这是"没有一个大学能够按照培养科学技术发明创造人才的模式去办学，没有自己独特的创新的东西，老是'冒'不出杰出人才"的根本原因。因此，对于钱老的这段话，大学要认真思考，政府更需要认真思考。

7. "三创"教育

所谓"三创教育"理念，指的是一种创造、创新、创业的新型教育思想及其方针。当今时代，知识经济不仅仅是一种经济形态，更是一种社会形态，一种文化形态，以及与之匹配的教育形态。知识经济时代，各民族生存与发展并在世界竞争格局中确保制胜的核心要素是创新精神及其创造、创业能力，因而"三创教育"势必成为当代任何一个试图建构创新民族与国家的最佳教育模式选择。

（1）文化思想革命和教育范式转型。改革开放三十多年，中国面貌发生了翻天覆地的变化。随着中国日益深入地参与世界竞争及其自身发展显现出来的弱势创新能力，三创人才培养成为迫在眉睫的问题摆到全民族面前。

第一，长期以来，我国教育遵循的是以知识传承为中心的守成与就业教育理念及其教育范式。而"三创"教育则是提倡以促进学生发展、培养创新人才为根本价值追求的新教育理念及其教育范式。

从守成到创造，从就业到创业，从受动教育、互动教育走向创造教育，无疑是教育界的一场现代文化思想革命，它必将促成中国传统高等教育实现向现代高等教育理念及其范式转型。

第二，三创教育的价值选择与目标取向在于两个方面。

一是引导学生构建新的人生观与社会价值观，这种新人生观与价值观以独立人格和主体精神发展为核心。只有当独立人格和主体精神力量得到充分尊重、开启与激活时，知识才能在教育对象的智慧运动中实现创造性的整合。发挥创造性的巨大量能。

二是培育学生的创造性欲望与创新性精神，这是三创教育的实质所在。三创教育不只是一种专业培训，也不只是一种技能培训，而是一种素质整合与精神激活教育。当素质得到完满整合，精神得到充分激活，创新精神、创造性能力及其创业能力便水到渠成。

第三，三创教育能否成功，取决于学校和社会的共同努力。作为社会（包括政府与各界公众），其责任在于自觉营造一个最有益于师生心灵驰畅和大脑发达的环境，从而为民族、为国家发展智慧与大脑。

（2）教育过程与方法革新。

大学要成为创造性人才成长的摇篮和"创业者的熔炉"，即以创造性的教育思想、创新性的教学方式培养尽可能多的能创新、会创业的新型人才。

第一，高校在播种文明种子的过程中，要特别注重培育具有广泛迁移价值的学习态度和方法，并使这种蕴涵着很高智慧价值的学习态度和方法内化为学生结束课程学习后，获得继续求知以适应瞬息万变之未来的基本能力，以及创业而不仅仅只是接受社会给定职业的人生态度与价值追求。

第二，强化学生的创业能力，没有创业能力的创新教育，等于创新学习的过程没有完成。换言之，创新必须创效，不能创造社会效益的创新则没有生命力；创造创新不是纸上谈兵，只有实现产业与财富转化，它才具有教育价值和社会价值。

创业能力不会自动生成，需要科学的训练与知识技能传授。三创教育不是知识技能培训，但不等于没有知识技能培训。

第三，大学的使命不在于直接为学生提供就业机会和解决社会就业危机，而在于通过践行"三创教育"，促使自己更好地完善社会职能、使命与责任。

8. 开放办学

（1）现代大学之为现代，开放是标志，它体现于两个层面：一是作为自在状态，政治上没有限制，思想上没有禁忌，精神上没有禁锢，心灵上没有围墙；二是作为自为目标，建设现代大学，既非图一校独大，也非为向别人看齐，而是办全国性乃至于世界性的大学。

（2）大学的开放性，一是导源于教育之材——知识所具有的普遍性，即知识无国界。世界文化中蕴涵着丰富的本土化文化资源与素材，不同的文化都在不断地进行着适应、采借、吸收、整合，世界文化的发展史就是一部文化本土化的历史；二是导源于人类的教育生活需求及其教育资源的分享性；三是导源于从事知识传播与创造的人们普遍具有的自由求知精神和智慧互补优化需求；四是导源于知识的整体性与整合性。知识没有有用与无用之分，无用之用常为大用；五是导源于文化的流动性与教育的功能性。一方面，文化是流动的，对文化的理解也是不断发生变化的。任何民族的文化形成、发展、流动与进化，与他种文化相互沟通与融合都是不可或缺的重要形式与途径。今天的世界已经成为公共领域，各个民族、各个国家的文化都无法回避地在这个公共领域中进行交往、对话、比较和优选；另一方面，作为文化选择、传播和创新的机制——教育来说，开放是其本能、职能和功能。

（3）国际化是开放化的必由之路。

第一，三条措施：一是鼓励文化多样、学派多元、思想价值多元；二是加强学者、学生和学术的跨区域、跨国界交流与合作；三是加强外语教学，加强国际文化课程设置。

后两条好做，前一条最难，但前一条也最为重要。当今世界，任何文化资源、学术研究都不是完美的，声音多样，意见多样，形式多样，才有利于最优抉择和最优发展，而不至于一根筋蛮干到底。

第二，三个目的：文化观念、教育范式和人才生成的国际化；教师、学生来源的国际化；教学、科研、学术活动及其活动手段的国际化。

总之，随着社会的不断发展，以及发展手段和技术的不断进步，大学开放化和国际化的动力来源将更加多元化，趋势将更为强烈，形式将更为规范。

四、综述与反思

综观近一百年来的中国现代大学理念的形成与演进，将其分做两个阶段，各自呈现出以下具体特点。

1. 新中国成立前：学理主义与实用主义兼行的大学理念

中国的现代大学产生于民族危亡之际，因而自产生之日起就遵循政治论的高等教育哲学及其实用与功利主义的大学理念，从早期的各类新学堂到其后的公私立大学，人才培养目标和学术研究目的无不清清楚楚地规定着满足社会需要的现实主义目标：发展科技、经世致用、救国图存。

尽管如此，新中国成立前的近半个世纪，以蔡元培为首的一批卓越高等教育家秉承教育救国理念，努力探索，辛勤耕耘，为创办中国自己的现代大学进行着坚持不懈并卓有成效的奋斗，使中国大学形成具有自己特色的学理主义与实用主义兼行的大学理念理论体系并进入了一个理念治校的新时期。

2. 新中国成立后至今：实用主义与工具主义兼行的大学理念

第一，新中国成立后至改革开放前，学校发展的理念资源及其实践模式完全由外部供给与设定。一方面，无视学校自身的理念探索、理念理论体系的建构及其理念治校的重要性，理念资源及其实践模式完全由外部供给与设定；另一方面，实用主义与工具主义的大学理念日益强化但被扭曲：高校被简约为政治工具和阶级斗争的场所，人才标准被简约为革命事业接班人，由此教学内容明显地呈现出工具性、功利性和政治性特点，教学活动及其过程普遍缺乏人道性、人文性和学理性。愈演愈烈的实用主义与工具主义的教育使整个民族的想象力、创造力和探索精神受到严重伤害。

第二，改革开放以来至今，虽然社会改革持续深入，但学校发展的理念资源及其实践模式仍然基本由外部供给与设定。

一方面，大学的职能与功能不仅在实用性与工具性方面得到强化，还增加了商业性。我们知道，现代大学教育有两种指导理念及其实践模式：一种是工具型教育，教给学生专业技能，使其成为实用"工具"；一种是人格个性健全型教育，培养心性和谐健全、能分辨真假、善恶和美丑并成为负有使命感与责任感的社会公民。现行学校教育的主导理念及其模式显然基本上是前者而不是后者。

另一方面，20世纪90年代以来，随着教育改革和教育思想理论研究的深化及其教育哲学观更新，在承传蔡元培时代的大学理念基本精神的基础上，一个具有时代内涵的、崇尚心性健全和创新精神培育的大学理念理论体系及其实践模式开始在中国内地大学中缓慢建构，但举步维艰而任重道远。

第六章　现代大学之制度

现代大学制度是一个内涵丰富的要素结构系统。本章所论及的现代大学制度，主要指向高校行政管理体制。

第一节　现代大学制度概论

一、制度、大学制度、现代大学制度

制度是任何一个族群社会生存发展方式及其方式的优化结晶，它标志着一个社会的文明进步水平。大学制度是社会制度体系中学校亚制度体系的分支，它既是社会制度文明在大学里的衍生，又是大学循自身逻辑发展所形成的独特生存发展方式。

1. 制度及其价值

（1）什么是制度。

第一，中国《辞海》对"制度"一词的解释是：要求成员共同遵守的、按一定程序办事的规程；在一定的历史条件下形成的政治、经济、文化等各方面的规则体系，以及法律法规制度等。

第二，从政治学和社会学的角度看，制度是关于博弈重复进行的主要方式、共有信念的自我维系系统，是人类生存与生活的方式和程序。

从经济学的角度看，制度是人类相互交往的规则，其实质是对博弈均衡的概要表达。它抑制可能出现的、机会主义的和乖僻的个人行为，使人们的行为更可预见并由此促进着劳动分工和财富创造。

第三，从管理学的角度看，所谓"制度"，是指各族群社会、各种社会机构或个人活动规则及其活动程序体系以及相应的活动载体的集合。换言之，"制度"既指特定的活动规则体系，又指包括制定、解释和运作这些规则的组织框架，是活动方式与活动载体的有机统一。

第四，从文化学的角度看，制度是文化的产物，反过来又是维护和创造文化的机制。换言之，制度是人类社会思想和习惯长期积累的产物；任何一种制度都是某种文化的展示，反之，任何一种文化也必定以相应的制度形式加以呈现。

（2）制度决定论：文化无优劣，制度有高下。就价值而言，制度是任何族群社会的管理方式与程序规则体系，它决定着任何一个族群社会的生存发展力与创造竞争力。

第一，为了强调某种事物之于国家现代化的重要性，人们喜欢争论究竟是科技为第一生产力、教育为第一生产力还是制度为第一生产力。

一方面，一个国家的现代化是一个整体演进的过程，并不存在一个唯一的决定性因素。但是，如果硬要从中选择一个，恐怕制度决定论更为合适，因为制度显示出一个族群的活动方式及其活动程序，其优渥与否决定着活动过程的方向与效率和结果的质量与水平。对于任何一个族群社会的生存发展来说，制度起着提纲挈领的功能作用。

另一方面，中华人民共和国已经走过了60年的发展历程，如果说前30年建立了高度集权的政治体制和经济体制，后30年则是对前30年的制度进行改革，形成了"威权政治加不完善的市场经济"的社会体制。

事实表明，两种不同的体制形成两种大相径庭的发展结果：在前一种体制下，我国一度经济发展较快，依靠自己的力量，初步建立了独立的工业体系。但这种体制限制了各方面的积极性和创造性，智慧与活力，与国际差距日益拉大，还出现了诸多重大失误；在后一种体制下，经济仍然高速发展，国力大大增强，但出现了社会不公的问题，从而引发比较尖锐的社会矛盾。

又一个30年来了，它的目标是什么呢？应当是"民主政治加完善的市场经济"。换言之，下一步改革的紧迫任务是建立制衡权力和驾驭资本的新型社会体制。在驾驭资本和制衡权力两个方面，制衡权力是主要的方面。但无论是制衡权力，还是驾驭资本，都需要民主政治制度。从这里引发出必须加快政治体制改革的结论。①

第二，制度是任何族群社会生存发展力与创造竞争力的核心构成要素，以制度水平及其管理质量为标志的软实力或核心竞争力决定着任何一个族群国家的生存境况与发展态势。

---

① 转引自《三十年河东（杨继绳解读中国改革的困境）》，网易读书频道，2010.3.29。

20 世纪中叶以来，世界各国之间的竞争已经由以军事、经济硬实力为核心要素的竞争转变为以政治、文化软实力为核心要素的战略性竞争，即由资金、技术的竞争转变到人才、知识再到制度及其管理的竞争。

所以，北京大学经济学家张维迎在 2006 年《财富》论坛讨论中指出，当今世界各国之间竞争的核心不是资金和人才的竞争，也不是技术的竞争，而是制度的竞争。从中国长远来看，应该学习的是制度改造。这就是科学及其科学发展观！

2. 大学制度

建构现代大学制度，是大学发展中一个具有战略性的根本问题，它涉及大学运行的目标、方向、程序、方式和效能。

（1）什么是大学制度。

第一，所谓大学制度，是泛指任何一所大学作为社会组织系统所拥有的法律法规体系及其内部组织架构的总和，它包括内部组织架构、隶属关系、职能分工和活动程序等方面的组织架构及其法律法规体系，以及大学与外部社会之间相互关系的行为规则和规范体系。

大学制度是一个内容丰富、结构复杂的体系，它具体包括行政管理体制、教育与学术活动制度、教育与学术评价制度、人事制度、资源资产管理制度……

第二，从系统结构看，大学制度分为核心制度与外围制度两个层面。首先，行政管理体制应该是学校制度的核心，它决定或制约着其他制度。从这个意义看，构建现代大学制度，核心应该是构建如何促进学校民主与科学运行或者说更好地促进教育与学术发展的制度（教学管理制度、学术管理制度和校本研究制度等）。

其次，产权制度、财政制度、办学制度、后勤制度、社区参与制度等，都属于大学制度的外围部分，它们都在核心制度统领下运行并为核心制度服务。

再次，核心制度的运行和发展需要外围制度作保障，且是服从于需要的保障。具体说，就是教育体制改革和学校制度创新，重心在于关注学校的组织运行和治理状况，关注教学服务过程和学术创新过程。

（2）大学制度是一定的社会历史产物，并随着社会历史进程而演变发展。与中世纪的欧洲大学产生之初相比，今天的大学制度已经演变得十分复杂，以至于学者们将一些规模宏大、结构复杂的"university"称之为"multiversity"。

今日之大学，由于目标构成、学科构成、职能构成、人员构成、任务构成的多样性和不确定性，以及学科领域的特殊性及其成员活动方式的个体性特征，使之成为一种最复杂、最强调其内部机构及其个体活动自主性的组织，并也由此决定了大学具有一定程度的自由无政府状态的合理性特点。但是，大学毕竟是一个既有学术理性和民主理性的组织，又是追求规范性和效率性的制度化组织。

大学的发展是一个无止境的过程，这个过程需要与时俱进的科学管理制度及其评价制度。如果说制度管理活动是高等院校发展的程序方式，评价则是制度管理活动的校正机制。

3. 现代大学制度

中国人最早理解的现代大学制度，一是指我国自清朝末年从西方引进的新型大学，二是指洪堡时代建立的德国柏林大学及其所确立的包括大学管理体制（大学自治、理事会领导下的校长负责制、学术自由制度等）和教学与科研活动制度（实验室、研究所、讲座制等）在内的全部制度体系及其载体。

大学在长期的运行过程中，会把那些科学而适宜的制度永久传承下去，而将那些不合科学及时宜的制度予以淘汰、改造或更新（创新），这就有了大学制度的传统性与现代性之价值评判。

（1）现代大学制度之内涵。

第一，从定义看，所谓现代大学制度，是指在社会主义初级阶段条件下，与社会市场经济体制、民主政治体制和高等教育发展需要相适应的大学内外部关系和内部组织结构及大学成员行为规范的完整内容体系的总和。

首先，按照现代学校制度理论，所谓现代大学制度，是指以学校法人制度为主体，以有限责任为核心，以教育管理专家经营为表征，以学校组织制度和管理制度以及新型的政校关系为主要内容的学校制度体系①。

作为学校制度体系的组成部分或分支体系，现代大学制度是在一定历史条件下，为保障大学有效运行而形成的大学法律法规体系和活动程序体系的总和，它包括大学在面向社会依法办学和民主自治的过程中，所形成的明确与规范大学内外部关系，全面把握和落实大学作为法人实体和办学主体所应具有的权力、职责和使命的一套组织架构体系及其运行法律规章体系，这个体系以时代适应性、运行有效性和社会认同性为特征。

---

① 参见国家教育行政学院主编：《教育管理辞典（第3版）》，海南出版社，2005年：第402页。

其次，我们已经熟悉了什么是"现代企业制度"，但对"现代大学制度"的认识及其建构远未达到应有的水平。一方面，以"现代企业制度"变革作为"现代大学制度建设"的参照，现代企业制度特指所有权和管理权相分离的治理模式。那么，在我国公立大学处于绝对主体地位的历史条件下，现代大学制度可以也应当实行所有权与管理权相分离的制度模式。这种基于产权改革基础上的大学制度建设，既符合新制度经济学的基本原理，也与追求办学效率效益的改革方向相一致。

另一方面，在公立高校所有权与管理权相分离这一根本性原则下的大学制度研究，方可称之为"现代大学制度"。如果不是在这种根本原则上的大学制度变革，只是一般性的大学改革问题，最好不要轻易使用"现代大学制度"这种较为"宏大"的话语，以便能够澄清学术话语，统一学术研究方向，避免不必要的学术误解。根据这一观点，本文所论及的现代大学制度，主要指现代学校管理体制。

第二，从要素结构系统看，现代大学制度涉及大学与外部政府、社会之间相互需求的运动关系以及大学自身内部管理和治理结构及其评价等两个主要方面。

以上两个方面可以概括为广义的现代大学制度和狭义的现代大学制度。从广义上说，现代大学制度主要为涉及大学自身与政府、社会系统之间的外部关系的一系列组织架构及其法律规范体系；从狭义上说，现代大学制度主要为自身内部的组织架构及其管理运作规范。

以上两个方面的关系可以具体解构为：与外部政府和社会各个方面相互关系的协调方式与途径；内部各个部门之间实现人力资源和物质资源配置的方式；协调成员之间关系的方式；作为文化心理积淀的学校成员日常行为方式（价值观念、思维方式、精神意向、行为习惯）等。

与两个方面的关系相对应，又涉及三大内容：一是通过制度建构规范和调适大学与外部政府及其职能部门之间的关系，以民主开放式管理运行机制构建社区、家长和学校之间的互动关系，以明晰的产权制度规范学校与政府之间的经营与利益关系；二是通过制度建构规范大学自身的管理经营行为及其学校和其成员之间的互动关系，以提高大学管理经营的运行效率；三是通过制度建构明确大学行政权力与学术权力的相互关系，以充分体现大学作为学术组织的基本属性，实现大学内部的民主与法治。

就学校自身而言，现代大学制度应包括如下内容：一是完善法律法规，严格民主议事决策程序，依法治校，依学治校，规范发展；二是建立大学董事会制度，使社会各利益相关者共同参与大学管理；三是健全与完善学术自由的制度机制，激励教师自觉发展，鼓励学生自由而全面发展；四是完善科学民主和公平公正的现代人事制度及其教师评聘制度，完善科学合理并有利于促进学者创新发展的教学科研管理制度及其评价机制；五是构建科学的现代学科专业及其学校组织架构及其设置机制，健全科学完善的资源配置机制，实现学校资源运作的最优效益；六是建立公开透明的大学信息发布制度，使社会更广泛地了解并监督大学的运作过程和运作效益。

（2）现代大学制度之特性与特征。"现代大学制度"之所以为"现代"，表明大学制度的先进性，且这种先进性具有客观衡量标准，这即是它的内在逻辑性、结构合理性、程序优化性、最佳效果性、价值普世性和变革发展性。

第一，内在逻辑性。所谓内在逻辑性，是指大学总是根据自己特定的社会职能与功能并遵循这种职能与功能的理念及其发展规律运行。用英国著名教育家阿什比的话说，大学是探索和传播真理的学术堡垒，虽然不同时代对它提出种种不同的要求，然而万变不离其宗。这万变不离其宗即是：大学就是大学，大学是一个培养人的教育场所和从事知识创新的学术性场所，舍此别无其他。

大学制度的内在逻辑性，既是自身生存发展活动的历史遗产在新的社会制度下的自动传承，又是任何社会中外界认识并评判大学的价值标准。大学遵循它，社会尊重并维护它，大学的一切制度思考、设计与设置方能最适宜于其职能发挥与功能运行，并使学校的办学理念与学术精神能够得到真正贯彻和落实。

第二，结构合理性。制度是一个复杂的系统，其构成可以从多个维度划分：从职能上分，有活动规则与活动载体；从层次上分，有母体制度和子制度；从形式上分，有文本性的规章典籍和非文本性的行为习俗等，它们有机一体、相互照应，共同形成一个要素合理、功能协和与层次分明的制度体系结构。

第三，程序严肃性。所谓程序严肃性，一是指制度所确立的活动程序能得到各方一丝不苟地严格遵守和落实；二是指制度所确立的活动程序能最大限度地激励和实现教职员工的个人发展愿景，以及他们对学校的发展决策和管理过程的民主参与。

第四，最佳效果性。所谓最佳效果性，是指现有大学制度是一种能导致效果最佳的制度，这是"现代大学制度"之所以为"现代"的关键所在。一般来说，大学制度的"最佳效果性"体现于两个层面。

其一，就大学自身而言，"最佳效果性"包括"效率"和"效益"两个方面。所谓效率，是指现行的大学制度实现专业化管理下的学术权力与行政权力合理分置，由此能最大限度地激励员工智慧涌出并创造出最佳的知识服务和学术成果；所谓效益，是指现行的大学制度能使学校一切教育资源都能得到最优配置，并使之能最大限度地节约参与各方的交易成本。

一种组织制度安排必定需要一定的成本付出，但这种制度如果具有科学性、合理性、公平性和优异性，就一定能实现大学的最佳运行效率和效益。

其二，就大学与外部关系而言，"最佳效果性"应体现出良好的内外部适应性和协和性，即大学能够主动因应并满足公众的文化教育生活需求和经济社会发展需要，它体现在：一是信息公开制度，确保社会能广泛透彻地了解大学的运作过程和运作效益；二是健全的公共治理制度，确保学校与社会形成科学合理的良性互动机制。

第五，价值普世性。作为全人类通行的社会教育生活制度，"现代大学制度"以非人（校）格性而具有普世价值。一方面，大学制度既不为某个权威在某个时期或某个场合的认定而被固定程式，也不因某一种大学制度具有奇效而为唯一模板；另一方面，作为个人或组织群体的行为程序与规则，科学、规范、适用而卓有成效的大学制度不受时空限制，它既不会因时间久远而过时，也不会因谁发明而专有。

第六，变革发展性。大学这种组织之所以能从僻壤小域走向世界，就在于其职能与功能的特殊性及其制度的持续变革、创新与完善。随着时代变迁和社会进步，一些大学制度成为历史，如欧洲中世纪大学产生之初的教师大学管理制度、学生大学管理制度、"同乡会"以及教会控制大学的管理体制；一些大学制度传承并不断革新完善而至今焕发着青春活力，如19世纪柏林大学创造的大学自治制度、学术自由制度、学科专业教学与科研活动制度、学衔制度，等等。

（3）建构现代大学制度的战略意义。建构现代大学制度，是大学发展中一个具有战略性的根本问题，它涉及大学运行的方向、方式和效能，涉及大学成员的活动目标、程序和效能。

第一，大学的发展是一个无止境的过程，这个过程需要与时俱进的先进管理制度。20世纪中叶以来，随着世界发展趋势及其竞争手段发生重大变化，世界各国都以战略性姿态介入高等教育领域，并将高等教育体制改革与现代大学制度的研究与建设纳入各国公共管理体制改革之中。

第二，制度出社会生产力和政治力，制度也出学校教育力和学术力。因此，在任何一个实行现代文明治理的国家里，不论其教育制度属于集权、分权还是两者兼而有之，落脚点都在于通过扩张和维护大学的自主发展权来激活大学的自身发展动力。这既是市场经济体制下社会民主政治制度的本质规定，也是大学实现自身可持续发展的内在逻辑规定性。

第三，现代大学制度既是高等教育活动的历史遗产在新的社会制度下的自动传承，又是任何社会中外界不可忽视的高等教育活动的自身逻辑规律。

大学发展的自身逻辑规定性表明，要确保自己的办学质量及其可持续发展，必须拥有科学、合理、完善和先进的管理体制及其运行机制，从而使学校的科学办学理念与精神能够得到真正的贯彻和落实。建设高水平大学，既要将学校的办学理念与目标制度化，又要使运行机制最大限度地扩张制度效益。

第四，现代大学制度建设，一是必须秉承自治、民主、自由的理念与原则，以确保在新形势下的大学的独立精神和创造才智；二是不能仅仅停留于愿景层面，而必须化为行动并制定系列化法律法规、运作机制和运行机制，以便进入司法运作程序。

"仁圣之本，在乎制度而已"（白居易语）；没有先进优效的制度，建设高水平大学无从谈起。教师、学生和物质等是大学发展的重要资源，制度则是将这些资源优化配置并实现最佳产出的方式及其保障。要吸引一流的师资，留得住，用得优，需要好的制度；要吸引一流的生源，因材施教，各展其长，要靠好的制度；要将有限的经费设施用在最能促进学校发展的地方，靠的还是好的制度。一言以蔽之，凡先进优渥的大学制度，一定能创造出一个名师云集，百家争鸣，学术放彩；兼容并包，汇聚人气，人尽其才，才尽其志的良好局面。发达国家高等学校体制及运行机制类型见表6-1。

表 6-1　　　　　**发达国家高等学校体制及运行机制类型**[①]

国家	A 型（法国）	B 型（英国、德国、日本）	C 型（美国）
经济体制	市场经济	市场经济	市场经济
高等教育体制	集中	集中+分散	分散
学校所有制	国家为主	多种形式并存	地方与私立相结合
调节机制	国家力量强	国家力量+市场机制	市场力量强
学校地位	自治	自治	自治

---

① 参见陈列：《市场经济与高等教育——一个世界性的课题》，人民教育出版社，1996年：第45页。

二、现行中国大学体制的流弊及其改革

按照制度理论，任何一种组织制度都是组织自身逻辑与环境相互作用的产物，大学制度的发生与发展同样遵循这一基本规律。

1. 中国近现代大学制度的历史沿革

（1）清末：形神分离阶段。① 清末洋务学堂的建立，标志着中国迈上了现代大学发展的历史进程。洋务学堂是随着洋务运动和新政改革而从西方移植的大学组织模式，由于当时的气候环境，新型学堂仍然遵循着"政教合一"、"学术官守"的传统教育方针及其管理体制，因而与西方大学相比，呈现形神分离的发展形态。

（2）辛亥革命至新中国成立前时期：形神兼进阶段。辛亥革命成功及五四新文化运动，既为中国的文化多元化和教育现代化创造了条件，也为中国大学从传统"婢女式"发展走向现代法人式自主发展开辟了道路。

随着五四前后一些欧美留学学子回归，一批既了解世界高等教育发展潮流与西方大学制度，又身体力行改革与建设现代大学的诸如蔡元培、蒋梦麟、梅贻琦和胡适等杰出教育家走上了历史舞台。作为中国高等教育的改革家与行动者，他们通过自己的努力抗争和奋斗，给中国大学注入了真正的现代精神，促成中国大学与世界先进大学相比而呈现形神兼备的发展阶段。

（3）新中国成立后至改革开放前：形神俱恙阶段。新中国成立初期，国家面临着内外政治、经济、军事等方面的严峻挑战，共和国不得不在包括教育在内的所有领域实行统一意志、统一行动、集中资源、推行政策的集权式管理体制。这种管理体制有一定的优越性，但不利于高等学校的个性化和特色化发展，并产生有严重障碍。

第一，根据管理原理，在环境复杂多变、或当有潜在力量威胁组织的存在时，或管理对象缺乏民主参与意识和能力时，采用集权式管理可降低决策成本和制度实施成本，提高管理效益。但物极必反，多年来的集权管制和强制同一，势必弱化个性和多元，僵化思想和惰化精神，这与文化生发和学术创新的逻辑有悖。

第二，随着对高等教育规律认识的不断深化，以及国家对人才和科技需求的不断升级，人们开始对高等教育管理体制及其现行大学制度开始进行深刻反

---

① 参见黄健雄：《关于构建中国现代大学制度的历史性机遇》，百度网，2008.6.10。

思并尝试改革，因而有了新中国成立以来的四次院系调整和多种管理体制的轮番试行。

不过，高校体制改革始终在集权和还权两端摇摆不定，终究定格于具有综合两者色彩的现行制度——党委领导下的校长负责制。这一制度看似对两者取之长而去其短，但立足点仍然扎根于集权基础上的适度分权思想。

一方面，一统式的外部集权体制为大学提供着相应的文化与制度资源，规定着大学与政府的行政隶属关系；另一方面，外控型的"官本位"行权制度孵化出大学内部的"官本位"文化及强势行政权力体系和弱势的学术权力体系的体制格局。

上述两方面原因，造成一个形神俱惫的大学体制样态及其管理活动景观。

（4）改革开放后至今：形神重构阶段。改革开放30年，随着社会主义市场经济体制改革的成功，随着中外文化教育之间的相互交流、博弈和采借及其创建世界高水平大学战略决策的实施，人们逐步认识到高校体制改革之于实现上述战略目标的重要性，于是现代大学制度建设问题摆上了桌面。

作为社会智慧中心并肩负引领社会前进使命的机构，现代大学制度建设正是高校体制改革的关键切入点。

2. "前现代"层面的传统大学制度

之所以说我国现有大学的制度仍停留在"前现代"层面，是因为它具有两个本质性特点与特征：一是建立在领导圣明、政府万能的传统政治论认识基础上的、以外部完全"理性"和正确的观念假设，二是政出一统、利出一孔的集权性制度设置。

（1）政府为大学制度资源的唯一制定与供给者，并以行政指令化方式对大学实行高度集权和全面管制。

第一，我国大学长期以来实行的是一个内外"三权"不分的高度集权行政体制，即：外部举办权、管理权和监督权三权合一，政府作为众多类型社会组织的万能型"公共法人"，直接行权于大学事务，大学作为办学者则成为无责无权的"虚位"存在；内部决策权、行政权和学术权的职责不分，行政权力强制甚至替代学术权力。

第二，国家集办学权、所有权和经营权三者于一身，学校纳入政府隶属机构。

一方面，外控型的大学制度使大学成为政府和政治的附庸，其结果是：大学一切依政府意志行事，无需独立思考、思想，办政府、办政治、办社会，大学的现代性无法成长；大学难以按照自身的教育和学术逻辑发展，维持并运行于高消耗、低效能的制度架构中，千校一面、万人同模，没有特色和个性。

另一方面，以行政指令为运行逻辑的官本位制行政管理体制，造成高校行政与学术权利体系二分以行政权力体系主导的管理体制及其带来的管理集权化、机构衙门化和职员官僚化，以及由"三化"引生的机构臃肿（叠床架屋）、队伍冗员、行政权力僭越学术权力的必然现象。

已经有足够的数据表明，如今中国高校拥有全世界所有大学中规模最为庞大的管理机构及其员工队伍。①

（2）以党代政的集权体制。这种体制造成一系列根本性和难以改变的行权格局。

第一，"党委领导下的校长负责制"，使党委和行政的职责难以明晰。一方面，党委书记和校长事实上处于一个二元并立的尴尬地位；另一方面，党政权限不清或以党代政，使得大学校长地位不清，职责不明，而且造成难以产生教育家或职业型校长的氛围和条件。

第二，党组织实际上是学校最高议事和决策的权力机构，并由此形成学校内部管理体制上的党政不分和以党代政现象，以及与此同时产生的以校长为行政中心的行政权本位操控学校一切事务的现象。党政权力超强，势必造成学校威权本位和官本位现象。

第三，集权式的行权方式使以书记、校长为首的行政权力系统拥有学校发展决定权、资源配置权和学校事务处置权。行政配置资源容易导致行政指令主导而非市场竞争主导下的资源配置现象。

（3）自上而下的委任制人事制度。中国高校至今实行的基本是自上而下的委任制人事制度，而干部委任制及其领导"空降"反过来进一步强化了高校的行政化和官本位化。

第一，自上而下的人事委任制，使得高校领导的选拔权、任命权、考核权、评价权集中在政府及其主管部门手中。

大学校长时下首先意味着是官员岗位，任命校长重点考虑的是人事安排而非办学理念与管理才能。由于学校领导已然属于高级干部，因此，他们与政府其他部门同等级别或者更高级别官员岗位的流动、升迁，基本遵循官本位制无缝衔接。上海交大高教所熊丙奇教授对 11 所"985 高校"的现任领导任命前

① 参见邓和平：《高等教育体制改革是当务之急》，载中共中央党校《学习时报》，2009.3.16，第 6 版。

的职务调查表明，22 名党政一把手中曾经在政府部门任职的有 11 人，占 50%。

第二，行政权本位及其官本位形成一种文化意识和价值取向而蔓延于高校，造成一系列不正常现象。

其一，机构行政化及其管理者官本位化，使得学校之间、学校内部部门和职员之间竞相攀比行政级别，由此破坏了学本位的学校运行逻辑与规律，破坏了服务第一的管理宗旨及其行为价值取向。

其二，以行政权力为中心的资源配置和评价方式和"教而优则仕"与"学而优则仕"的用人机制，导引学者竞相进身入仕，对师资队伍建设和学术发展造成重大伤害。

其三，学校以出各级政府主政官员为最大荣光，一些学校领导者在任上只为实现自己的仕途发展而积极谋划，而非为教育理想和学校发展尽心尽力。

其四，机构衙门化及其管理者官僚化，以及兼职学者的身份异化和官僚意识增强，学术管理行政化。虽然学校也有"教授会"、"学术委员会"等"学术机构"，但其活动不过是学校政务活动的延续或贯彻行政指令。

其五，大学对教师实行的是刚性化"指标管理"，对学生实行的是强制性"家长式"管教模式，由此极大地伤害了教师与学生群体的情感和利益。

九三学社的一份调查表明，"用确定高校主要领导行政级别的方法来确定高校的地位"这一制度，有 61.4% 的人认为这极大地助长了高校内部的行政化和官本位，导致许多有发展前途的骨干教师分心于追求校内行政地位和权力，对师资队伍建设带来了巨大冲击，根本不利于高校的健康发展。有 24.9% 的人认为这一制度强化了行政权力，使教师在学校的主体地位进一步削弱，产生了不良导向。调查表明，绝大多数被调查者并不认可这一制度。[1]

高校中管理岗位与行政职务挂钩，不仅与 1985 年《中共中央关于教育体制改革的决定》目标相违背，也与 2000 年中组部和人事部提出的关于事业单位改革的精神相违。2000 年中组部和人事部明确提出要逐步淡化、取消事业单位的行政级别，但高等学校至今并未发生根本性改变。

（4）法制滞后及其法制不完备的情况同时存在。

第一，条款规定不够严密。如"高等教育法"中：对教育行政部门和高校之间的责任与义务没有明确和详细的规定，缺乏约束力和可操作性；对学校

---

① 参见叶铁桥：《科技大奖可信度遭质疑 "双肩挑"不获认同》，载科学网电子杂志，2009 年，第 122 期。

学术权力的运行缺乏可操作性细则规定，使学校权力结构不明晰；"不得以营利为目的"的规定缺乏明确的文字说明，限制了大学的筹资渠道和发展空间；对高等学校党委书记与校长的"领导"与"负责"的说法具有事实矛盾性并缺乏可操作性；对大学生的教育权益和学校学习生活没有作出相应规定。

第二，条文用语不规范，造成可随意性解法、用法以至于法律规定的不稳定性。

第三，配套性法律滞后。"高等教育法"里不少条款中写有授权性的文字，如："按照国家有关规定"、"依法"等，但这些所谓的"有关规定"和"依法"至今未见出台。

第四，缺乏学校权利保障机制。"高等教育法"虽然赋予了高等学校众多权利，但没有规定保障这些权利最终实现的法律救济途径，一旦被侵权，大学没有有效的途径来维护自己的权益。

总之，由于大学与社会或市场的交易行为基本通过政府进行，因而钝化了大学对社会需求反应的灵敏性，出现所谓大学自主制度创新的"时滞现象"。

3. 高等学校管理体制改革现状

当前，国家已经认识并提出建设现代大学制度的目标。相对于过去强调大学发展的资金、人员、设备等要素改善而言，改变传统制度低效率运作对大学发展的"制动"状况，无疑是促进大学发展的关键点。

（1）国家开始重视高等教育体制改革及现代大学制度建设，一系列重大举措的实施带来了高校制度建设的一些新气象。

第一，建立与完善法制体系。近年来，国家先后颁布了"教育法"、"教师法"、"高等教育法"、"社会力量办学条例"等法律法规。

第二，持续改革高校内部管理体制和运行机制，在内设机构和劳动人事分配制度等方面取得明显进步，在优秀人才引进和待遇等方面有所突破。

第三，以法律制度方式促进高等教育办学主体向多元化发展，社会力量办学出现了良好发展势头，为高等教育大众化做出重大贡献。

第四，政府职能有所转变，在招生、培养模式、教学计划、毕业生就业等方面给予大学一定自主权，鼓励大学依法自主办学。

（2）高等教育体制改革总体上仍在边缘转悠。当前体制改革与制度建设之所以特别困难，就在于现行制度的既得利益者既拘囿于惯性思维路径也徘徊于利益得失。政治学家 Machiavelli 五百多年前就指出，没有什么比引入新秩序更困难，更难以实现，更难以预测其成功与否，因为所有旧秩序的受益者都将与你为敌。

第一，1985 年和 1992 年《纲要》先后提出高校体制改革的基本目标，大学要成为面向社会自主办学的法人实体，恢复大学的自主性、学术性，建立学本位的管理体制（建立现代大学制度），但上述目标都未真正实现。

多年来的体制改革虽然成绩可嘉，但涉及的多是一些外围性问题，比如：一是围绕以减轻政府投资压力的经济创收机制，像大学生收费、后勤社会化、大学城建设之类；二是面向普通教职人员的人事制度改革，像教师聘任制度、工资分配制度等。

第二，20 世纪 90 年代以来，中国大学提出了建设现代大学制度的宏伟命题，但进展不大。在教育管理体制的边缘性改革过程中，在"形式"上实行了不少的所谓"现代制度"，但都不过是漂浮在既往传统制度之上的点滴浮油而已，或者是把一些新的"制度""形式化"地栽到自己的土地上，而并没有涵化于生活本身，这使制度价值及其效力大打折扣。

第二节 现代大学制度建设的国内外动力

一、世界公共管理改革运动与高等教育体制改革

英国学者奈特和屈勒 2001 年在其合著中指出，在过去的 20 年里，英国乃至全世界的高等教育都发生了引人注目的迅猛变化，具体体现于七个方面：高等教育日益全球化；高等教育制度的准市场特性不断发展；世界性的高等教育大众化潮流；高等教育经费增长赶不上学生人数的增加；各国对高等教育质量的高度关注；高校课程日渐呈现职业导向；国家—高校—企业之间关系发生改变。正是上述七方面变化，引发世界各国高校的管理体制改革及其现代大学制度建设。

1. 新公共管理改革运动

（1）20 世纪 70 年代以来，源于里根和撒切尔时代的美、英两国，继而在世界发达国家出现了一项重点在强化以市场为资源配置机制、改革传统管理结构和过程的公共管理制度的重建运动。在这场变革中所产生的诸如管理主义、新公共管理、企业型政府、以市场为本的公共行政等新提法表征了同样的内涵，即传统的政府官僚制政治模式被以一种市场为导向的管理范式加以取代。

新的管理范式转型表明：一方面，改变传统的高度控制的执政方式，将效

率和责任引入到政府公共政策的决策机制之中，在治理结构上，坚持一种结构多元主义的观点，寻求从多维度的角度看待社会公共生活和政治，并力图建立国家与其他社会组织以及个人之间的伙伴关系，尤其强调强有力的公民社会对有效的民主政府的必要影响作用；另一方面，在普遍扩大运用市场手段的同时，寻求建立一种效率与公正相结合的公共管理体制。

（2）新公共管理理论关于政府职能转变、公共事务民营化和利用市场机制改造包括政府机构在内的公共部门的观点，为市场机制介入教育领域（包括公立学校系统和义务教育阶段的改革）提供了理论依据。

新公共管理理论强调，现代社会的政府应不断转变自身职能，政府转变职能的根本目标是实现"公共供给"提供者的多元化，即把原来由政府承担的一些公共管理职能交由公民社会和市场来承担，形成由政府、市场和社会组织共同提供包括教育在内的公共服务的格局，以克服政府垄断提供公共服务所造成的低效率和低质量。

在新公共管理思想的影响下，新教育管理的改革被随之提出，其基本内容主要为一种以市场为资源配置基础的教育管理范式。这种新管理范式体现了从制度文化到管理文化及其管理方式的变革，由此推动政府以及政府、学校与消费者三者之间关系的重构。

2. 教育体制的社会公共化改革及其现代大学制度建设

（1）在新公共管理主义运动影响下，各主要发达国家在强化国家对教育领域干预的同时，为教育创造一个更具竞争性的类似市场的环境，把教育事业发展朝着自由民主化方向推进。

第一，政府实行公共教育运行权力的转移（放权），将教育的具体管理、运营权限进一步下放给学校，以使学校类似于市场竞争中的独立企业一样，拥有可以进行创造性活动的充分自主权和独立性。

第二，建立家长与学生的自由选校制度，扩大家长替子女自由选择学校的权利与机会，以使家长、学生如同市场上的顾客、消费者一样，成为教育的消费者。此外，还有以学生成就评价来改进加强政府监控与学校的绩效管理等。

新公共管理理论主张者格雷斯在他 1995 年出版的著作中，以列表方式对"新"、"旧"管理理念及其模式进行了比较（见表 6-2）。①

---

① 转引自田凌晖：《新教育管理：渊源与内涵》，载《教育发展研究》，2004 年，第 7～8 期，第 27 页。

表 6-2	官僚专业主义和新管理主义的主要特征
官僚专业主义	新管理主义
• 公益事业性	• 消费者导向性
• 抱着"专业标准"的价值观念，如公平、保健和社会正义的责任而决策	• 由效益、成本收益和对竞争优势的追求所驱动的决策
• 强调与雇员的集体关系（通过发挥行业联合会的作用）	• 强调个人关系（通过对行业联合会作用的弱化和通过新管理技术，如全面质量管理、人力资源管理等）
• 咨询的	• 权威主义的
• 物质理性的	• 技术理性的
• 合作	• 竞争
• 在具体福利部门如教育、卫生、社会福利工作等领域内部及其持有的价值观中社会化的管理人员	• 一般在"管理"领域及其持有的价值观中社会化的管理人员

资料来源：Sharon Gewirtz（2000，3）

第三，针对教育事业绩效低下、教育质量不高等问题，各国政府在教育领域引入市场竞争机制，采取了特许学校、学券制、民营教育管理组织、公助学额计划、自由入学、向公立学校直接拨款、教育行动区计划、督导制度等一系列运行机制改革，使消费者享受竞争的益处，同时促进学校提高管理效能。

随着公共教育市场化改革的深入，人们的观念、话语都随之发生变化，诸如质量、效益、效率、市场、招聘、人力资源，等等。尽管各国各界对教育市场化持有不同看法，但在实践领域的公共教育市场化已经广泛推行，并引发现代大学制度改革的深入探索和实践。

第四，为了增强本国在全球市场中的竞争优势，各国政府和经济界普遍希望大学能够创造出适应市场竞争所需要的新知识、新技术。于是，一个以大学为主体的学研产一体化的国家创新制度应运而生。经济全球化与知识信息要素重组了学术劳动力的劳动方式，世界出现了所谓的"学术资本主义"。

教育管理体制公共治理结构模式的转换示意表（见表6-3）。①

表6-3　　　　　　　教育管理体制公共治理结构模式的转换

	传统模式	现代模式
治理模式	政府集权专制	市场机制调控、政府宏观指导、社会力量参与
与其他部门关系	次要地位	从边缘走向核心
干预方式	官僚行政手段	市场规律、法治手段
中央与地方关系	分权管理	地方统筹为主、中央统筹财政转移支付和专项资助
政府与教育机构	行政从属、任务指令	宏观调控监督
决策程序	封闭、集中、非程序化	开放、科学、规范、分层
决策反馈	行政性评估、自我调节	过程反馈、社会监督、中介评估

（2）公共化教育改革影响下的高等学校管理三大变革趋势。

第一，在管理目标上从效益管理走向人本管理，即学校管理从效率效益第一走向人的发展第一。其意义在于四个方面：一是教育的本质回归——从知识传递到智慧启发；二是教育的精神回归——让个体生命焕发活力；三是教学神韵的转换——师生之间平等实现精神与心灵的互动；四是和谐校园社会的实现——让每个教师实现自由创新与持续发展，让每个学生学会学习与持续成功，让全校成员和谐共进与全员发展。

第二，在管理体制上从集权管理走向校本管理，即学校管理从"国本"走向"校本"，其意义是本校化、本土化和区域化，学校结合自身实际、结合区域实际按学校内在逻辑发展；其标志是大学实现真正意义上的自主自治、专家治理、教授治校和特色发展。校本管理包括校本发展、校本研究和校本评价三个方面。

第三，在管理方式上从封闭式管理走向开放化治理。所谓开放化治理，是指各种社会公共或私人的机构管理其事务的诸多民主合作方式的总和，是一个使相互冲突的或不同利益群体得以调和并且采取联合行动的持续过程。治理既

---

① 参见《缩小差距：中国教育政策的重大命题》课题组：《落实教育均衡发展的十条政策建议》，载《中国教育报》，2005.7.3，第4版。

包括有威权强制人们服从的正式制度和规则，也包括各种人们认同符合其利益的非正式的制度安排。

开放化治理有三个特征：治理不是一种固化的科层制责任分工制度，而是一种主体间平等的持续互动；治理过程的基础不是自上而下的行政控制，而是多方平等的协商合作；治理既适用于公共部门，也适用于私人部门。

如果说民主政治制度的建立是人类历史上第一次最伟大的社会制度革命，那么，现代治理制度的出现则是对民主制度的深刻变革，这种变革使整个社会体制运行从观念到行为体现出三大更新：一是从控制到服务；二是从规制到协调；三是从法制到回应（根据民意及时反馈回应）。

基于学校的组织特性与社会特性，现代治理制度模式非常适合于学校的管理运行，它十分有利于促进学校健康、全面与可持续发展。

（3）如同任何事物一样，新公共管理运动影响下的高等学校管理体制改革也并非完美无缺。

第一，市场取向的教育体制改革，会导致过分强调个人消费者的选择权而容易忽视并损害到社会群体的教育权益。换言之，市场竞争的结果常常危及教育公平。

第二，市场取向的教育体制改革，会导致过分强调学校的资源营谋而掩饰了政府的公共责任及其政策伦理，由此损害到学校的公共公益性价值发挥和学者的相关发展权益。

当然，上述问题并非不可克服，它完全可以通过配套并完善其他相应的制度机制加以弥补，比如教育资源配置的均衡机制、教育财政投资制度、政府和学校的相关问责制等。

总之，在大力提倡教育创新、实现高等教育优质优化发展和推动中国世界一流大学建设的情势下，发达国家的新公共管理主义思想理论及其新教育管理体制改革，以及积极建构现代大学制度的研究与实践，引发中国政府及其高等教育界对高等教育体制改革的深思与行动。

二、现代社会生态关系与社会建设

社会系统是一个具有高度组织性、层次性和结构性的复杂整体，其内部各子系统之间相互联系，相互制约，共同构成一个复杂的生态系统。社会整体系统与各子系统以及各子系统之间遵循平等的生态法则并以资源互惠互利的方式相互发生作用，由此促进各系统自身和社会系统整体之间的功能协和与永续发展。

1. 平等、健康与良性的现代社会系统结构关系的基本法则

（1）各子系统的健康运行和发展，有赖于社会系统内部的良性结构关系。一方面，各子系统自身内部要有一个良好的生态构造，以及体系内诸次体系间、要素间的良性互动；另一方面，各子系统之间必须形成合理、和谐与稳定的结构关系，以确保相互之间的物质流、能量流与信息流的畅通与交换。

（2）各子系统之间是一种竞争发展与合作互补的关系。按照生态学理论，在生命个体与种群的进化过程中，个体、种群和环境之间并不只是存在着竞争，更重要的是它们之间的相互依存、共生与共荣。虽然它们之间存在着生存竞争，但这是在广泛合作的社会环境大背景之下的发展性竞争与互补性合作。一个社会系统要健康持续运行，各子系统间的竞争发展与互补合作缺一不可。

（3）社会各子系统之间的关系通常呈现两种形态。

第一种是"藤绕树关系"。即：某一子系统处于强势地位，拥有对其他子系统的强制权力而占有了其他子系统的自我发展空间，其他缺乏独立自主性的子系统若要生存发展，就必须依附于强势系统以换取庇护。此时它们之间的关系好比藤和树的关系。强势系统好比参天大树，躯干挺拔，枝叶繁茂，占据了向上发展的有利空间，其他子系统则是树隙间的藤蔓，若想得到阳光的温暖，就不得不攀附于大树，求得生存与发展。如此而来，其他子系统就失去了自主性而受制于强势系统这棵大树。这是社会系统结构关系中最为原始的形态，它显然有违于社会及其社会系统生态原则。如此既不利于各子系统的健康发展，也不利于社会整体的稳定与协和发展。

第二种是"二木成林、生态发展"的关系。此时的社会各子系统均是森林中的参天大树，只是树种不一，生存之道有别，但相互地位平等，各自独立又相互作用，共同作为生态体系的有机组成部分撑起和谐相生的生态体系。社会各子系统之间这种均衡、和谐、互动的状态，可形象地称之为"二木成林"的生境。

社会各子系统之间依赖于相互平等、资源交换，才得以形成共生共荣的生境。任何子系统单向度的强势与强制，只会因资源单一或资源缺失而导致整体生态失衡，它必将导致社会和国家不可能实现健康、稳定、和谐与可持续发展。

2. 中国社会系统结构关系的现状及其成因

（1）当前，中国社会各系统之间的结构关系并不平衡，各系统之间平等互惠关系的打破，影响到各系统之间的生态关系，及其他系统的生存发展空间。

（2）社会系统结构关系失衡的成因。

第一，社会各系统之间结构关系不平衡背后的根本原因是"权力媒介"这一要素作用的扭曲。

随着社会主义市场经济体制的确立，社会各系统之间的要素结构关系逐步被纳入市场化。但是，"权力要素"的定位至今没有市场化，通过管制和扭曲其他要素系统，来持续强化自己的定位。

第二，社会各系统之间的要素结构关系是平等的，如果表现在市场中有不平等现象，背后一定有扭曲市场的力量。

3. 社会建设与政治体制改革

政治体制改革是改善社会系统结构关系并建立一种符合生态法则的新型社会系统结构关系的重要举措，因而是当前社会建设的主攻方向。

（1）必须补上"社会建设"这一短板。经济建设与社会建设并举是确保中国社会文明转型与健康稳定发展的题中应有之义。

第一，经济发展是一个多维的目标体系，包括经济建设、社会建设和文化建设和政治建设。社会建设强调社会主义生产力、生产关系和上层建筑高度和谐。社会建设能够为市场机制发挥最大作用创造更加完善的环境，引导资源由经济领域向全社会领域配置，达到资源配置更加合理，资源效率更加提高，社会产品分配更加公平。

第二，社会建设包括社会政治体制建设、社会组织建设、社会结构建设、社会利益关系协调机制建设、社会保障制度建设等非常丰富的内容。

社会主义市场经济不仅要建立合理的经济布局、经济结构，还必须建立完善产权制度、公平的市场秩序、协调的要素市场与产品市场，同时建立与它们相适应的服务型政府、服务高效的社会组织、多方参与的公共服务机制。后者是社会建设的主要内容。

（2）社会建设的滞后必定阻碍经济社会发展。

第一，社会建设滞后会影响到整个社会的和谐与良性运行。

第二，教育体制改革与现代大学制度建设，是社会政治体制改革的重要组成部分，是教育与学校系统争取生存发展空间的自身逻辑需求。

（3）社会建设及其政治体制改革，是实现系统要素结构关系的调控与转型的基本途径。

第一，中国社会各系统要素结构关系实现生态化的社会格局，关键在于加强社会建设及其加快政治体制改革与政府的社会职能转型。

都说中国社会处于转型过程之中。从什么型转向什么型？在笔者看来，就是由政治系统自定位机制转向由社会系统生态依存关系决定格局的平衡机制。转型的手段是市场供求机制，遵循的依据是"社会契约论"。

第二，政治系统为什么可以自定位？原因在于它拥有组织化的定位力量。

第三，以法制手段加以制衡与约束。

改革开放已经三十多年，确实已经到了必须认真重视并切实寻求合理的社会系统要素结构关系定位机制的时候。

三、高校体制改革及其现代大学制度建设的条件与力量

中国大学和世界各国高校之间的竞争，归根结底是两种教育管理体制的竞争。著名学者邱成桐认为，如果中国的学术环境再不改变，中国的科技不是赶超的问题，而是继续落后的问题。换言之，中国的大学如果不能尽快建立起现代大学制度，那将不是赶超的问题，而是继续落后的问题。

1. 社会变迁要求高等教育体制改革

第一，社会经济与政治体制变迁要求相协和的教育体制改革。在市场经济影响下，学校必将全面面向社会运行，由此促使学校运行机制发生相应变化；政治体制改革带来的政府职能转变，引发学校与政府关系发生变化，学校的自治自主地位将得以加强，由此极大地释放学校的发展活力，而建立现代学校制度的诉求正是教育体制改革的重要标志。

第二，随着社会持续变迁，当务之急和最根本的是继续推动和深化高等教育体制和机制的改革，改革和革新的重点是培育和释放高校的动力、活力、能力、潜力，培育它们的特色，保证学校在如此多重过渡中，处于主动的位置。

随着经济体制的转型以及政治体制改革的推进，大学获得了越来越多的办学自主权力和个性化发展空间，但大学自主性制度创新的滞后又使大学陷入了自我发展的制度短缺困境。大学发达史表明，大学发展既取决于政府和社会为大学提供怎样的资源和制度环境，又取决于大学自身在多大程度上拥有自我管理的条件和能力，两者的失衡必然影响到大学发展。因此，围绕以大学办学自

主权为核心的自主制度建设成为大学制度改革的当务之急。

第三，现代大学制度的核心是以学术发展为中心，运用市场机制来管理、运作和经营学校。建立现代大学制度的目的，就是要通过对现行学校制度的调整和改革，形成与经济社会发展相适应的学校制度，通过生产关系的调整来进一步解放教育生产力和学校发展力，为尽可能多的社会大众提供充分的、平等的、成本较低的、优质的教育服务，并为社会大众获得这种优质的教育服务创造公平的制度条件，其重点是建立开放的、民主的、以人为本的、最终指向育人的学校管理制度。

总之，构建现代大学制度是现代社会发展与大学自身发展的双重与双向要求。现代大学制度除了具有时代性，能够比较全面地反映社会现实发展需要和与时俱进的精神以外，还应具有人本性、民主性、科学性、开放性、发展性和生态性等特征。

2. 体制改革的条件和力量

经过三十多年的改革开放、革故鼎新和变革洗礼后，人们的社会生活日益公共化和理性化，这为现代大学制度改革与建设奠定了良好的心理基础，并确保高等教育体制步入稳健改革的轨道。

（1）体制改革的内外条件。

第一，政府官员的政治素质提升及其职能转变，对推进大学制度从外控管制式向法人自治式变迁提供了有利的外部环境。

第二，公众整体文化素质的普遍提升及其社会生活日益公共化和理性化，公众对高等教育的认识、需求和热情不断提高，有利于推进大学体制改革过程中融合更多的智慧和力量，从而有利于创设更具"适切性"的教育管理体制。

第三，高等教育国际化及其频繁的大学国际化交流与合作，使得中西方大学制度研究取得了长足进展。一方面，随着人文社会科学和国外制度文明的导入，学者对国内外大学制度的认识不断深化，观念意识不断更新；另一方面，管理科学、教育科学、制度经济学、教育社会学等学科在中国的广泛传播和本土化发展，为现代大学制度建设奠定了理论与技术基础，并极有利于降低高等教育体制改革与现代大学制度建设的成本。

（2）体制改革的力量。我国大学制度改革应采用精英推进为主、多元选择为辅的模式。用林毅夫教授的制度变迁理论说，就是采用以强制性变迁为主与诱致性变迁为辅的改革模式。

第一，主体力量。

首先，从总体上说，高校体制改革及其现代大学制度建设需要多方参与，其中：政府是外部关键性组织力量；社会集团、企业和社会各界精英是外部重要性推动力量；大学内部改革的倡导者和执行者，主要是校长书记们和学术界名家，特别是教育家和教育改革家们，他们是制度改革最直接的内部关键性发动力量。

其次，改革开放30年来，中国社会发生根本性的变革，这个变革以公民社会的日益壮大为迹象，由此社会公众成为社会建设的重要主体力量。

一方面，日益壮大的社会组织及其所代表的各阶层利益诉求，成为推动社会建设及其社会文明进步的重要力量。我们不要人为地把社会组织推到对立面。维权围绕的是法律和权利的实现，它是好事而非坏事，一个没有泄压阀的社会恰恰是最危险的。发达国家正是在数百年的民权运动中，通过司法制度规范公民结社及其社团组织活动，从而实现社会的团结稳定和促进社会的文明进步。

另一方面，互联网技术的进步及其功能的拓展，为公民提供了前所未有的个人自由表达空间，它成为公众对公共政策和政府官员形成广泛的舆论监督力量。公民和网民的日益理性与成熟，使政府行为不断受到来自社会的问责和约束。

中国大学既然出现了制度性疲乏，现行的大学制度压抑大学的本性并成为大学新的发展的锁镣，既然这种对大学的过度管制没有提高社会的整体最佳效益，既然时机已经成熟，我们所缺少的就是行动。

第二，理论力量。

其一，系统生态理论。从根本上说，高校体制改革及其现代大学制度建设，是建设一个生态化的社会系统生态格局并促进社会和谐、稳定、健康与可持续发展的需要，是社会建设与社会制度创新的需要。

其二，制度变迁理论。制度变迁理论的重要特点是，强调制度及其变迁对于不断优化人们行为方式并改善经济增长与社会进步的决定性作用。因此，制度经济学关于制度变迁的理论不仅在经济领域里有着重大解释力，在社会其他领域里同样具有重大解释力。

制度效益理论认为，制度是重要的资源，制度对组织运行成本和收益具有巨大影响。但制度变迁也需要成本，所以推行制度变迁要进行成本——收益分析。

制度变迁受环境、文化的影响并具有三个特点：一是高效制度终归要取代低效制度。中国大学制度运行成本高、收益低，进行制度变迁是必然趋势。二是如果低效制度能够持续存在，其原因是还存在没有被我们发现的可以补偿资源消耗成本的隐藏利益，如监督成本大大下降、某些活动的产出增加了或大大降低事后的风险成本，同时可能存在某种既得利益的强势集团，他们通过竭力维持现有制度为自己谋利。三是如没有发现上述的隐性利益，我们就应该果断进行制度变迁。

其三，权力制衡理论。当今的中国社会，存在一个"威权政治加市场经济"的双轨制度。这种制度容易导致权力的贪婪和资本的贪婪的恶性结合，而这正是当今中国一切社会问题的总根源。

首先，民主政治和市场经济是配套的。没有民主的市场经济只能是权力市场经济。在权力市场经济下，没有制衡的公共权力，只会导致政治与经济腐败。

针对当前面临的社会问题，改革的紧迫任务是制衡权力和驾驭资本。改革目标是将"威权政治加市场经济"转变为"民主政治加市场经济"。

其次，制衡权力必须有权力体系外部的力量。简单的力学常识告诉我们，内力不能改变物体的运动状态，正如自己不能抓住自己的头发把自己提起来一样。中国现在也有完善的权力监督体系，但这些监督力量仅是内力。

一方面，外力制衡才能真正限制权力，但这需要民主政治，需要破除政治垄断并开展政治竞争，毋庸置疑这恰恰是政治体制改革的敏感而核心的问题。

另一方面，现代民主制度是制衡权力和驾驭资本比较有效的制度，这是人类社会在千百年来的政治实践中产生的制度。我们在创建有中国特色的民主政治时，应当吸收人类这一具有共性的文明成果。

其四，公共治理理论。随着世界性的公共改革运动，20世纪90年代以来，交叉于经济学、政治学和管理学领域的治理理论兴起。公共治理理论的核心议题是公共利益，它力图通过阐释从主体、结构到手段的现代民主形式，肯定并发展着社会公共性的思想理论内涵。因此，治理理论不仅在经济与政治领域里有重大解释力，在社会其他领域里同样具有重大解释力。

首先，公共治理理论改变了传统的教育管理理念及其管理方式。治理理论不仅指明了在教育事业内部所涉及的各方关系，更要求学校与学者、社会与学校、政府与学校各方之间建构科学、民主的以对话协商与合作式的网状管理系统。

其次，公共治理理论的兴起，一是意味着国家公权必须受到约束，使之不得随意干涉包括高校在内的各个社会组织的内在发展规律；二是意味着政府在社会生活中、在教育领域的角色及其行政管理方式发生变化，教育事业所涉各方利益得到观照，即：学校的组织属性得以强化，学者的主体性得以增强，社会的参与性得以尊重；三是作为公共性教育机构，教育事业的发展关乎国家和社会公众的利益。政府和社会各界出于利益诉求，对高校进行适当干预和约束也具有一定的"应然"合理性。换言之，高校的运行未必都具理性，其自治是有限度的自治。当然，外部干预不得损害学校的组织属性，不得伤害学术自由。

再次，公共治理理论将民主、公民权和公共利益置于核心地位，强调社会各利益主体的平等、合作、参与，这不仅使社会公共性及其公共性制度建构进入一个新的发展时代，也使高校的公共性治理及其公共性服务进入一个新的发展时代。

总之，社会建设及其政治改革要采取积极的态度。作为公众，要在各自的岗位上、用各自可能利用的一切资源，努力推进社会民主进程。作为执政者，要积极、主动、自觉地推进改革。民间力量的积极推进和执政集团的主动改革，二者相互促进，良性互动，应当是中国社会建设及其政治改革的动力模式。

第三节　现代大学制度之科学建设观

我们在经济社会发展上大力提倡科学发展观，在教育事业发展上提倡科学发展观，那么在现代大学制度建设上我们同样也要提倡科学建设观。现代大学制度的科学建设观应具体包括以下四方面内容。

一、理念先行

理念是变革的先导。当前，大学现代制度建设所遇到的难题，首要的不在技术层面而在思想理念层面。要加快实现高校体制改革及其开展现代大学制度，必须先行转换理念，它包括三个层面的内容：一是心理转变，二是认识转换，三是观念更新。三者陈陈相因，互为因果。

1. 心理转变

常言说，世道人心。可见，世道和人心是一种相辅相成的关系。世道败人心，人心坏世道，反之亦然。没有好的制度作为保障，礼崩乐坏和人心堕落则不可避免，何谈科学发展观及其科学发展。

（1）社会心理是"现代制度"发生与运行的基础与条件。因此，在全社会中培育并生成既符合中国特色又适应中国社会现代文明进程的社会心理及其心理文化十分重要。

经过三十多年的改革开放、革故鼎新和变革洗礼后，公众的公共生活日趋理性化，这为现代大学制度改革与建设奠定了良好的社会心理基础和文化环境。

（2）大力建构现代社会心理及其心理文化。

第一，建构现代社会心理及其心理文化，其目标在于制度及其制度文化建设。

首先，制度本身是一种文化，制度文化可分为表层制度文化和深层制度文化。所谓表层制度文化是指以各种文本形式呈现出来的可视性制度；深层制度文化是指人们对创建制度与遵守制度的情感态度、价值诉求、认同意识和行为取向等。

其次，在构建大学制度过程中，我们不能简单地盯住表层文本制度，更应重视深层的制度文化。当前，我们的大学制度也在不断建设和完善，但大都停留在"建章立制"层面，结果是版本有异，内容相同；制度不少，效果不佳，根本原因在于忽视了制度文化建设这一关键维度。

事实表明，文本制度并不能解决所有问题，况且文本制度能否顺利实施，首要在于心理和信念。一所学校可以制定出一套现代学校制度的完善"文本"，但是如果学校管理者头脑里没有与制度文本相匹配的制度文化，则只会揣着新文本走老路。

第二，建构现代社会心理及其心理文化，一是要改变传统的思维视界、思维定势及其思维方法。一般来说，当思维视界及其思维方式被锁定在某种既定实在里，只能产生特定的事物实在及其这种事物的演绎。因此，通过改变思维视界及其思维方式，新事物就变得可以看见。二是要改变中国社会传统的政府万能的政治认识论及其政府完全"理性"和正确的先人为主的心理定势和理论假设等，积极建构并强化"公平正义"、民主法治、权力制衡等现代社会公共性文明价值体系及其精神文化信仰。三是树立重心下移的教育治理观。高校不同于任何社会机构的根本特点在于，思想、智慧和知识原创生成于学者或学科群体。因此，外部对学校的行政、学校对员工的管理，都必须遵循重心在基层的原则，并实行自下而上的民主、协商与合作式的管理方式及其模式。忽视并违背这一逻辑，只能扼杀基层从组织到个人的创造性活动。

总之，建构中国人的现代社会心理文化是一个漫长而艰难的过程，绝非一蹴而就，需要决心、恒心与耐心。

2. 认识转换

心理转变的结果是认识转换。认识转换的关键在于要搞清楚：我们为什么要建设现代大学制度？高校管理体制改革要解决的关键问题是什么？

（1）将我国大学与改革前的国企相比较，除了非盈利与盈利的目标差异之外，作为一般社会组织，二者其实存在着不少共性：一是独立自主的法人实体；二是大致相同的领导体制，即中国共产党基层委员会领导下的校长/厂长（或经理）负责制，其领导人职务由主管部门决定任免，作为大学或国企领导的待遇或追求是行政晋级而不是教育家或企业家的人力资本价值；三是主要经费来源都是政府财政计划拨款。

经过改革开放后的三十多年经济体制改革，企业体制已经实现重大转型，而大学仍然保留着原汁原味的传统官本位行政管理体制。

（2）20世纪90年代以来，我国多次提出建设世界高水平大学及其现代大学制度的目标，但这一目标的实现有赖于国家从外部提供新鲜的制度资源或制度创新环境。

邓小平同志早在改革开放之初即指出，政治体制改革同经济体制改革应该相互依赖，相互配合。只搞经济体制改革，不搞政治体制改革，经济体制改革也搞不通，因为首先遇到人的障碍。我们所有的改革最终能不能成功，还是决定于政治体制的改革。邓小平的这些至理名言多年来被反复征引，但政治改革与经济改革"相互依赖，相互配合"的局面尚未出现，足见改革的推进是何等艰巨的任务。因此，对于现代大学制度建设来说，能否实现突破性进展，关键在于国家整体的政治体制改革进程。

（3）随着社会主义市场经济体制的确立，在市场导入与市场竞争条件下营造一个健康开放的竞争环境是我国现代大学制度环境建设的必然趋势。

开放性与竞争性是市场的天然属性，我国《高等教育法》中提到要"优化高等教育结构和资源配置，提高高等教育质量和效益"，而市场无疑是实现这一目标的最佳途径。这里，大学面向市场竞争发展，并不意味着大学的商业化和营利化，而是在一种全球化的"大学市场"竞争中，让我国的大学以一种全新的运行制度去应对竞争与挑战，并在国际高等教育"市场"中赢得自己应有的地位。

（4）世界大学发达史表明，大学发展既取决于政府和社会为大学提供怎样的资源和制度环境，又取决于大学自身在多大程度上拥有自我创造制度资源的条件和能力，两者的失衡必然影响到大学发展。因此，改变党和政府的执政方式，理顺教育与国家之间的关系，围绕大学独立法人地位和办学自主权为核心的现代大学制度建设，应当是高等教育体制改革的当务之急。① 相对于过去强调大学发展的资金、人员、设备等要素而言，改变外部传统制度对大学发展的"制动"状况，无疑是激活大学发展力和创新力的关键切入点。

（5）科学与正确地理解政党的执政方式。当前，我国大学普遍实行的是中国共产党绝对领导下的集权式行政管理体制。无论是从现实出发还是从未来着眼，坚持党的领导并巩固党的执政地位是毋庸置疑的。

第一，范式宽容与理性维护。所谓范式宽容与理性维护，即既承认没有什么有对真理的专断权，愿意学习其他范式，同时保持对自己的范式的理性维护。

首先，坚持党的领导不等于以党代政。改革开放以来，特别是20世纪末以来，党和国家领导人多次提出改变党的执政方式的命题，显然是对党在和平时期如何科学执政问题有了新的理解与认识，这无疑为我们开展现代大学制度建设提供了新鲜理论思路和政治文化资源。

其次，巩固党的执政地位关键在于不断改善和完善党的领导。一方面，随着世界性的民族与社会、政党与国家的文明与进步，社会政治生活越来越注重"质"的追求而非"量"的强化。改善和完善，属于"质"的追求；"加强"恰恰属于"量"的强化。另一方面，改善和完善党的领导绝非削弱党的执政地位及其执政权力，而是通过执政方式与过程的优化来维护和巩固党的执政地位，这无疑符合当前我党提出的社会政治文明建设的总目标，符合党和政府社会职能转型和公共改革的价值诉求，符合社会政治生活民主化、法制化和科学化的理想追求。

第二，在现实情况下，坚持党的领导并巩固其执政地位，可以在不同行业采取不同的形式和方法。作为以思想、智慧和知识为活动内容的大学来说，需要更多的是自由宽松的制度环境与氛围，因而在实行什么样的外控方式上须慎之又慎。

对大学实行什么样的体制，表面上看只是个管理方式问题，但从深层次看，大学担负的是培养、训练民族生存与发展方式的地方。过于刚性的一统式集权体制，不仅容易管死学校、学者的思想与智慧，且容易造就一个思维僵化

---

① 参见邓和平：《高等教育体制改革是当务之急》，载中共中央党校《学习时报》，2009.3.16.第6版。

的族群，如此极不利于我国实现培养一个创新民族与国家的战略目标。

3. 观念更新

认识转换的结果是观念更新，观念更新体现于制度认识和理念建构两个层面。

（1）制度认识层面。在马克思的理解看来，人们必须依据自己的情智构建他们所认识的世界。世界只是短暂的社会组织，任何一种制度或任何一种知识都不可能是一成不变的。世界是复杂的，社会是变化不居的，没有关于社会因果关系的单一的逻辑，也没有关于经济、政治或其他任何东西的永久不变的规则。

第一，明确制度的性质。制度是人类活动的方式、手段和程序。文化无优劣，但制度有高下。一流大学之为一流，关键在于管理一流及其制度一流。

一方面，作为人类行为文明的成果，无论是经济制度、政治制度或文化教育制度，只有先进性与优越性之分，有发明者之分，而没有专有者之分。因此，要摈弃在制度认识上的姓"资"姓"社"和姓"东"姓"西"的意识形态纠缠。改革开放三十多年，我们充分尝到了经济制度改革的甜头，相信政治体制改革也会给我们带来甜头。

另一方面，世界上既没有截然对立和水油二分的制度，也没有永恒不变和十全十美的制度，任何制度的产生都有其历史的合理性与时代的进步性，并且都只能在相互借鉴及其不断发展和完善过程中才能保持持久的鲜活力。

第二，明确制度的主体。"外控制度"和"自主制度"以大学制度的设置主体不同来区分，它们遵循不同的思维逻辑与运行规律。外控制度以政府意志为准绳，制度设置强调标准和划一，并不顾及受体的意愿与需求；自主制度则以大学自身发展逻辑为依据，以提高自身活动效能为目的，以确保自身活动优裕为宗旨。

本质上说，从外控制度到自主制度是制度主体的转换，是大学由"被动执行系统"转变为"自主运行系统"的主体转换。作为一个社会的独立法人实体，制度设置本应是大学的主权。还大学以自治地位和制度设置权，是主权回归，而非施舍。

第三，明确制度主体的组织性质。大学是一个专业性的社会教育与学术机构，与政府之间没有行政隶属关系。作为社会性社团，大学本应该是以独立自治的实体处理学校与政府之间的关系；学术自由是大学的活动逻辑，学者治校及其自我管理是大学的制度设置及其运行方式；培养具有社会责任感的现代公民与知识分子而不仅仅是各行各业的专家，是大学的公共职能与功能；自治自律并依法享受文化教育权益和作为学生应依法接受学校教学纪律制约，是集学生和教育消费者两种身份于一身的学生的社会使命与责任，如此而已。

第四，明确制度主体的使命与责任。即：所有大学都必须在现代制度改革与建设中营造一个灵活开放的学术环境氛围，并在这个历史过程中形成自己的特色化办学理念、学校文化和学术传统，并最终确立自己在国内外大学竞争中的优势地位。

第五，理性认识制度改革与社会和谐的矛盾。近年来，一些关于政治体制改革的思想观点，有意无意将"和谐"同"改革"对立起来，似乎推进体制改革会造成社会震动，导致社会失和，因此，要想构建和谐社会必须放慢改革步伐。

事实上，这一"稳定思维"的最大误区之一是，将社会利益表达与社会稳定对立起来，将社会正当的利益诉求与表达视为不稳定因素，由此通过压制和牺牲社会的利益表达来实现短期内的社会稳定。其结果是不仅治标不治本，反而起到了维护既有利益格局的作用，甚至对社会公正与政治生态造成伤害。

因此，一要建立新的稳定思路，二要加快社会主义政治文明建设步伐，绝不能在所谓渐进改革的思维惯性下一再延误。

（2）理念建构层面。

第一，政府的新型公共治理观：从管治到治理。当代以来，管理学中的治理理论已为世界各国从公权者到社会各界所广泛认同，治理制度成为社会政治民主的重要方式。

其一，所谓政府的公共治理观，一是表明政府不再是高等教育的唯一权力主体，还有高校和社会其他利益主体，因而治理主体应该多元化。

二是表明政府不以"统治者"的姿态向学校发号施令，其教育行政应从"管"走向"理"，从单边管制走向多边合作。其具体特征是：建立扁平化的网状管理系统，实行权力分散化与程序制度化，建立多方互动、民主协商的多元合作伙伴关系；实行预防性与"问题解决式"的透明化管理，实现公共利益的最大化。

其二，公共治理理念具有普适性。公共治理理念的广泛认同，反映了一种世界性的思想认识进步及其管理价值观转型。作为领社会风气之先的大学，自当以积极的姿态欢迎社会各界参与自己的事务，并致力于建立与社会及其与社会其他机构之间的新型合作伙伴关系。

其三，公共治理制度具有普适性。大学实行公共治理制度，体现了现代大学由学者自己管理自己和与他人合作管理的一种时代趋势。现代大学与国家、社会的良好关系是未来大学发展的基础条件，其原因在于：一是现代大学制度建设，不只是追求学校完全独立与自治的法人地位，更在于追求学校管理过程的开放化、民主化和法治化，以及学校发展的优异化和可持续性；二是大学办学过程中对社会多方资源的需要；三是大学社会责任多元化的必然结果。因此，以合作伙伴为核心的治理制度将成为建构现代大学制度的必然选择。

第二，高校的新型公共治理观：从封闭式管理到开放式合作。

其一，树立科学的开放观。构建现代大学制度，一个基本目的是要避免外界的干预而增强学校的自主发展能力与活力。但"避免"不是要使学校"独自封闭发展"，而是面向社会开放化发展，并由此最大限度地实现自己的公共价值。现代治理理念及其治理方式的变革，正有利于大学重新审视自己的管理价值追求，在现代制度建设中注入新的内容。

其二，树立科学的民主观。大学是一个学术共同体，故其管理应遵循民主协商和分享治理的原则。根据这一原则，大学除接受政府主管部门的监督外，应实行党委会、董事会、校务会、教授会、学生会、校友会和家长会等多元一体的决策治理结构。

其三，树立科学的法制与法治观。一方面，以法治国与以法制国，治与制根本不同：治是管理、处理，是以"法"管理国家。制则为创制以规定、限定，指的是权力界限及其行权程序，它体现的是制度设置。法治是以制度为准开展管理活动，法制则是以制度设置制度。显然，后者在组织管理过程中的作用更为重要，在现代大学制度建设中的作用更为重要。

另一方面，大学实行现代治理及其大学制度建设要围绕法制化、民主化、程序化和开放化等展开新的价值追求与内容创新。法制化是现代大学依法治校的制度保障；民主化、程序化和开放化是现代大学运行机制的核心。以"四化"原则构建的现代大学制度，是实现大学组织内外部和谐与健康运行的前提条件，是确保大学实现有效治理的基本保证。

其四，树立科学的校长观。树立科学的校长观，有两个层面的问题须得澄清。

一是依法自治的主体是谁？即谁拥有依法自治并行使本校教育决策、教育组织活动的最高权力？（按照民主集中制的原则，这里所谓"谁拥有最高权力"是指大学教育决策、教育组织活动过程中在民主基础上其决定权最后集中到谁手里），是作为法人代表的大学校长抑或是党委书记，抑或校董事会的董事长或校务委员会的主任？显然，这个问题如果得不到合理妥善的解决，则所谓大学的"依法自治"无论在何种意义上都是空洞的。从目前我国大学管理体制的运作情况看，不能认为这个问题已经得到妥善合理的解决。

二是随着现代大学制度建设的持续加强，大学自主地位得以确立，大学校长成为大学发展的核心人物，其作用和权力有所增强。但是，强化校长的威权不是新制度的价值追求，而是引领校长走向职业化和专业化发展之路进而成为教育家，这才是新制度的价值目标。

斯坦福大学荣誉校长杰拉德·卡斯帕尔在谈到校长的作用时曾深情地说，要提醒自己记住，最关键的决策——比如课程、教师的聘任、研究项目的选择、学生的挑战——在当前全世界的一流大学中几乎全部是由教师控制的，因为他们拥有各个方面的专业知识，教师应该拥有最多的牌。这样做是应该的，因为必须这样做。①

4. 高校大部制改革：一个错误的命题

2008年，国家开始实行大部制改革。于是，一些学者也提出了高校大部制改革的建议。高校大部制改革的提出，实际上是一个错误的命题。

（1）之所以说高校大部制改革是一个错误的命题，因为这一命题仍然是建立在与政府部门对接的传统集权式行政的观念基础上，因而它除了能引发新一轮大学内部机构重组、权力整合与人员重组外，并不可能从根本上触及高校的行政化制度根源，不可能触及大学与政府的关系，因而也就不可能从根本上改变大学的生存发展方式。

第一，观念不更新，体制不解决，我们便永远只能在机构重组、人员整合——机构膨胀、队伍冗员——机构再重组、人员再整合这样的怪圈中恶性循环。中国几十年来的机构改革历程已经充分证明了这一现象。

改革开放前不说，改革开放以来，我国高等学校的管理体制改革，从1985年《中共中央关于教育体制改革的决定》印发至今，从未间断。从20世纪80年代中期高校以破除平均主义观念、调动了教职工的积极性和增强学校活力的劳动、人事、分配制度等改革，到1997年以来的教师聘任制度和后勤社会化改革，成效都很显著。但历次改革都没有触及高等学校管理体制的核心问题——威权行政、官本位权力配置问题，由此使得高校办学自主权始终难以

---

① 参见杰拉德·卡斯帕尔：《成功的研究密集型大学必备的四种特性》，载《国家教育行政学院学报》，2002.5，第58页。

落实，并由此造成高校行政权力与学术权力、学校权力与学生权力的失衡。显然，大部制改革思想指导下的大学机构重组、冗员裁减，只不过是形式上的小修小补，而不是从根本上确立符合科学发展观的大学管理体制。

第二，外控化与"行政化"是多年来造成中国大学管理体制诸多弊端的痼疾，它直接导致高校完全按照政府意志及其政治逻辑运行，而不是按照教育与学术机构的意志与逻辑发展。如果我们不清醒地认识并力图解决这一问题，那么高校仿效国务院的大部制改革，本质上仍然是在外控化与"行政化"的体制模式轨道上继续前行。

（2）建设现代大学制度的关键突破点。建设现代大学制度的关键突破点在于重构大学与政府的关系，让大学脱离政府行政官僚体制，以营造大学发展的良好外部环境。要达到这一目标，可以有以下几种方式。

第一，一步到位：政府彻底让渡外控权。中国的大学体制从来源上说是政府提供的。因此，建设现代大学制度，首要的在于政府主动交还大学的自治权。否则，坚持全能型、全控型的内外集权体制，大学就不可能改变现行发展样态。

第二，实行法国式的集权型教育管理体制模式。所谓法国式的集权型教育管理体制模式，即建立一种大学和政府之间的契约型联动关系，大学和政府在法律框架下履行各自的任务和职责。政府虽然对大学拥有所有权，但大学实行的是面向市场和社会的高度自治与自主经营。

其一，根据这一模式，政府首先要转变观念和职能，明确自己的行政边界，依法确立科学与理性的政府与大学之间的良性管制策略及其民主联动机制，从而以理性的资源提供者为大学营造外部制度环境。要让大学脱离官僚体系，还原大学，还原功能，回归社会。

其二，大学自身也要明确并努力回归自己的本体使命及其职能。否则，大学便不是大学。

二、以学为本

奉行什么样的管理文化和管理价值理念，必然奉行和制定相应的管理理论与制度。美国著名管理学家彼得·德鲁克指出，管理不只是一门学问，还应当是一种"文化"，它有自己的价值观、信仰、语言和工具，这就是所谓的"组织文化"，它比先进的管理技术、严格的规则制度和各种效率效益指标等更加重要。

1. 学本位概论

（1）学本位观。高等教育及其高等学校中的系统结构问题历来为国内外学者所高度关注，并由此形成丰富的思想理论。

第一，大学必须树立以学科为基干的学本位观。美国著名高等教育学家伯顿·R. 克拉克曾在他的名著《高等教育系统——学术组织的跨国研究》一书中指出，大学本质上是由生产知识的群体构成的学术性组织，"高深知识"的生产与传播是大学组织的核心任务，是学科而不是行政单位把学者组织在一起。学科是组织形式，是大学组织结构的基础，大学正是围绕着学科组织起来并构成大学的"总体矩阵"。① 大学以其"重在基层"的发展逻辑决定了大学不同于任何其他社会组织的典型制度特征：大学是具有独立精神的自为性组织，任何强制的外来干涉都与学术发展的自主逻辑相悖逆；有组织的无政府状态决定了大学组织内部存在着科层制无法充分发挥作用的领域；学术活动的自主逻辑与行政权力的强制干预存在着不可调和的矛盾。

这里，伯顿·R. 克拉克虽然谈及的主要是高校组织系统中的学科的重要性，但以学为本位的丰富思想已经不言自喻地深涵其中。

第二，大学必须树立以学者、学术为中心的学本位观。前哈佛大学文理学院院长亨利·罗索夫斯基指出，学者在学术工作上没有上司，工头式的上司以命令行事，这是自由的损失。②

罗索夫斯基的观点表明，大学基于学者及其学术活动而存在，行政管理在大学及其学者的学术活动中发挥着重要作用，但这种作用无论多么重要，其终极价值是为学者及其学术活动服务，偏离这一目标，管理的正当性就要受到质疑。

综上所述，高校管理及其管理人员自当树立为学院、为学科、为学者、为学生和为学术服务的自觉意识，以及铸就追求优质服务的行为习惯和职业境界。

（2）学本位的定义及其当下解读。

第一，所谓学本位，即学者（教师和学生）为本，学科为本，学术为本，

---

① 参见［美］伯顿·R. 克拉克：《高等教育系统——学术组织的跨国研究》，杭州大学出版社，1994 年：第 124 页。

② 参见［美］亨利·罗索夫斯基：《美国校园文化：学生·教授·管理者》，山东人民出版社，1996 年：第 143 页。

其中核心是学者为本。学者为本是以人为本思想在学校的具体体现。

首先，三个为本的实质，是指学校的一切管理活动遵循以学为本的情感意识、思维方式与价值取向，尊重学者（需要、能力、个性）、依靠学者、为了学者和服务学者；尊重学术，鼓励学术自由和激励学术创新；建设特色学科，发展优势学科；最终实现学者最佳发展、学术优异发展、学科特色发展和学校可持续发展。

其次，根据三个为本的思维方式与价值取向，要求现行大学管理方式由传统科层制、监控型、授权型向松散耦合型与民主合作参与型转变，并最终转向以智慧潜能开发、人力资本的价值增值为主体。换言之，学校在管理活动过程中，应少一点威权，多一点民主；少一点指令，多一点法治；少一点刚性，多一点弹性；少一点精细，多一点简约；少一点强制，多一点信任，由此使学者真正成为学校的主人、管理的主人和发展的主人。

第二，大学是学术组织，其所有活动都以学术为依托，并以学术为旨归。学术活动不仅需要体力，更需要脑力、灵感和顿悟，需要交流、质疑和辩驳。因此，学术活动需要自由、民主与自治，其制度诉求就是大学、学术、政府和市场的四力制衡，其中大学自治和学术自由制度是基石。

违背学本位原则，学校在运行过程中很容易打着学术管理的旗号，而实际运用的是行政威权化的管理方式来管理学术。目前中国大学里的行政权力和学术权力失衡，很多大学不是行政在为学术服务，而是学术在为行政服务。

第三，规避学者治校的空心化是改革的突围之举，首要就是淡化行政权力系统，行政归行政，学术归学术，确保学者的精神气质与独立空间，确保生成多维的学术共同体，进而确立完全的以学为中心的学校管理体制。

所谓学本位的管理体制，即建构和强化以学者为本位和以学术权力为中心的人文型管理体制及其运行模式，取代以官本位和行政权力为中心的工具性传统学校管理体制及其运行模式。

政府行政部门和学校应当自觉地从内外部两个方面大力营造绿色管理环境，管理环境越绿色，离学术独立与学术自由的距离越近，我们的大学发展愿景越高远，跻身世界一流学府的希望也就越大。

（3）遵循学本位的服务原则。建构以学为本的管理体制，其根本目标是通过学本位的优质服务型管理，最终达致学者、学术和学校共同和谐发展。

第一，服务第一。大学要由过去的管制行政回归服务行政，且服务必须是优质的。实现优质的服务行政，前提是尊重学者、关爱学者，鼓励卓越，宽容失败；基础是依法行事，尊重科学，尊重规则，尊重实际，尊重对话、民意、协商与合作，实现问责、评估与监督。

第二，自由第一。如果说经济生产管理是以秩序为第一要义，使生产过程按照预定规程进行，从而达到预期绩效的话，那么学术活动管理则是以自由为第一要义，从而使学者在一个宽松怡然的环境空间里展示其创造性才思。

第三，自律第一。自己管理自己，是学者之为自身主人的根本标志，是贯穿于学本位管理全过程的主线。

第四，发展第一。学校一切管理和服务都要有利于促进学者自身健康、全面而充分的发展，学术事业稳步、高效而持续的发展，最终实现学校自身的科学与可持续发展。

总之，遵循学本位的服务原则，其核心是以师生为本，想他们之所想、急他们之所急，让他们在学术活动中没有什么不方便之感；服务是一种职业要求，不要指望感激或回报。时下的学校管理、制度设置和人员配备都恰恰是立足于"管"，难以看到和体验到服务。

总之，学本位管理既非常专业又非常人性化，需要管理者具有相应的专业知识与人文涵养，由此才能通过服务性管理促成学者灵性激活、智慧增长与创造迭出。

2. 学本位及其人文管理模式

倡导学本位的管理模式，意味着从科学管理模式到知识管理模式再到推行幸福快乐指向下的人文管理模式的互补转换变革，这既是当代教育管理学革命，更是教育管理价值观的革命。

（1）学本位管理模式的价值观。人文管理的价值基础是服务型公共管理文化，行为取向为服务型公共管理模式。

第一，人类社会在建构公共组织并致力于社会公共事务、提供公共物品、满足公共利益的一系列活动中所创造、所表现出来的精神理念和价值判断，形成了公共管理文化。

首先，不同的公共管理文化价值取向，导引出威权管制型公共管理、官僚型（或行政管理型）公共管理和服务型公共管理方式与模式，三种公共管理文化对应出科学管理、知识管理和人文管理三种模式。

其次，受当代以来的世界新公共管理文化的影响，统治型公共管理文化及官僚型公共管理文化正日益被服务型公共管理文化所取代。服务型公共管理文化强调以客体和服务为中心，向公众提供良好的、令人满意的公共服务为价值指向及其服务型公共管理模式。

所谓服务型公共管理模式，是指强调以尊重和服务于客体为宗旨，向客体提供优质而满意的服务为价值指向的管理模式。

第二，大学是社会公共公益性组织，为本校师生员工和社会公众提供优质服务是其管理活动的目标和价值皈依，也是大学实施学本位原则下的人文管理模式的评价标准。

（2）学本位管理模式的理论依据。传统的大学管理，从思想到活动模式都主要是受理性主义哲学支撑的古典管理学派的影响，其特点是强调管理过程中的"管"；现代大学人文管理模式奉行行为主义管理学派的管理思想，其特点是强调管理过程中的"理"。

第一，知识生产与物质生产有着重大的特性差异：在物质生产中，数量直接意味着效益，同一产品的大规模复制可以产生巨大经济价值，因而对生产者活动的精密监控能够直接促进经济效益的提高。知识生产则不同，同一知识的复制只能是无效劳动，甚至是生产学术垃圾，精细化监控往往伤害了探索智慧和创新精神。

第二，人的培养与物质生产有着本质不同。从根本上说，物质生产具有规格性、可量化性和可调控性；而人的培养教化则具有自主性、能动性和主体间性等特性。这是两种截然不同的生产过程，其管理理念与管理方式各不相同。因此，高校运行管理过程中占据首要地位的应当是人本性、人文性，而非政治硬性和经济刚性。

第三，科学管理模式建立在"以任务为中心"和"经济人"假设的两个支点上；知识管理主要建立在"以知识为中心"和"以知识人为中心"的假设基础上；而人文管理的理论假设则建立在"以人为中心"和"观念人"两个假设上。前两种管理模式的理论假设势必导引出见物不见人的非人性化管理过程；而人文型管理则因为有"人"而势必通过强调人的意识、精神、观念与情感支配作用而着意人性化的管理过程。

第四，大学作为社会教育与学术机构，它以知识传承、文化学术创新为旨趣，以能培养出永远作出批判性决定的人为旨趣；大学学者是活生生的学术人和文化人，他们从事的劳动是一种思想或精神劳动，因而对其仅仅实施刚性化管理是难以奏效甚至是有害的。因此，重视理想、信念、精神、价值观在管理过程中的作用为价值和行为取向，是大学管理的逻辑起点与归宿。

（3）学本位管理模式的特点。

第一，人文管理模式是在偏重于工具理性的科学管理和知识管理模式中注入丰富的人文价值理性内容，从而形成重视以成熟的、现代大学文化精神全面指导学校管理活动的新型管理模式，其特点在于：一是不把教师和学生看作单纯的"利益"动物或人格化机器，而是看成具有鲜活精神内涵和独立人格个性的生命主体；二是实现从"管"到"理"的思维路径、理论假设与行为模式的转型，通过这种转型，更加注重管理过程的人文性、民主性和服务性，以及由此体现的人本性、柔性、内激性、自律性、非理性与理性相结合等行为特点。

第二，学本位的人文管理模式崇尚一种与之相契合的领导力，这种领导力可解析为柔性领导力、简约领导力和平民领导力。①

其一，崇尚柔性领导力。领导力可分为威权型硬权力和魅力型软权力两种。建构和谐与文明的社会，所需要的领导力更多的应是魅力影响型的软权力——柔性领导力，它体现于两个层面：一是率先垂范，二是共启愿景。这里，领导者的作用在于身先士卒，在于提供服务、提供支持和提供条件。在"不知有之"的领导者魅力"磁场"影响下，被领导者感觉不到被管理、被引导和被影响，从而达致一个心领神会、心心相印、同心协力、共奔目标的管理境界。

其二，倡导简约领导力。简约领导力源自于领导替代理论和自我领导理论。首先，领导替代理论将环境变量分为替代因素和抵消因素两类。其原理为：当下属的能力成熟到一定程度，足以自我管理、自我激励时，过多的干预会适得其反。其次，现代领导应是一种注重发挥自我影响的行为和想法的策略集合，这就是自我领导理论。超级领导则是领导者带领下属领导他们自己。当下，领导替代理论以及相应的自我领导、超级领导理念的出现，促进了简约化管理（领导）的发展趋势。

简约化领导的根本特点在于：领导者的部分职能为被领导者所替代，由此使领导职能与层级简化，领导者减少，领导机构精简，领导者与被领导者之间的界限模糊，直接领导向间接领导转化。当前，我们倡导的管理体制改革、以法治取代人治和以民主分权替代集权专制，目的都在于用简约化的领导及其管理取代传统的科层等级制的领导方式与管理模式。

其三，践履平民领导力。所谓平民领导力，即执政为民权力观指导下的、扎根于民众之中的亲和力与凝聚力。

首先，所谓践履平民领导力，要义在于领导者有权力来自于民且用于民的

---

① 参见贺善侃：《提高构建和谐社会的领导力》，载《光明日报》，2007.7.7，第 6 版。

自觉意识及其精神信仰，自觉地将自己扎根于员工（或群众）之中，与员工同呼吸、共命运，而不是自恃权贵、高高在上，把自己与群众对立起来；更不是公权私化，窃公肥私。和谐社会的基础在于人与人之间的平等，在于领导者与被领导者之间的互敬，在于被领导者的理解认同与真心拥护，任何外在的、凌驾于被领导者头上的威权不可能构建出和谐社会。

其次，践履平民领导力，关键在于：一是管理者特别是领导者要有牢牢扎根于精神信仰的公仆意识与服务意识；二要实现从领导观念到领导手段的彻底转换，即从威权观向民权观的转换，从人治观到法治观的转换，从有界领导向无界领导转换，从权力无限向权力有限转换；三要在制度上加以保证。即欲领导力得以有效实现，必须以民主化、扁平化和制衡化的领导体制为依托，否则，制度不好，好人变坏，坏人更坏。

第三，大学人文管理模式的目标追求可以用"一、二、三、四、五"来加以归纳："一"指一个重点，建设一支高质量、高水平的和谐发展的教师队伍；"二"指两个提升，着力提升教师的专业水平、文化素养和教学科研能力，着力提升学生的自学习能力和创新创业能力；"三"指三项机制，人员招聘制、岗位聘任制和成就激励制；"四"指四项计划，名师计划、成才计划、形象计划和暖心计划；"五"指五项考核办法，教学过程量化考核办法、科研成果量与质兼顾考核办法、教书育人追踪考核办法、工作责任追究办法和成就激励考核办法。

总之，学本位管理模式的宗旨是以人为本，彰显人的尊严和价值；以大学精神和校园文化为本，注重在管理全程中的由外部物质刺激向内部精神激励转型，从而营造一个相互提携、相互支持、相互宽容、相互学习的人文环境和情感氛围，使学者们如同走进精神的家园和心灵的故乡，在学校这个富有神圣、魅力和诗意的地方沟通心灵、增进智慧和迭出创意，进而实现学者、学术、学科和学校的共同和谐、健康、科学和可持续发展。

在世界一些一流大学里，以严格的制度为特征的科学管理模式已经让位于以学为本的人文管理模式，这种模式更强调发挥大学精神、价值观等校园文化因素对学校成员行为的无形引导、激励和约束作用。而这，更有利于构建创新制胜和可持续发展的书香型校园。

3. 高校管理理念及其实践模式演变的评价

（1）理念与范式整合。管理学从一产生开始，其发展就被科学主义与人本主义两个理论范式所主导，并衍生出多种管理实践模式。

第一，科学主义与人本主义的管理范式都是管理学理论的重要组成部分，是同一枚硬币的两面。它们交互共生，相得益彰，共同为人类的管理实践活动及其学科理论作出了重要贡献。

第二，科学主义范式指导下的管理模式，必然把管理看做是纯理性的事业，结果是组织及其管理过程的去人化与技术化，导致经验裁决、规则支配和数字评判，人只能被动地反映这个过程，而且也被排斥在管理学的理论发展之外；人本主义范式指导下的管理模式则把管理过程及其管理学理论的发展看成是完全由人心理性、社会性的建构事业，认为管理学不完全是对组织及其管理过程的描述，管理活动也不完全是由理性和规则所支配。

（2）管理无定式。我们今天研究大学管理理论及其各种运行模式，要义在于以知识与智慧互补并适时调整与兼济，由此实现学校学术生活和谐有序与丰富多彩。如果人为地以一种管理学范式否决另一种管理学范式，那就走向了"非此即彼"的极端化，既违背了事物发展的逻辑规律，又阻碍了管理学的发展。

第一，科学主义范式的"技术——人"的认识架构和人本主义范式的"人——技术"的认识架构都有一定的缺陷，而"组织——人——技术"的架构似乎是一种更佳的管理学理论建设的认识基础，也是管理活动中科学性与人性两种基本价值追求实现有机统一的实践基础。

第二，在现代研究型大学的组织运行机制中，组织活动的整合机制是一个非常重要的问题。由于研究型大学一般规模庞大，学科专业高度分化，学者高度自主与自由，因而学校呈现一种高度分化的组织状态，这就需要科学合理的协调机制与运行模式。组织理论中，一般把组织的整合机制归纳为三种基本类型：文化机制、市场机制和科层机制。文化机制是利用组织成员的共同价值观、传统和信念来凝聚和协调组织活动；市场机制是通过组织内部单位和成员之间的相互交换及交换价格协调组织活动；科层机制则是依靠职务等级权威和一套规章制度来整合组织活动。

以上三种整合机制是一种理论意义上的理想模型，各个组织应依据自身情况而适时运用。一般而言，文化机制在研究型大学组织整合中具有更重要的作用，但也要同时运用科层机制和市场机制。

三、校本治理

校本位管理体制的核心在于校本治理，它所涉及的一系列问题无非集中在两个层面：即大学与政府（社会）之间的关系；大学内部管理体制运行过程中的党政关系、学术权与行政权关系及其制度设置。

1. 原则与路径

（1）原则。从我国大学现行运行情况看，外部问题不解决，内部问题也难以解决。因此，建设校本位的现代大学制度的基本原则：一是政府依法宏观调控，大学依法自主办学，民主管理与公共治理及社会评估监督相结合，举办者、所有者和办学者实行所有权和经营权相分离，实行责、权、利各分明。

二是将现代大学制度建设成为一个明晰教师、学生、管理人员责、权、利的规章、政策和行为准则体系，其基本范式是党委治党、教育家治校。

（2）路径。

第一，还原大学。还原大学，还高校以完全意义上的独立法人地位，使高校建立并在现代大学制度规范下运行，前提在于政府让渡控制权。

政府让渡控制权，主要包括两方面的措施：一是转变党政的执政方式、工作职能和行权方式，在法律框架下确立自己的活动职能及其权力边界；二是分离"三权"，解除大学与政府之间的隶属关系，代之建立学校与政府之间的委托—代理人制度；三是取消学校与政府的行政对接关系及其行政级别制度，消除行政权力干预甚至消解学术权力、学术权力又反过来"非法强化"行政权力的制度环境。

第二，强化专家教授治校权力，扩大他们在学校管理中的自主权、话语权与决策权，由此建构有利于形成学校、学者、学术和行政之间"四权制衡"的现代大学管理体制体系。

与此同时，理事会中的党的负责人可以作为政府委托人，对大学进行立法、咨询、问责和监督，以维护作为大学举办者的国家利益。

2. 建构科学、合理的学校管理体制结构

建构科学、合理的学校权力运行体制结构，其具体技术性措施包括以下层面内容。

（1）建立以学术权力为本位的管理体制结构及其权力运作模式。解决高校管理体制结构中的核心，是高校管理中不同利益主体对学校事务的参与权问题。从高校权力结构的运作来看，其根本问题是处理好行政权力与学术权力的关系，确立以学术权力为本位的高校管理体制及其运作模式。

第一，从世界范围看，高校管理体制中的权力结构可分为欧洲模式、英国

模式、美国模式和日本模式。四种模式各具其长且各有特色，但其共同点是合理配置了行政权力与学术权力及其代表的相应利益主体，并由此形成学术权力本位的高校管理体制及其权力运作模式。

第二，与世界大学主流管理体制及其权力运作模式相比，我国的大学依然通行着行政权力主导的态势。行政权力本位的管理体制及其权力运作模式，是导致中国大学行政化及其官本位化等一系列问题的症结所在。因此，建立以学术权力为本位的管理体制、权力结构及其权力运作模式势在必行。

（2）实行理事会领导下的校长负责制。

第一，根据依法治校、民主分权和分享治理的原则，大学除接受政府主管部门的指导和监督外，实行由党委会、学术委员会、校务会以及教授会、学生会和社会各利益相关方代表等多元一体组成的理事会领导下的校长负责制，改变负责不领导、领导不负责的传统行政管理体制。

第二，理事会常设理事为校长、副校长、党委书记、副书记和各专门委员会主任、副主任，员工、学生和社会人士可选举代表担任理事会理事。

第三，理事会为学校最高决策机构，负责学校重大决策制定并对决议的执行过程开展审议、监督和问责。

（3）职责与权限。

第一，法人负全责，法人有全权。校长作为大学的法人代表，应以实际领导人身份全权领导大学。校长依法和权限就学校整体发展的方向性、长远性、全局性和前瞻性的重大事项提出方针对策，经理事会批准后加以推行。在学校重大事项决策过程中，校长有最终决定权。

根据管事与管人相统一的原则，校长有权提名副校长和学校各职能部门的主要负责人，经学校理事会审议程序后任免，并报主管部门备案。

第二，按分工负责制原则，根据学校规模，每所大学限设 1~3 名副校长，其中常务副校长 1 人。

常务副校长协助校长处理全校日常行政事务，包括大学资产的保值增值、以人才和科研成果服务社会和学校教学设备设施的建设与更新及其他校长委托的事务；其他副校长根据职责范围处置相应的专门事务（如教学、科研事务管理等）。

第三，党委会的职责：一是依法治党，加强自身思想与组织建设；二是依法就学校整体发展的方向性、长远性、全局性和前瞻性的重大事项提出对策建议并参与理事会的审议和决策；三是依法履行对学校发展和工作运行的监督保证与问责职能。

为体现党的领导和确保学校运行的方向与效率，党委会书记可以由党员校长兼任。

第四，学术委员会的职责：一是依法就学校学术发展、学科建设、学科专业课程规划与设置、教师队伍建设等重大学术性事项加以运筹并提出决议案，二是就上述工作对理事会履行指导、监督和问责的职能。

学术委员会依法由学校国内外知名学者组成，可选择少量优秀管理人员以代表身份参与其中，校长兼任学术委员会主任。学术委员会依法运筹并审议决定学校所有学术事务。

第五，校务委员会根据学校章程规定的职责范围开展活动：一是就学校教学与科研管理、学校总体建设发展及其他行政事务中的重大事项加以研究并向理事会提出建议对策；二是就上述工作履行指导、监督和问责的职能。

校务委员会由学者代表、员工代表和学生代表共同按比例组成，以学者代表为主，常务副校长兼任校务委员会主任。

第六，职能部门是学校的具体办事和服务机构而非权力机构，所有部门和职员必须依法履行各自岗位职责，为学者、学科、学术和学校发展提供优质服务。

一方面，学校职能部门必须脱离政府对接序列，职责和岗位根据学校发展需要优化配置；另一方面，教学与科研职能是大学的核心职能，应配置在组织结构的中心位置，其他职能予以配合。大学的内部管理要求各个层次都要保持运行的灵活性，否则，就不可能利用物质与非物质资源实现知识创新和获得最大的知识收益。

（4）健全并严格议事与决策程序。

第一，学校一切重大事项由理事会常设理事会议审议决定，或视情况召开理事会全体成员会议。

第二，专项事务由各专门委员会审议决定。

第三，学校教职工代表大会和学生代表大会每四年召开一次，会议主要审议和评价学校理事会就学校发展所作出的重大决策及其执行情况，并代表各方就学校发展和自身利益表达意见。会议期间，学校主要负责人必须到会述职并接受问责。

第四，建立完善的包括校内教育督导团以及有社会各界人士参与的咨询机构、校友会等各种咨询机构，汲取一切有利于学校科学发展的知识与智慧，实现学校的社会公共性价值。

3. 建构分权合理的校院两级管理体制

（1）当前，我国大学主要实行的是行政权力为本位的管理体制，其标志是学校实体制。

第一，实行学校实体制的优点很多，但由于行政权力超强，校领导管得过细，职能部门管得过死，抑制以至于挫伤了院、系级的管理功效和办学积极性。因此，有必要对大学体制架构予以重新设计，而重新设计的实质是行政权力和学术权力在校、院、系等组织中的重新配置。

第二，以学校为实体的管理体制在短期内难以改变，在此情况下，必须强化学校的责任和义务并辅以制度保证，由此为学院发展提供最大限度的资源保证，并为学院提供优质教育与学术活动服务。

（2）建立以学术权力为本位的院系管理体制。

第一，学科、学院是学校教学科研活动的基本载体和基干组织。因此，强化基层学科学院的组织建设，建构以学院为主集教育与科研事业一体、人财物一体的组织实体，实行两级分权，应是高校管理体制改革及其建构以学术权力为本位的权力运作模式的重要方向。

第二，作为一级组织实体，学院应拥有相应的管理权力，它具体包括：一是学术事务管理权力，包括学院教学科研规划权与发展权、学科规划与发展权、人事师资聘用权、学科专业及其课程体系设置权和学生招生与培养权；二是拥有一定的资源配置权和管理经营权。

第三，建构并完善以学科专业为基干、以研究领域为中心的基层学术组织。一方面，学科专业是学校的基干，建构并完善以学科专业为基干、以研究领域为中心的基层学术组织，是建构学术权力本位的高校管理体制及其治理结构的重要组成部分；另一方面，建构并完善以学科专业为基干、以研究领域为中心的基层学术组织，有利于促进教学、科研与人才培养的一体化及其过程和效果的优异化。

总之，高校基层组织的重建及其管理体制与治理结构的重构，有利于高校管理重心的下移并凸显学术权力在学校民主治理中的地位和作用，有利于激活基层组织的发展活力及其提升学者的教学科研创新能力。

4. 建构现代公共性的大学治理制度模式

随着大学社会公共性的增强，现代大学制度构建势必增添新的内容，这是教育事业面向社会发展和教育制度公共化改革的必然趋势。

（1）教育权益主体的多元化，使大学处于多种作用力的"漩涡"之中。

第一，大学生存于由消费者市场、劳动力市场、院校市场构成的"三种市场体制"之中，没有开放的市场环境，就不可能有大学自主性的形成与灵活性的发挥。一方面，大学内部必须引入市场协调手段，形成以提高人的积极性为中心的资源优化机制；另一方面，随着办学规模的扩大以及大学内部的"有组织的无政府状态"，伙伴式的协调方式在大学的生存发展中不可或缺，其目的是发挥大学的整体性功能。

第二，大学不是企业，也不同于政府组织，大学有其独特的运行逻辑与管理原则，市场协调和行政协调只是大学有效运行的手段之一，专业性或学术性协调才是起根本和主导作用的力量。大学发展的根本在于基层的学术活力，"权力被往下拉向专业的基地而不是官僚或政治的基地"，伙伴式的协调方式和市场方式往往与大学学术性的下层结构步调不一致，由于各个学科的逻辑和力量，学科专长有它自己的扩张动力。因此，必须充分重视专业协调方式在大学发展中的作用。尽管大学没有统一固定的协调模式，但大学的发展不可能是单一协调方式起作用的结果，关键问题是区分三种协调方式作用的界限和范围，使其功能互补，共同促进大学的发展。①

（2）构建社会多方参与的大学新型治理模式。

第一，通过建构学校、政府、社会和家长四位一体的有利于实现学校市场化和社会化管理公共治理体制，积极促进学校教育资源的优化配置，进而为社会提供优质教育服务。

第二，通过促进教育的普及化和公益化，促进学校健康、持续和稳定发展，从而让公众享受更多、更好的教育资源，实现社会文化教育资本的快速积累。

5. 建立合理与激励有效的大学人事制度

（1）从世界高等教育发展史看，现代大学与传统大学的一个重要区别，就是遵循以学术自由为基本价值，以学术发展为基本原则，以学术民主为基本保障，以学术创新为基本标准的竞争性人事聘任制度。

第一，实行民主与公开的领导招聘制度，学校主要领导要通过一定的民主形式和程序公开征得学校员工的认可，以增强权源和行权的合法性。

---

① 参见马廷奇：《从外控到自主：我国大学制度创新的抉择》，载《科学网电子杂志》，2007.11.15。

第二，实行民主与公开的教师、职员招聘制度，制定激励有效的用才、养才制度。

第三，规范教师业绩评审制度，确保公正、客观地评价学者的教学科研成果，杜绝学术腐败与造假。一是完善内外专家评审制度；二是完善学术道德规范。

第四，完善并严格服务型、项目型的资源配置制度，让学者安心、舒心、全心地开展教学科研。

第五，制定科学严谨的成本核算制度，让大学在建设和发展过程中，实现耗费最小化，效率最大化和效益最佳化。

（2）建立科学合理的师资聘用制度。现代高等教育发达国家的大学教师聘任制度设置虽然不尽一致，但其价值取向、行动原则和制度措施有着高度的相似性。

第一，公开聘任，公平竞争。一是教师岗位面向社会、面向全国乃至全球招聘；二是终身教职在一定范围内实行，保障高级学者能持续开展创造性工作。

第二，师资多源，结构合理。多源化的教师队伍建设，有利于优化教师的素质结构和学术领域结构，由此建构一个生态化的师资队伍和学术创新环境。

第三，教师至上，学者第一；学者自治，学权第一。

6. 建立完备的大学保护制度

（1）修改现有高教法中那些已经不能适应新的形势或者实践中已经被证明需要修改的部分。尽快制定完善的《高等学校法》，使大学自治、自主发展有法可依、有法可保。目前至少全国重点高校应当首先建立反映自身理念、特色、自主领域的法规章程，且应当通过立法的程序形成法律，不要随意变化。这是依法治校的基础和前提。

（2）依法护学。

第一，依法护学，既切实保护教师的工作权益和学术自由，又切实维护学生的教育权益和公民权益。

第二，作为学校中的弱势群体，学生的各种权益尤其应当得到高度重视和妥善保护。

比如高考制度改革，2010 年 3 月 28 日公布的《国家中长期教育改革和发展规划纲要（2010—2020 年）》（以下称《纲要》)》中，"体制改革"部分"考试招生制度改革"一章中没有论及对考生报考的改革。

事实上，我们不光要落实大学招生自主权，还要落实考生自由选择权。学校有选择而考生没选择的高考制度既不完善也不公平。中国学生可以获得发达国家好几个学校的录取通知书，这种事情在当今中国却不会有，因为受制于我们的招生体制。我们高考制度的残酷性在于：把考生推上高考独木桥，还要他们学会调适自己的心理承受能力。因此，《纲要》中必须列入考生报考制度改革的内容。

（3）政府应当通过合法程序并通过立法拨款等手段，掌握高等教育的发展方向，调控高等教育发展的规模速度，促进建立公开透明、权威公正的质量保证机制，推动国际交流与合作，在国际化的浪潮中代表并保护高校的利益，而不是继续以威权和行政指令方式硬性干预学校的自治、自主发展权。

总之，只有拥有并严格遵守完备的法律保护制度，方能使大学的自治地位、办学理念和办学特色得到充分保护，进而使学校既服务于社会需要，又遵循自己的逻辑发展；既"出世"又"入世"，既"顶天"又"立地"；既甘于象牙塔，又超越象牙塔。

7. 健全严密的大学自我约束与监督制度

如果说自我保护制度是为了让大学免受外部环境的干扰，凭一腔"闲逸的好奇"遨游科学殿堂，那么，建立健全严密的约束和监督制度则是为在科学殿堂内树立清规戒律，确保大学的学术圣洁，让大学管理者守廉政之道、服务之道和谋事之道，让学者守人格之道、学术之道和创新之道。

（1）以目标或项目管理为运行模式，完善科学化、人性化的办学绩效评估体系，以实现对学校各层次人员的行为方式作出评价、权衡利弊，形成命令性规范、禁止性规范和授权性规范，包括与管理目标相联系的指标体系；以指标体系权衡利弊制定不同类型的行为规范；配合目标，建立激励制度体系。

（2）建立和完善大学问责制度。政府通过资格认证和质量评估制度宏观规范大学行为，政府、社会机构和公众可以通过法定渠道对大学履行问责权力，由此强化大学的社会责任。

8. 完善选修、选课与学分制，促进"三创型"人才培养

大力推进和完善完全学分制改革，优化教学资源配置，建立有利于培养创造性人才的教学管理体制。

（1）改革教学管理模式，在专业选择和课程选择方面给予学生更多的机会和自主权，将现行的刚性教学计划进一步柔性化。

（2）根据当今世界科学技术交叉综合发展的趋势，建设宽口径的教学平台；鼓励教师开设更多的反映学科发展前沿的课程；以启发式、参与式的教学方法，培养学生的创新意识和创业精神；鼓励学生发展自己的个性。

9. 大力培育与壮大社会中介性教育评估机构

培育大学和政府的缓冲区，建立中立和权威的社会评估机构及其认证制度，改国家管制为社会监控，以社会监控确保国家在教育事业上的利益及其确保教育事业高速优质发展，是教育事业发展及其评估制度建设的必然趋势和必由之路。

（1）积极培育依托于民间性学术组织的专业性社会中介评估机构，主要从事学科水平等单项评估，为重点学科遴选、重点研究基地建设等提供决策依据。

（2）积极培育和发展非官方也非教育界的专业性社会中介评估机构，发挥其社会监督作用。

（3）积极发展受政府资助的半官方中介机构，保证其运作的独立性、合法性、权威性和公正性，使其评估的结果成为社会各界评价高校的科学依据。

10. 加快制定并完善高等教育法制体系

现行高教法应当适时修改那些已经不能适应新的形势或在实践中已经被证明需要修改的部分。同时，至少全国重点高校应当首先建立反映自身理念、特色、自主领域的法规章程，且应当通过立法的程序形成法律，不要随意变化。这是依法治教和依法治校的基础和前提。

（1）修订"高等教育法"，补充和完善细则，增强其规范性和严密性。

（2）完善高校学术委员会法，强化学术权力在高校管理及其权力结构中的主导地位与作用。

第一，《高教法》第42条规定，高等学校设立学术委员会，审议学科、专业设置，教学科研规划，评定教学科研成果等有关学术事项等。然而，由于规定过于原则且刚性不足，如对学校、院系学术委员会如何组成（成员构成、任职资格、产生办法）、学术权限边界没有可操作性规定，以至高校对学术委员会的组成及其运作具有很大的自由裁量权，由此极大地影响了学术委员会在学校管理决策中的地位及其职能与功能。

第二，加快对现行条款及其实施细则的修订，强化学术委员会对学校学术事务的决策权，建构学术权力本位的高校管理体制及其权力结构。

（3）加快制订与"高等教育法"相配套的子法体系，比如"大学法"、"学生法"、"学位法"等，使依法治校做到有法可依。

（4）建立完善的大学保护制度，以实现依法护学。依法护学，是指作为独立法人的大学在自主自治、办学理念及其特色化办学方面的应有权益，以及教职员工在教学科研活动中的各项合法权益理应得到国家法律的严格保护。

世界大学发达史表明，大学发展既取决于政府和社会为大学提供怎样的资源和制度环境，又取决于大学自身在多大程度上拥有自我创造制度资源的条件和能力，两者的失衡必然影响到大学发展。因此，转变政府职能及其执政方式，理顺教育与执政党和国家之间的关系，围绕大学独立法人地位和办学自主权为核心的现代大学制度建设，应当是高等教育体制改革的当务之急。

四、质量优先

所谓质量优先，指的是现代大学制度应该具有的先进性和优效性，它具体包括以下层面的内容。

1. 现代大学制度建设的价值优先观

现代大学制度建设，其优先价值在于四个维度：大学对民族国家发展的意义、大学对社会文明进步的意义、大学对个体发展的意义和大学对知识创新的意义。从以上四个维度出发，现代大学制度建设就是要为组织自身、为学者和学术的生存与发展营造一个适宜的生态环境；从以上四个维度出发，现代大学制度建设要体现出五个特征：公共性、适宜性、适应性、激励性和民主法治性。

（1）"公共性"价值是大学对民族国家发展责任主动承担的表达。在现代社会，大学的公共性日益突显。大学的职能体现着民族共同体的意志，大学的功效关乎着全体公众的权益。因此，大学必须经常反问自己，所作所为是否反映了全体组织成员的利益，是否反映了全社会的利益，是否反映了全民族与国家的利益。大学只有在如此不停的反问与反思中，才能真正找到自己的位置，才能尽力贡献出自己的所知所能。

（2）"适宜性"价值是大学对自身文明进步的表达。这种表达意味着，大学在其内部管理运行过程中，一切规章程式是否有利于学校各部门之间的功能协调，是否有利于学校全体成员之间的关系和谐，是否有利于学校一切学术活动的自由有序。

"适宜性"的价值核心体现在对学校成员所有个体生命历程的全方位关注

上。满足学校成员对精神发展和生命成长的理想与追求，满足他们对精神和生命境界拓展的欲求，而这一切都依赖于对他们的生活生存方式及其现实状态的制度设置上。

（3）"适应性"价值体现在学校与社会全方位关系的协和上。大学与社会有着全方位的关系，如何处理好并使这种关系处于全面的相协和关系，关键在于制度安排的高度适应性。制度设置好，会使大学与社会构成一个良性互动的循环关系；制度设置不好，将以损及各方的利益而使大学与社会之间形成一个恶性循环的关系。

（4）"激励性"价值体现在大学对学者的创造性生存方式的负责态度上。在学术共同体中，知识原创最具有价值，也最具有意义。在这个意义上，激励性价值反映出大学作为一个学术机构的生机，没有激励性，大学的生命就因苍白而走向空虚。

（5）民主法治性是现代大学制度之为现代的核心价值。人类千百万年的历史进程充分表明，驯服权力并实现权为民用的唯一途径或有效办法，就是实行民主法治。只有民主法治，才能确保权力在公众监督和法律框架下运行，确保权力在阳光下运行，确保权力服务于社会和民生。因此，在人类社会创造的无以计数的文明成果中，最珍贵的成果是实现对权力的驯服，并将其纳入科学法制轨道。

总之，以激励性制度唤醒创新精神和鼓励创造性活动，以民主制度和法制性程序保护学者的创造智慧和激情，是制度成功的重要标志。

2. 制度性能的先进性和优效性

（1）合理性。所谓合理性，一是制度内容的合逻辑性，即大学一切制度的思考、设计与设置能最适宜于其职能发挥与功能运行，并使学校的办学理念与学术精神能够得到真正贯彻和落实；二是制度的规定可操作，制度的目标可实现。

（2）公正性。制度的公正性比合理性更重要。"不患寡而患不公"，是高校教职工的普遍心态。尽管某些制度可能不尽合理完善，但只要在执行过程中一视同仁，公开、公平、公正，确保"公共牧场"的行为规范与利益配置，就不会在教职工之间产生大的矛盾和冲突。

（3）严肃性。制度的严肃性体现于三个方面：一是制度的延续性，即现行制度是承接既往制度的合理部分，是对既往制度的完善。二是稳定性，制度一经公布，就应有一定的执行时效。朝令夕改，随意变更，就是不严肃的制度。三是公信性，制度一经颁布，就必须认真执行，否则就是一纸空文，毫无约束力。

（4）最佳效果性。所谓最佳效果性，是指现有大学制度为一种能导致效果最佳的制度，这是"现代大学制度"之所以为"现代"的关键性标志。大学制度的"最佳效果性"体现于两个层面。

第一，合本性。所谓合本性，即是指尽其性、全其功、成其效、得其美的理想性制度。

第二，合"效率"与"效益"性。所谓效率，是指现行的大学制度实现专业化管理下的学术权力与行政权力合理分置，由此能能最大限度地激励员工智慧涌出并创造出最佳的知识服务和学术成果；所谓效益，是指现行的大学制度能使学校一切教育资源都能得到最优配置，并使之能最大限度地节约参与各方的交易成本。

一种组织制度安排必定需要一定的成本付出，但这种制度如果具有科学性、合理性、公平性和优异性，就一定能实现大学的最佳运行效率和效益。

第三，良好的内外部适应性和协和性，即大学能够主动因应并满足公众的文化教育生活需求和经济社会发展需要，它体现在：一是信息公开制度，确保社会能广泛透彻地了解大学的运作过程和运作效益；二是健全的公共治理制度，确保学校与社会形成科学合理的良性互动机制。所颁行的制度能够最大限度地调动一切人的知识、智慧和潜能，从而使学校形成一个先进更先进、后进赶先进的巨大能量场。

（5）价值普世性。作为全人类通行的社会教育生活制度，"现代大学制度"以非人（校）格性而具有普世价值。一方面，大学制度既不为某个权威在某个时期或某个场合的认定而被固定程式，也不因某一种大学制度具有奇效而为唯一模板；另一方面，作为个人或组织群体的行为程序与规则，科学、规范、适用而卓有成效的大学制度，它不受时空限制，既不会因时间久远而过时，也不会因谁发明而专有。

3. 制度结构的先进性和优化性

制度结构的先进性和优化性体现于两个方面。

第一，制度结构的合理性。制度是一个复杂的系统，其构成可以从多个维度划分：从职能上分，有行政管理制度与教育和学术活动制度；从功能上分，有活动规则与活动载体；从层次上分，有母体制度和子制度；从形式上分，有文本制度（规章典籍）和非文本制度（精神信念、行为习俗），等等。它们有机一体、相互照应并互为支撑，共同构成一个层次合理、运行协和的制度体系结构。

第二，制度载体的优化性。组织机构是制度的载体或硬件系统。机构优化，应体现出管理组织结构的科学性与管理制度的系统性。它包括学校内部管理部门设置结构合理，层次合理，人员配备合理。上述要求归结到一点，就是祛除脂肪，精干主枝；优化队伍，优化服务；建立扁平化、知识创新网络型的高校组织结构，最终实现学校的效能型管理制度载体和管理活动平台。

"仁圣之本，在乎制度而已。"（白居易语）任何一个实行现代文明治理的国家，其社会教育制度设置的落脚点，都在于通过扩张和维护大学的自主发展权来激活大学的发展力，这既是任何社会制度的逻辑规定，也是任何大学实现可持续发展的逻辑规定。

现代大学制度建设是一项复杂的系统工程，既需要全校师生员工的广泛参与，也需要全社会的广泛参与。当学校与社会都能努力践行科学制度建设观，中国的大学制度一定可以走上一个持续创新的崭新历程。

第七章　现代大学之校长

大学校长任用制度是大学制度体系的重要组成部分。研究大学校长，对于构建大学现代大学制度及其实现大学的可持续发展和建设世界高水平大学，具有特别重要的意义。

第一节　大学校长：教育战略家和管理家

教育家治校，其实质是教育战略家和管理家治校。

一、校长的重要性

关于校长之一所学校的重要性，中国著名教育家陶行知先生说得精辟：做一个学校校长谈何容易！说得小些，他关系千百人的学业前途；说得大些，他关系学术与国家之兴衰。校长是一所学校的灵魂，要想评论一所学校，先要评论它的校长。

大学校长对一所大学的发展有多大影响？不久前，中国青年报社会调查中心通过对1555人进行的开放式调查显示，92.4%的人觉得校长对于一所大学发展有重大影响，其中63.3%的人表示"非常大"。①

1. 好校长，好学校

第一，一个好校长就是一所好学校，可见校长之于一所学校的重要性。

纵观古今中外的著名大学，它们的成功都与其校长们有着密不可分的关系。没有吉尔曼，就没有研究型大学；没有艾略特，就没有哈佛的崛起；没有范·海斯，就没有美国赠地学院的崛起及其现代大学的功能拓展。没有费歇尔

---

① 参见王聪聪：《大学校长啥素质不可缺　中国还会再出蔡元培吗》，载科学网电子杂志，2010年，第158期。

这样风骨凌厉、高瞻远瞩的大学校长，剑桥大学就不会成为英国文艺复兴的新学重镇，不会成为举世著名的大学。

第二，好校长之所以"好"，就在于他拥有一般校长所没有的战略眼光与经营之道。所以美国著名高等教育学家亚伯拉罕指出，不同的大学会因校长不同而有"活力"与"死水"之别，一些大学之所以生机勃勃并不断创造发展奇迹，就是因为有了如艾略特、吉尔曼这样英明有为的教育战略家。

从以上意义看，高等学校追求教育家治校，其实质是追求教育战略家和管理家治校。

2. 战略与管理

第一，战略高于管理。

世上常见这样的组织领导者：他们在正确路线下是模范，在错误路线下也是模范。由此看来，好的校长不只在于拥有守成之术，而是重在善于谋划。从这个意义上说，战略谋划高于管理，是最高层次的管理。拥有战略眼光和经营之道，是一个好的大学校长的重要标志。

首先，管理是一种日常性的战术行为，侧重于正确地做事：即按正确的、预定的决策及其方式和方法精确地做，追求效率与效益，注重制度和规范，讲究工作流程和组织结构的改善，强调战术动作的科学性、专业性和有效性，重视结果的质量与效能。

其次，战略则是一种非日常性的谋划行为，它统揽全局，追求的是做正确的事，即确定哪些是对组织的可持续发展最有价值的事情，主张工作流程、组织结构与运行机制的重构，倡导组织文化的变革及其内部核心能力的增强，注重新价值观的导入，捕捉重大的机会点，谋求超常规的发展与跳跃，追求"不战而屈人之兵"的竞争优势与经营境界。

再次，管理侧重于在现实中谋发展，行为目标通常是常规的、线性的、渐变的和量变的；而战略则侧重于在发展中谋未来，行为目标通常是超常规的、非线性的、突变和质变的。

管理主要着眼于现实的目标和使命，是基于过去而把握现在；战略则是着眼于未来，是基于现在而谋划未来；管理的实质着意于"守成"，而战略的实质则着力于"创新"。

第二，战略与管理和守成与创新之间并非一种截然分离与完全对立的关系，而是一种对立统一和相互转换的辩证关系。

当组织的战略创新因传播扩散或竞争者的追随超越之后，战略创新就转化为常规性的管理（守成）范畴而成为一种模式化的东西广为流传。当越来越多的组织在同一战略模式下运行（即战略同构），导致同构竞争日益加剧，新的战略需求就变得十分迫切，于是又催生了新一轮的战略创新及其转型。如此此消彼长，组织始终呈现一种螺旋式前进样态。

首先，在资本经济时代，管理是第一位的，战略是第二位的。只要战略没有大的失误，通过规范的管理，就能使组织按通行的原始积累模式，从小到大，由弱趋强。

在知识经济时代，战略是第一位的，管理是第二位的。只要管理没有大的漏洞，通过战略创新，就能使组织跳出同构竞争，甚至超越常规的发展过程，横空出世，领导市场潮流，一跃而成为行业先锋乃至领头羊。这样的组织已经超越了"有形资源竞争时代"，而进入了"无形资源竞争时代"，即组织对内外部大势与战略转折点的把握能力、学习能力、适应能力与快速反应能力才是最重要的。

其次，战略创新是组织实现科学与可持续发展的源泉。战略大师迈克尔·波特指出，有着一套与众不同的策略的组织，才有长久的竞争力，面对未来的经济社会竞争，管理的改善与组织的重整固然重要，但唯有与同行策略相异，才能常保竞争优势。因此，强势组织兴旺发达与竞争制胜靠的是创造与掌控游戏规则；管理者靠的是守成发展，战略者靠的是谋略发展。

二、"功臣"与"功狗"：管理家与战略家同样重要

一所大学拥有一个具有战略眼光的校长固然幸运，而拥有一个守成型管理才能的校长同样幸运。我们可以将前者比做"功臣"，将后者比做"功狗"。

1. 功臣与"功狗"的故事

第一，"功狗"一说出自《史记·萧相国世家》。内容说的是，当年刘邦带领一帮贩夫屠户打下天下后，开始论功行赏。标准当然不是今天的 SCI，而是攻城略地、斩将夺级（首级）。于是，一群文臣武将在那里盘算较劲，比较功劳。刘邦一锤定音：萧何第一，谁也比不上他的功劳大。大将曹参不乐意，认为彼等武将披坚执锐、出生入死给陛下打下天下，功劳反倒不如一个"徒持文墨议论"的文臣！刘邦批驳道："你们懂什么！你们大家都了解打猎吧？追着兔子跑的那是猎狗，而告诉在哪儿能猎到兔子的是人。你们这些武将，每

个人都替我弄了不少兔子，充其量也就是一条猎狗的作用。至于萧何，指点你们猎物的方向在哪儿，这叫'功人'。啥也别说了，萧何第一!"①

第二，功臣与"功狗"的故事源出于傅斯年和蒋梦麟就几位校长之于北大贡献相比较的一番幽默对话。傅斯年认为，蒋梦麟学问不如蔡元培，但办事却比蔡高明；自己的学问不如胡适，但办事却比胡适高明。蒋梦麟则对傅斯年说，所以他们两位是北大的功臣，我们两人不过是北大的功狗!

蒋梦麟把蔡元培和胡适比做汉朝开国文臣萧何（功人或功臣），而把自己和傅斯年比做开国武将曹参等（功狗），言下之意很明确：蔡元培以其教学科研相结合、学术自由与"兼容并包"之战略方针，通过成功兴办北京大学而开辟中国现代大学的发展与兴盛之路。胡适则以"大胆的假设、小心的求证"而开一代学风，又以首倡白话文和推动新学而掀起中国新文化运动。他们都是开一代风气之文化和教育战略家!

2. 功臣与"功狗"的故事所诠释的道理

第一，大学发展成功与否，校长起着关键性作用。一流水平的校长才能办出一流水平的大学。因此，大学校长既是大学核心竞争力的重要组成部分之一，也是创办现代高水平大学的关键因素。

第二，富有战略谋划之能力的"功人"与精于管理的"功狗"都不可或缺。没有"功人"，"功狗"将无所作为或乱作为；没有"功狗"，"功人"也将徒呼奈何而难以作为。

第三，世上没有全知全能的校长，也不是每个校长都有资质和机遇"开一代风气"。作为一个优秀的大学校长，关键在于：一要不断提高自己的教育科学理论水平和管理水平，使自己成为既有远见卓识又有经营能力的职业教育家；二要无私地倾其智慧、能力和擅长，通过凝聚全校教职员工的智慧和卓识，既把所在的大学整体教学科研水平搞上去，又激活每个学科的优势和每个学者的优势。

第二节 校长的角色变迁与定位

20世纪40年代，中山大学著名学者王秀南教授根据学校校长的职业表现

---

① 参见张玉国：《科学教育界需要更多的"功狗"》，原载《中国科学网电子杂志》，2007.12.25，第37期。

划分为四种类型：官僚型、市侩型、学究型和师表型。在他看来，学者专家型和师表型为现代学校校长的理想类型。20世纪以来，随着世界发生巨大变化，随着社会变迁与学校功能与组织的日益复杂，人们不仅对大学不断发生新的认同问题，也对大学校长的角色不断进行新的要素重构。这一重构的过程，就是一个角色不断整合的过程。①

一、多元一体与相互冲突

1. 多元一体

随着校长工作的职业化，当今时代的校长们已经由单一角色向多重角色转变，并在扮演多重角色的实践中创造着自己的人生。

作为校长，既是学者，也是社会活动家；既是政府或董事会的信托人，也是学校的代言人；既是教师的同事，又是教师的管理者；既是学生的老师，又是学生的朋友。

美国斯坦福大学前校长克拉克·克尔于1963年在哈佛大学的一次演讲中，就校长角色之复杂性与多元性曾作过精彩的描述：大学校长被期望为学生的朋友、教职员的同事、校友会的可靠伙伴、校理事会的可靠行政管理者、能干的公众演说家、同基金会和联邦机构打交道的精明的谈判家、同州议会交往的政治家、工商、劳动以及农业界的朋友、同捐赠人打交道的说客、专业人员（尤其是法律和医学）的支持者、新闻发言人、地道的学者、正派人、好丈夫、好父亲、教会的活跃成员。总之，他必须乐于乘飞机旅行、出席宴会、参加公众庆典活动。

美国斯坦福大学荣誉校长杰拉德·卡斯帕尔教授在2002年的北京中外校长论坛上以亲身经历，描述了自己作为一名大学校长所担当的九种角色：校长、首席执行官、理事、筹款者、教育家、学者、公众人物、社会工作者和娱乐伙伴。他认为，所有以上角色，都与大学校长的职责履行有关，这既是一种挑战，又必须严肃面对并扮演好。

不久前，中国青年报社会调查中心就校长的角色与作用对1555人进行的开放式调查显示，82.3%的人首选"教育家"，排在第二位的是"管理专家"（67.2%），"仁人君子"排在第三（44.0%）。接下来还包括：科研专家

---

① 参见李延成：《美国大学校长角色变迁》，载国家教育行政学院科研处编：《攀登的足迹：国家教育行政学院科研成果选编》，2005年。

（37.4%）、社会活动家（35.3%）、政治家（15.2%）等。①

2. 相互冲突

社会的复杂和学校事务的复杂，使得校长扮演的角色时常相互冲突。著名高等教育家克拉克·克尔在谈到校长角色的矛盾冲突性时多次指出，大学校长处于各种社会关系的交汇中心，集调解人和斗士于一身，因而要在各种压力下不断审慎地调适自己的思想与行为。

一方面，作为调解者，他要维护安定团结，用理念与原则协调各方、寻求一致，依靠说服而不是强力；作为斗士，校长要为学术自由和教学科研质量而博弈。

另一方面，作为校长，既要看到过去又能展望未来，而且牢牢地扎根于现在；既要做学者们学术自由的守护者，又要当政府政策的传播者；既要做毫无畏惧的现实批判者，又要做向政府、工商界募捐的游说者；既勇于追求真理，又深知金钱的价值而四处筹款。

二、角色定位与演变趋势

社会在发展，时代在变迁，校长这一角色也不断被赋予新的内涵。但是，多样性与多重性，为任何一个大学校长为适应社会进步、学校发展和自身发展而必须加以关注。

1. 角色定位

从整体上看，当代大学校长的素质及其角色大致定位于以下几个方面。

第一，大学发展的战略谋划者。包括大学前景的规划、任务目标的落实和学科建设等。

第二，教育质量的掌控者。包括随时把握学校教学质量和科研发展方向、优化配置教学资源等。

第三，公共关系的协调与建构者。现代大学的发展更多地依赖于社会环境，公共关系的好坏直接影响着学校的社会声誉、生源师源、财源等。

第四，董事会的教师。董事会成员多为社会人士，但他们手中往往握有资源和学校发展决策权。因此，校长必须善于清楚明了地向他们阐释大学管理理

---

① 参见王聪聪：《大学校长啥素质不可缺　中国还会再出蔡元培吗》，载科学网电子杂志，2010年，第158期。

念与发展目标，取得理解与支持。

第五，教授们的领袖。校长是职业管理经营者，因此要争取教授们的认同，超越行政角色而成为"教育专家"。通过广泛吸纳教授参与民主决策，凝聚他们的情感、才能和智慧。

第六，学生的朋友与引导者。学生群体是富有朝气的群体，培养他们的创造精神，发挥他们的创造作用，是学校发展之根本，是学校和民族未来之希望。

2. 现实倾向与演变趋势

第一，从当前世界范围看，大学校长在任职期间的工作出现两种倾向。

第一种，忙于社会服务。由于知识化社会步伐加快，大学的社会功能日益复杂化，使校长肩负的大学人才培养、科技创新和社会服务的任务日益沉重。这种倾向导致了一种"校长悖论"——教育在社会中的地位越加重要，但是校长研究教育发展的时间和精力越少。这种倾向越严重，教育、特别是高等教育发展越盲目，越脱离教育的本质和根本性职能。

第二种，忙于学校筹资。由于公共投资日益不足，学校筹集资金的压力加大，校长用在解决经济问题上的时间越来越多，学校的产业（商业）职能膨胀，校长越来越像个理财能手和专家，而越来越不像个校长。从中国情况看，此类情况尤为严重。从目前看，董事会领导下的校长负责制，稍能减轻校长的筹资负担。

总之，随着大学的校长角色不断发生变化，他们越来越从传统的大学精神领袖演变为管理一个庞大机构的行政寡头；从知识领域的探索者变为世俗的理财专家，或被要求成为企业家型的学术与知识信息产业的带头人。

第二，随着高校的社会公共性日益增强，大学管理越来越公共化，由此使得校长选聘的视角发生新的变化。近年来，发达国家高校从企业家或企业管理人员中聘选校长的人数越来越多。而且，院系领导人选的聘选也越来越注意他们的管理素质。

三、校长的素质论争

校长应该具备什么样的素质，历来是一个众说纷纭且无定论的话题。

1. 职业管理者：理想校长的根本依据

研究和经验性的观察表明，决定学校效率的主要因素之一（如果不是唯一主要因素的话）就是学校校长。一个有能力组织有效集体工作，并被视为懂行和思想开放的优秀管理人员，常能成功地在其学校中引进重大的质量上的改进。因此，必须把学校托付给合格的教育管理人才。优秀专家和优秀校长是两码事。校长必须是专家，但校长更应该是教育家。这里的教育家，不只是指会教书，还意味着懂教育、会办教育和会管理学校。

第一，从实际管理过程来看，一个好的教授并不能保证是一个好的校长。领导者的专业化、知识化不等于专家化。知识结构、学历结构和能力结构三者是有差别的。

美国科研管理研究的权威杜克曾提出作为科研领导人应避免犯错误的 12 条著名措施，人称"杜克十二戒"。其中第十一条说，假如一个科研人员很有科研水平，就马上将其提升为科研经理，这样做是不对的，因为科研有才能不等于在企业管理和经营方面有经验，这是两码事。美国管理学家巴达威因此指出，管理理论是一门科学，管理实践则是一门艺术。专家做管理者，必须注意向管理者转型。

第二，一流的学者不应该做校长，一是可惜了；二是当校长的，除了学术眼光，还需要有管理经营才能。

一流学者大都有强烈的学术兴趣，当了校长，放不下自己的研究，还在拼命争课题、带学生，这样一来，两头都做不好。因此，校长的主要任务是当伯乐，而不是自己争着去做千里马。一流学者大都性格坚强，认准方向后，不听劝阻，锲而不舍，一直走下去，才能取得如此成就。作为学者，这是优点；作为校长，则未必。过于强烈的学术背景，有时候会阻碍他们以平常心看待其他学科，弄不好还刚愎自用。

学者陈平原在《"兼容并包"的大学理念》一文里谈到蔡元培的素质结构时认为，现代学术的发展日趋专门化，因此专家易得，通才难求。作为总揽大学全局的校长，需要的恰好是"通才"而非"专家"。看看蔡校长兴致盎然地谈论文学、史学、哲学、美术、音乐、政治、伦理、教育等，而且全都具备"高等常识"，你不能不佩服。这样的大学校长，方才配谈"兼容并包"。学识渊博而且兴趣广泛，才能有学术上的前瞻性与判断力，所谓"识鉴"，所谓"气度"，均以此为基础。①

---

① 参见陈平原：《大学公信力为何下降》，载《科学网电子杂志》，2007.11.15。

2. 教育家、学术专家兼社会活动家

其基本标志一是具有学术专家的素质和人格；二是具有教育思想理论修养和管理经营头脑的教育家、社会活动家的人格特点和素质。

世界知名的荷兰格洛宁根大学校长斯瓦茨认为，大学校长应该是一位科学家而不是政治家。只有自己是科学家，才能保证从科学角度考虑问题和执行管理，确保教师和学生的质量。哈佛大学第 27 任校长劳伦斯·萨莫斯曾经是克林顿政府的最后一任财政部长，2001 年 3 月被哈佛大学校长遴选委员会推举为校长。他是从最初多达 500 人的候选者中脱颖而出的，被他击败的对手包括政坛人物戈尔。哈佛校长遴选委员会认为，哈佛校友戈尔缺乏学术界的经历和成就。萨莫斯不但在专业领域具有说服力的成就，而且交友广泛，美联储主席格林斯潘就是他的网球球友。

东京大学校长小宫山宏认为，优秀的学术背景和在教授中的威望，是当代大学校长的两个必备素质，是政治家还是教育家并不重要，但最好兼备管理和学术两方面才能。虽然二者兼备很难，但小宫为了确保素质平衡，既坚持为学生讲授课程，而且为了加强管理才能，曾经尝试在很多行业交朋友，甚至还曾经是橄榄球俱乐部的成员。

3. 校长：一种专门职业。职业化管理者

随着高等学校的规模化及其内部结构与外部关系的日益复杂化，使得高校的管理越来越需要专业化与科学化。高校管理的这一变化，使校长的职业化与专业化成为必然趋势。

第一，大学校长的职业化和专业化，在于肯定校长是一种专门的社会职业门类，在于否定校长的官僚化。作为学校管理者，大学校长的心神应该立定于教育界，即应致力于教育与学术管理，而不能演变为行政官僚，也不能异化为学术官僚。

这里，大学校长应该是政治家还是教育家的命题，既是一个是否承认校长为一种社会职业的问题，也是一个是否承认学校的社会专业属性的问题。从当今世界大学发展史和校长职业发展趋势看，校长是"家"不是"官"；校长是"家"不是"商"；校长是"家"不是"匠"；校长是"家"不是"神"。换言之，校长的职业性质及其基本素质要求应是教育家或教育经营管理专家，而绝不是什么政府官员、市场商贾或政治神灵。

第二，职业化和专业化已成为现代校长职业发展的一种趋势。美国学者哈

罗德·施托克（Harold W. Stoke）在其 1959 年所著的《美国大学校长》一书中指出，美国大学校长已经开始从学者型变成管理型和经理型的校长。近年来，美国高校从企业家或企业管理人员中聘选校长的人数越来越多。而且，院系领导人选的聘选也越来越注意他们的管理素质。

第三，大学校长必须职业化和专业化，因为任何人的能力都是有限的。如果一位学者身兼学术与管理两任，等于让他一人从事两人的工作，即便个人愿意，但他也无法将自己的全部精力都投入到大学的管理中。

比如英国的大学校长在任职期间，不能再将自己的时间精力全部放在专门学术研究上。因此，英国的大学校长们清楚地知道，他们从学校领取的每一镑薪水，都是其作为职业管理者的酬劳。剑桥大学校长艾丽森·F. 理查德教授曾在演说中指出，作为校长，她很难兼顾学术事业与校长工作，尽管她本人很喜欢自己的学术事业。因此，她个人必须以职业管理者的角色把握自己作为校长的主要工作目标，搞好学校的整体科研、教学与人才培养工作，促进学校良好运转。使学校保持世界一流的位置，并走向更辉煌的目标，才是她的工作重点。①

综上所述，一是大学校长一旦任职，则不能再一心二用于自己的学术事业与学校的管理事务，任职期间必须停止手中的学术研究和教学，全心全意投身学校发展的筹划与营谋。

著名教育家陶行知先生当年谈到校长的使命时曾经说，要"做整个的校长"，而"不做命分式的校长"。换言之，校长要有一种精神，"捧着一颗心来，不带半根草去"；执著追求，全心奉献。中国科协主席周光召指出，要搞科研就不要当官，要当官就不要搞科研，当了官就要好好为科研工作者服务，既想当官又想搞科研肯定什么都做不好。

二是校长不必是一流学者，但应是称职的管理者。

首先，大学校长的选聘观念必须更新。时下大学校长的选拔甚至形成这样的"思路与惯例"：大学校长最好是一流学者，即大学校长起码是院士，再不济至少也必须是个资深教授。此种学术权威当校长的选拔思路，对学术发展和教育管理都构成了妨害，往往是"双肩挑"变成了"双耽误"。

显然，校长在任职之前究竟是几流学者并非关键，真正的关键在于他是否或愿否矢志成为一流的教育家或职业化的教育管理专家。现代企业需要职业的

---

① 参见李树：《现代大学校长身份的定位——职业管理者》，载《教育研究》，2005.5。

经理人来打理；现代社会生活中的法律事务，需要职业的律师来操持；办教育或办大学，同样也需要职业化、管理思想精深的教育专家来主持。

其次，高校管理是一门独立并且专业要求极为精深的学问，大学校长需要专门的管理经营者才能胜任。不是一流学者但是是一流教育家和管理家，且成功地将任职学校办成世界高水平大学或一流大学，这样的例子不胜枚举。

以蔡元培为例：他是一个老同盟会会员，为了推翻腐朽的晚清政府，他曾自学化学，自制炸弹，试图刺杀朝廷大臣；辛亥革命成功后，他当过实业总长和教育总长；除了出任过北京大学校长之外，后来又一手创办了中央研究院（即我们今天称为的科学院）和故宫博物院。纵观其一生，可以说为开创中国现代教育文化事业和创办现代高水平大学立下了丰功伟绩。但是，他并非一流学者或学术大师。但是，谁能否认他是中国近现代历史上最伟大的"教育家"和一流的大学校长？

清华大学历史上最著名的校长是谁？不同的人虽然会有不同的回答，但是，绝大多数人会认为是梅贻琦。梅贻琦一生办了两个清华：北京的清华和台湾的清华，由此成为清华大学历史上贡献最大也影响最大的校长。但是，如果我们查一下梅贻琦的个人简历也会发现：虽然他是化学博士，但他一生查得到并留下来的论文只有两篇。在学术上，他既非院士，也非化学界的领军人物。但他同样是一位被后人公认的一流"教育家"校长。①

再次，校长职业化与专业化已经是当代大学校长职业发展的一种基本趋势，同时也是当今世界一流大学的通行做法。2006 年曾访问中国的耶鲁大学校长雷文就曾这样评价自己的职业："作为一个大学校长，一定要有展望大学发展方向和提升大学品质的愿景，能够制定远大而且可以实现的目标，能够将大量时间集中在主要的行动上。"为此，雷文任校长 12 年，放弃自己曾经的专业，没有带过一个研究生，唯一专著是有关教育管理实践的研究——《大学工作》。②

第四，在一个组织中，不同的位置有不同的评价标准。对于一名大学教授来说，对他（她）的评价标准当然是专业学术水平和科研水平，是院士或博士生导师。但是，对于一名大学校长来说，对其评价标准就不能是学术专业水平，或者是否院士，而是他有没有独特的教育思想和办学理念，有没有大学整体发展的战略眼光，有没有对人类科学发展的超前预见和战略把握，有没有对

---

① 参见赵民：《科学网电子杂志》，2007.8.31。

② 参见张贵峰：《科学网电子杂志》，2007.10.13。

有着高学历但又很有个性的大学学者群体的管理与协调水平，有没有对如何优化校内外办学资源的营谋能力，有没有引进顶级学者的办法，这才是评价一名大学校长"岗位绩效"的真正内容。

今天，在中国大学跨入 21 世纪的时候，我们的大学校长当然不可能再是一个没有获得博士学位、没有专业学术职称的普通人。但是，如果我们回过头来看看蔡元培和梅贻琦的故事就能明晰，在大力培养创新民族和建设创新国家的时代背景下，一个知识型的组织需要什么样的领导人，以及这种领导人必须具备什么样的智慧与能力。

四、校长的任期

关于大学校长的任期，观点不一，但总体上认为出于大学发展考虑，任期相对长一点为好。

1. 美国大学校长的任期

一般来说，校长要实现其理想和目标，需要相对较长稳定时间的实践。

以美国为例：哈佛大学在近 360 年的历程中，仅有 26 任校长，平均每位校长任职达 10 多年。而如果从 1865 年美国内战结束至今的 140 年里，哈佛只出过 7 任校长，除现任校长萨莫斯外，平均任职时间为 22 年，其中艾略特任职 40 年，科南特任职 20 年。

麻省理工学院从 1861 年建校到 1991 年的 130 年间，共经历了 14 任校长，平均每位校长任期约 9 年半，最长的任期 19 年。根据学校自己的看法，历史上对学校最有建树的校长共有 5 位，他们在任都有 10 年以上。其中最长的是康普顿，他是一位世界著名的物理学家，在执掌学校时的最大功勋是把一所工科大学转变为理工大学。他所主张建立的"辐射实验室"从事的雷达研究，对国防的贡献仅次于原子弹。人们称赞他是"以国家的目的和社会的进步来衡量自己和麻省理工学院"。

号称"南方哈佛"的杜克大学首任校长 William Preston Few 主持校务 30 年，为杜克大学奠定了踏实的传统精神与学风，使得杜克大学在美国 3600 多所大学中脱颖而出。第 6 任校长桑福德更在 16 年任期内，将杜克大学带入全美一流大学的行列，并以"南方哈佛"著称。杜克大学为"北卡三角区"和整个北卡州的高新技术产业发展及经济繁荣起了巨大推动作用。

2. 大学校长的任职期多长为宜

根据斯坦福大学荣誉校长杰拉德·卡斯帕尔的经验和建议，大学校长的任期以 8～12 年为宜。

耶鲁大学校长莱文曾在中国大学校长论坛上发言认为，大学校长的时间至少应该是 10 年。而已经担任圣路易·华盛顿大学校长 11 年的马克·莱顿则认为，稳定对于大学的成功至关重要，但是如果担任领导的一个人或一批人在同样的职位上时间太久，那可能导致没有新的想法和新的人员补充进来，这是一个弊端。在马克·莱顿看来，学校能否发展，取决于校长是否认真履行职责，时间长短则以不确定为好。

美国学者杜维明认为，校长任期长可以规划长远的战略。这种传统不仅反映在学校的教学内容，而且更重要的是对教育风格时时起到潜移默化的作用。东京大学校长小宫山宏认为，大学校长任期应该由学校根据自身情况及职位的委任方式确定。已经担任悉尼大学校长九年的加文·布朗认为，长期任职对学校发展有较大帮助，悉尼大学校长每届任期 5 年，可连选连任。

3. 中国大学校长的任期

新中国成立前，南开大学自 1914 年成立，除八年抗战与北大清华组成西南联大外，直到 1949 年一直是张伯苓先生任校长，他将南开办成了一所高水平、有特色的著名大学。竺可桢先生担任浙江大学校长 12 年，将浙江大学办成了中国的"剑桥"。

第一，新中国成立后，大学校长的任期长短不一。"文革"前，我国大学校长一般任期都较长，比如，武汉大学校长李达、山东大学校长成仿悟、南京大学校长匡亚明，任期都在 8 年以上。"文革"后则情况变化很大，但总体上是任期越来越短。比如，从 1978 年到 2004 年的 26 年间，北京大学出了 6 位校长，清华大学出了 5 位校长，不计算目前在任校长，平均任期约 5 年。根据中国人民大学"中国大学校长素质研究"课题组 2007 年的一项调查显示，我国大学校长的平均任期为 4.1 年，而美国同类大学的校长任期为 12.2 年。对于这项调查结果，不少专家认为过短的任期，将导致校长不思进取，或者注重短期利益，急功近利，难以按照办学规律办学并形成学校的特色与文化。

第二，大学校长任期为什么越来越短。两个原因：一是随着学校衙门化和校长岗位官本位化，许多校长很快迁升到各级政府任职，或者强调任届而届满更换；二是一些校长不堪行政事务繁重或担心学术荒废，任期一满即刻卸任。

第三节　现代大学校长的职业化与专业化

在现代社会，校长究竟扮演着怎样的角色，应该承担何等的职责？校长如何打造一所特色学校，如何有效地实现对学校的领导和管理经营，如何更好地引领教师实现专业化发展和学生实现和谐发展？以上问题为高等教育管理研究者和校长所共同关心。

一、大学校长的职业化与专业化意义

职业化与专业化校长命题的提出，表明社会对大学校长这一角色有了新的认识。

现代社会是通过制度化的专业化和职业化，把以往社会的个体和少部分人改变人类思想、知识和技术的努力，变成制度化的社会推动力量。所以，专业化和职业化是人才生成与成长的前提，是社会事业发展的前提，是现代社会发展的前提，当然也是现代大学发展的前提。

随着教育事业的发达，校长已经不以人的意志为转移地成为一个庞大的社会职业群体和社会阶层，大学校长只是他们其中的一部分。

校长的专业化和职业化是社会职业制度完善的内容之一，是现代大学制度建设的重要内容之一，也是大学管理体制改革的重要内容之一。

1. 必要性

第一，社会变迁及其校长角色变迁表明，切不可误解专家治校，切不可将学科专门人才等同于学校管理经营者。一个优秀的小提琴手就能做一个乐队的指挥？显然不能成立。同样，一个优秀的教师或某个学科领域里的专家就能做一个学校的校长？显然也是不能成立的。优秀专家与优秀校长是两回事。

公共管理不只是科学与技术理性问题，而更多的是平衡与协调多元利益的艺术问题。作为一个学校领导者或高层管理者，大学校长既要有科学理性，更需要管理治理性、行政理性、法律理性和社会理性；既要有具体的治理技巧，更要有战略洞察与规划决策力、亲和力、沟通力和创新力。而这一切，端赖校长在专业化和职业化的职业生涯与工作实践中得以实现。

第二，大学校长应该是一种专门职业，这种职业是社会分工的体现。作为校长群体，应该作为一个专门的职业和独立的阶层存在于社会，而且应该区别于政府公务员和其他社会机构的领导者。

第三，作为职业型校长，它不仅需要职业化与专业化的知识与技能素养，还需要把学校经营发展好作为自己的从业和敬职标准。那种"双兼挑"的校长任用模式只能导致校长工作的业余化。

第四，校长应该是特别领域的管理专家。整个社会必须把培养和造就职业型的大学校长看作和培养造就企业家一样重要，而能否造就这样一支高水平的职业型、专业化校长队伍，关系到我们能否创办世界一流的高等教育和成为世界教育强国的问题。

第五，只有通过专业化和职业化，校长才能为大学提供专业化和职业化的服务，才能使个人的管理活动变为集体的制度化活动。

2. 如何成为教育家

校长不可能都是教育家，但校长要力争成为教育家。教育家越多，越有利于教育事业的健康与可持续发展。

第一，什么人可称得上教育家？陶行知先生早在 1919 年就对教育家进行过分类：一种是政客的教育家，他只会运动、把持和说官话；一种是书生的教育家，他只会读书、教书和做文章；一种是经验的教育家，他只会盲行、盲动，闷起头来，办……办……办。第一种不必说了，第二、第三两种也都不是最高尚者。而"今日的教育家，必定要在下列两种要素当中得了一种，方才可以算为第一流的人物"：一是敢探未发明的新理，二是敢入未开化的边疆。"敢探未发明的新理，即是创造精神；敢入未开化的边疆，即是开辟精神。创造时，目光要深；开辟时，目光要远……在教育界，有胆量创造的人，即是创造的教育家；有胆量开辟的人，即是开辟的教育家，都是一流的人物。"①

显然，在陶行知先生看来，称得上教育家者，必须拥有勇于开辟教育事业发展道路的远见卓识与胆识。所谓远见卓识与胆识，关键在于"见"，即超出常人的特别"见地"。这个"见"，包括作为教育工作者对人、社会和教育三者关系的卓识与把握。比如，赫尔巴特提出的教师、课堂和教材的教育教学三中心思想，就是"见"；杜威提出的"学校即社会、教育即生活"就是"见"；蔡元培先生率先提出"五育"并举的教育方针，以及学校即训练人格的场所的思想，也是"见"。他们的"见"在今天看来或许有失偏颇，但"片面的深刻"要胜过"全面的肤浅"，更胜过"人云亦云"和"不知所云"。

---

① 参见胡志坚：《哪些人可以称得上教育家》，载《中国教育报》，2006.4.14，第 6 版。

教育要发展，教育科学理论需要与时俱进，没有教育家们的"先见之明"和超出常人之"见地"，教育理论将陈旧，教育事业将凋敝。

第二，如何成为教育家？要成为教育家，关键在于躬行意志。所谓躬行意志，关键在于"行"，在于超出常人的作为。只有"见"而没有行，或少有行，成不了教育大家。就时下中国的众多校长而言，既少有"见"，也缺乏"行"。

蔡元培先生之所以被称之为中国现代最为著名的教育家，在于他不仅有"五育并举"和"学术自由、兼容并包"的教育科学理论之真知灼见，更在于他敢于直面社会与学校之传统陋习而实施大刀阔斧的改革实践之行；陶行知先生之所以被称之为中国现代教育史上著名的教育家，也在于他不仅有"生活即教育"的真知灼见，还在于他以"捧着一颗心来，不带半根草去"的执著精神并身体力行地实践自己的"见"；晏阳初、梁漱溟等先生之所以被称为中国现代社会的著名平民教育家，也在于他们不仅面对"愚、穷、弱、私"的中国社会有开展"新民教育"和"乡村教育"之"见"，而且在于他们勇于以"农民化"之情感与胆识，执著地深入穷乡僻壤去"化农民"。

中国需要教育家，需要大批超出常人的、具有真知灼见的教育家，而敏于"见"和勇于"行"是教育家们生成的必由之路。

第三，如何催生出千千万万个教育家？时代需要教育家，社会发展需要教育家，这已经是全社会上下一致的共识。然而教育家的产生并非贴几个标签就能达成，如何才能催生出千千万万个教育家？这是教育家办学命题的关键。

二、大学校长如何进入角色

在现代高等学校管理体制中，教授、专家担任学校领导职务，往往一步或两步就升到作主要决策的顶层，而不像一般行政人员那样一个一个台阶地提升，这就显出向管理角色转型的重要性。学校、学科、学术发展是一个长期的积累过程，因此在学校管理职位上，时代已经越来越不允许匆匆过客。担任领导职务的学者们尽管专业背景各不相同，但在转型问题上还是有一些共性的。管理科学为软科学，因此人们将这种向职业性的管理专家转型的过程称之为"软化"过程。

1. 第一步"软化"，实现个人素质的转型

这一过程包括两个层面。

第一，善于进入角色。一般而言，进入校长角色的途径是多元的。不论从

哪个队伍进入校长队伍的，都有一个怎样扮演校长角色的问题。这里应当区分两个不同的概念：做校长与进入校长角色。做校长并不等于进入了校长角色，即不等于成功地扮演了一名合格的校长。不论是从教师队伍进入校长队伍的，还是从管理者、官员、政治家队伍进入校长队伍的，都有一个进入校长角色、扮演合格校长的问题。他们不论是从哪种队伍走入校长队伍的，都应严格要求自己，改变自己的包括信念、知识与能力等在内的素质结构，向教育家看齐，成为"专家、教育家兼优秀职业管理经营者的素质"的合格校长。这是扮演校长角色的基本途径——"多元归一"，即多种来源，归于"专家、教育家兼优秀职业管理经营者"的合格校长。

进入校长角色，扮演合格校长，大约需经历以下四个阶段：第一阶段，从其他岗位刚刚来到校长位置，理论与经验均感不足，办事循例，工作被动；第二阶段，工作开展起来，稍具经验，能够按常规比较顺利地处理学校日常事务；第三阶段，就任有日，经验丰富，谋求发展，开拓进取，在实践的基础上，努力探索教育理论和其他相关理论知识，悟出了某些办学的规律性；；第四阶段，在理论与实践的结合上，系统地研究教育理论和其他相关理论知识，成为资深校长，其中有的人在教育理论或经验上颇有建树，成为知名校长或教育家。这往往是成功扮演校长角色的道路和发展历程。

第二，善于扮演角色。作为成功大学校长的经验之谈，英国剑桥大学前副校长阿什比曾说，如果要他写一本大学校长手册，他将把下列四点作为主要内容：一是领导者必须领导；二是应该由别人决定的问题，避免自己决定；三是善于将自己的观点由别人说出来；四是领导者必须承认双重忠诚，即既要忠诚于自己的学有专攻，又要忠诚于自己服务的学校。

2. 第二步"软化"，实现集体素质转型

个人素质转型是基础，集体素质转型是根本。因为一个单位的核心竞争力，是组织成员的知识智慧整合能力，是集体知识智慧的优势互补。

第一，善于整合资源。一位杰出的校长，应当善于运用"望远镜"，及时准确地预测未来和把握未来；善于运用"放大镜"，及时准确地发现人才、整合人才，发现优势、整合优势，发现资源、整合资源；善于运用"显微镜"，及时准确地发现学校运行中的任何问题并解决于萌芽中，避免失误与损失；善于运用"平面镜"，及时准确地观察自身形象与学校形象，发扬成绩，纠正不足，使个人与组织健康发展。

2004 年 9 月卸任的牛津大学校长科林·卢卡斯在谈及自己的校长生涯时

说，他在任 7 年，成功地做好了四件事：重新组合了大学员工团队，使之更有效率；较好地使用了资金，改善了学校的设施；推动了学校与国家机构的交流；吸引了更多更好的教师进入牛津。

第二，善于民主放权。美国斯坦福大学荣誉校长杰拉德·卡斯帕尔教授在谈到治校亲身经历时曾深情地说，担任大学校长一职，确实很忙、很累，为了工作顺利，因此需要特别注意以切实有效的分权系统来分担自己的职责。为此，他常常"提醒自己记住，最关键的决策——比如课程、教师的聘任、研究项目的选择、学生的挑战——在当前全世界的一流大学中几乎全部是由教师控制的，因为他们拥有各个方面的专业知识。几乎没有一个领域像大学这样拥有如此多高度分化的'生产线'。这些'生产线'，本科生、研究生、物理学、化学、古典文学、哲学博士等各个项目，即使是最好的大学，也是由小部分最好的教师组织形成的，是教师而不是校长的专业知识在起作用。这种几乎没有限制的多样性是大学决策要尽量分权的一个理由。最终，教师拥有最多的牌。这样做是应该的，因为必须这样做"。①

在实施民主管理过程中，要注意双阶梯体系的构建及其运作，即校长不仅要注意发挥专家教授的作用，还要大力激励和提拔使用各部门的专职行政管理人员，以防止"和者甚寡"的局面和"唯学历"的倾向。实现双阶梯体系的任用机制，可以确保管理人员队伍的动态平衡，实现管理过程的智慧与技能的协调，从而提高组织的内部效率和增强组织的外部力量。

三、大学校长的现代职业素质

作为一种新型的社会职业群体，大学校长们应该有着专门的职业素养与能力。一般来说，大学的成功，是校长的成功，是成功的校长们对学校、对教育、对学者、对学术的忠诚，对世事变迁的洞察与把握，是他们全身心地领导这个人才王国和"学术王国"去实现伟大目标的战略卓识、管理决策与经营能力。因此，研究大学校长的素质及其角色定位问题，具有十分重要的现实意义和战略意义。近年来，随着大学与知识经济的关系日益密切，世界各国十分重视大学的办学水平，重视大学校长的素质及其对学校发展的影响。②

---

① 参见［美］杰拉德·卡斯帕尔：《成功的研究密集型大学必备的四种特性》，载《国家教育行政学院学报》，2002.5，第 58 页。

② 参见陈秉公：《二十一世纪的理想校长模式与素质结构》，载《光明日报》，2001.12.13，B1 版。

国外学者对校长品质的研究表明，校长的态度、习惯、声音、外表、智慧、体力、交流意见能力以及人际关系等，同领导效率有关。他们认为，大学校长应具有14项人格特征才能导致成功。这14项人格特征是：a. 判断；b. 主动；c. 正直；d. 远见；e. 干劲；f. 人际关系；g. 坚决；h. 可信赖；i. 情绪稳定；j. 公平；k. 雄心；l. 献身工作；m. 客观；n. 合作。

对于大学校长的现代职业素质结构，大体包括以下方面。

1. 理念治校者

校长乃一校之魂，"魂"便是思想理念。一所学校可以缺乏高楼大厦，可以缺乏先进的设备设施，但唯独不可以缺乏思想理念及其独特的文化品位和精神追求。唯有科学化、理性化和个性化的思想理念及其独特的文化品位和精神追求，校长才能撑起一所真正意义上的现代大学。

第一，理念代表着有思想，有谋略。思者无疆，智者无疆，行者无疆。作为大学发展规划的战略谋划者，校长必须具有清晰的适合于本校的办学指导思想、发展战略和不拘一格的独特办学模式。

一方面，大学校长的治校理念与风格，往往也就是这所大学所具有的独特的文化品位和精神追求的人格化特征。校长是学校质量的控制者，校长的治学风格直接关系到学校的教育质量和学术声望。作为大学校长，脚虽然站在地上，但"头颅"必须比普通大学成员抬得高。

另一方面，校长对学校的领导，首要的是教育思想的领导。这要求校长必须具有先进的教育思想和丰富的教育理论知识，具备一定的学校管理经验和技能，并能够运用现代学校管理技术。

第二，做有个性的校长，带领学校走改革与特色化发展之路。当今时代，校长应在全球化、本土化和个性化三个维度把握自己的角色。

大学发展史表明，有鲜明个性的校长，才能办出有特色的学校。没有校长的个性，就没有学校的个性，就难以有学校的办学特色。可以说，校长个性的独特性决定着学校特色的鲜明性，校长个性的丰富性决定着学校特色的多样性，校长个性的优质性影响着学校特色的先进性。

2. 民主与依法治校者

民主的人格特质和依法治校的行事作风是大学校长必须具备的基本素养，其核心在于尊重知识，尊重学术，尊重人才，惜才爱才。

第一，大学组织不同于社会其他组织的根本特点在于，它是一个学科知识体系不同、各自学术目标不同、学者专业领域不同的权威分化的组织机构，一个知识创新和智慧发现源自于基层的学术机构。一所优秀大学的领导责任，在很大程度上取决于校长以团队方式和协调方式开展工作的能力，而不是以"命令"的方式去要求其他人去完成教学科研任务。校长的责任在于学科发展的预见、理解和提供条件，激励教师乐于、勇于创新。

第二，领导者与管理者，或者说领导与管理，是两个差异很大的概念：前者是指"做正确的事"，暗含着确定一个团队努力的方向和价值的追求之意蕴；而后者则指按要求计划"正确地做事"，强调做事的规范和事业的守成，管理者不夹带任何其他自主意图。

领导领导，关键在于"导"，在于意见协商、观点达成、责任分担和成就分享等。对于校长来说，首要的是思想领导与战略引导，其次才是行政管理。学校是一个精神感召的场所，因而方向是第一位的，精神也是第一位的。

3. 人文型管理者

大学是知识与智慧活动的场所，是人格培养与人才成长的场所，这要求校长必须有深刻的人文理性和深切的人文关怀。

第一，校长经营学校，说到底是经营人心、人智。因此，校长理校，首要的是懂得教师特别是学生。即懂得如何关爱学生、培养学生，尤其要培养学生的身心健康与人文素养，从而使学生成为一个精神世界健康、人格个性和谐发展的完人。

第二，校长的责任在于构建自由和谐的书香校园，即：一要明确学校发展愿景，提升学校社会声望；二要依靠教师，构建团队意识；三要构建学习文化，鼓励师生终身学习；四要积极营谋社会支持，促进学校持续发展。

4. 道德型管理者

所谓道德型管理者，是指校长注重以个人人格魅力实施管理。众所周知，校长的影响力源于权力影响力和非权力影响力两个方面，而非权力影响力是现代管理的最重要影响力，它来自于两方面：

一是人格魅力。所谓人格魅力，即公众高度认同并自觉自愿追随的个人感召力。从内在特质看，魅力要素须具备三个"度"：一有理论高度，二有学术深度，三有文化厚度；从外在特征看，魅力风格为：海纳百川的大家风范，谦逊、廉洁、奉献、公平、公正的道德家风范，敢于冒险、不怕失败的持续创新进取的改革家风范。

有人格魅力的校长，才能最大限度地把握人心向背、运作人力资源，由此构成学校发展的最佳组织气候。

人格魅力也是精神魅力。校长首先应该是一个精神领袖，其次才是一个领导者。领袖不是自封的，而是由其卓越的个人影响力自发形成，这种影响力来自于人格魅力——善良、真诚、宽容与正直，来源于个性魅力——独特、纯净、丰富与深刻。

二是学识魅力。作为学术机构的大学，其实大多数人的内心深处对知识学术更加崇拜，这种崇拜物化在人身上，就是对专家学者的崇拜。如果校长学识渊博，可以平添几分魅力。

三是演说魅力。理想的校长是一个演说家，他的嘴就像一只催人奋进的号角，发出的宣传鼓动之声能时刻激励着一个团队不断前进。有人说，口才、美元和原子弹是撬动美国经济的三大杠杆。由此可见，演说能力对一个国家、一个单位和一个人的发展是多么重要！校长在很大程度上靠一张嘴吃饭：学校的发展规划靠他去演示，学校的凝聚力靠他去感召，学校发展中的各种矛盾靠他去化解，社会资源靠他去营谋。

5. 改革家型管理者

今日之大学正处于在一个激荡的变革时代，发展是现代大学的根本性特点，拥有改革创新精神与改革创新能力是有作为之改革家型管理者校长的首要素质。

第一，一往无前的改革创新精神是校长领导学校求生存、求发展的必备精神品质，它具体体现于改革创新的胆略。

一方面，有胆略是有理念、有主见和有个性并坚持理念、主见和个性的体现；另一方面，坚定执著的改革创新胆略是校长求得自身理念治校、治校风格和个人发展的基本条件。校长只有坚持以创新性的主见才能实践并完善自己的理念，并在这一过程中获得个人和学校的成熟与发展。

第二，校长应当具有坚定的自信心、创造性的知识结构、创造性的思维方式和创造性的能力，这种能力具体体现于：一是有可预见性之目标，并以目标为中心规划阶段性任务；二是善于积聚人气，即善于创设一种健康的团队合作环境；三是有自知之明，善于协调集体力量并实现知识与智慧之优势互补；四是善于审时度势，有充分解构并获取各种对学校发展有影响的社会力量和资源为学校所用的营谋能力；五是善于科学合理地配置各方资源，有全面审视和评估发展过程的掌控能力。

6. 战略决策者

所谓战略决策者，即拥有科学的战略决策能力的管理者。

第一，管理就是决策，战略决策力是校长素质结构中的核心要素。作为战略决策者并拥有战略决策能力，他能够认识学校的现实状况并把握学校的未来发展趋势；能把学校看做一个整体，明了和掌握学校各个部分之间的相互依赖、相互制约的关系；能充分理解学校与教育界、社会以及同整个国家的各种经济、政治、文化力量之间的关系，并充分把握当下的有利因素和不利因素，在各种可能性方案中快速选择最优生存发展方案。

第二，由于中国大学长期以来在计划指令经济体制下运行，因此校长领导决策传统也沿袭了计划指令行权的特色：重微观事务的管理，轻宏观运作上的决策。市场经济条件下的经营特点与此正好相反，在变化无常的社会现实情况下，特别要重视校长的宏观决策能力。

校长作为学校最高领导者，不同于一般管理人员。管理与领导区别在哪儿？管理是一套使一个复杂的人员和技术体系得以顺利运转的过程；领导则是一套首先创立组织，继而使之适应飞速变化的情势的战略谋划过程。管理涉及的一般只是内部中短期事务，如计划、预算、组织调整、员工配置、经营调控和问题解决等；而领导涉及内外部中长期事务，如勾画单位的未来远景，激励员工为实现美好远景而努力奋斗。前者是一定程度的经营的可预见性及其秩序，而后者则是创造变化的潜力，即管理使事务达成，而领导则带来变化。

7. 关系型领导者

所谓关系型领导者，意味着领导行为发生并存在于领导者与被领导者之间，它是一种互动互惠的集体性行为。在学者伯恩斯看来，权力首先是一种关系，它涉及权力持有者和权力承受者双方的意图或目的，因而权力的活动应是一种集体行为而非个人行为。权力的舞台不应是由当权者所独享的特区，而应渗透于人类的各种关系之中。①

第一，现代社会，无论是具有一定岗位职权的人，还是不在权位的人，都可以发挥领导功能。校长扮演的是领导者的领导者，即有价值的领导应该是以不同方式发动与协调关系的领导：激活学校成员的情感，激发他们的责任感与

---

① 参见张新平：《一个变革型的学校领导者》，载《中国教育报》，2009.3.17，第6版。

使命感，回应他们联结他人的需要。校长此时的职责是努力把员工协调成他们各自工作领域的领导者。这样，校长就无需扮演单打独斗的英雄，而是一批领导的领导者。

在当今组织结构单元日益扁平化、团队化时代，成功的领导者首先要考虑的必须是整体绩效，整体绩效的提高要求做到个人贡献的最优化，领导者的任务自然就转变成促进和协调个人的贡献。

第二，关系型领导者的典型特征是拥有高效能的组织领导协调能力。这里的组织协调能力主要是指校长在实施学校管理过程中，具有灵活、有效的内部人际与部门协调能力。

大学就像一个交响乐队，教学研究活动是由各学科、各成员的自主性来进行的，各个学科有各自的领地，各位学者有各自方向，因此使得大学不具有政府组织机构的权威领导特点，在这种情况下，校长的关系协调能力尤为重要。

第三，学校领导者可以从以下几个方面提高关系协调效率：一是目标清晰，即目标有分解，任务有期限；二是视领导力为职能，建立责任制，指定负责人，实现权力共享；三是识别资源，了解员工，依特长与任务分别授权；四是建立控制机制，定好实施步骤，列出先后次序，定期检查进度；五是有针对性的正面激励。

校长既是智者，更是智慧的组织者。"智者尽其谋，勇者竭其力，仁者播其惠，信者效其忠，文武并用，垂拱而治"，方能实现学校的有序善治局面，即：每一位教职员工如同"法家"一样依法行事，行政人员如同"儒家"一样协和关系，校长则如"道家"一般进入到顺其自然、无为而治的管理境界。

8. 社会活动家型管理者

社会活动家型管理者，本质上也是一个关系型领导者，一个面向社会的公关者。学校是一个社会机构，其发展离不开社会各方的支持与配合。因此，大学校长应力争成为社会活动家并练就高超的公关能力。

做社会活动家型管理者，一个重要的任务是善于做公众人物。做好公众人物，充分展示自己和自己的学校，这对于扩大个人和学校的社会影响、增强社会声望、筹措办学资金和协调各方关系具有重要作用。

据斯坦福大学荣誉校长卡斯帕尔教授自己估计，在他8年的校长任期内，他做了大约600场演讲，加上即席演讲约400次，总共有1000场演讲，平均每3天一场演讲。他曾经在48小时内就不同主题做过12场演讲，就是每4小时一次演讲。没有思想，没有丰富的知识文化底蕴，是无法口若悬河的。另外，不善言谈，不善演说，显然也无法得到公众的理解与支持。

总之，伟大的大学是理想型组织，一旦被创建起来，就应一步一步走下去，直到永远；伟大的校长素质被理想化，一旦被人们衷心诉求，虽然很难做到，但可以一步一步接近目标，直到永远。

第四节　校长的聘用制度

一流的管理才能办出一流的大学，而一流的管理要有一流的校长，一流的校长又需要科学的校长选拔任用制度。大学校长的角色定位，影响着大学校长的聘用制度、工作保障制度及其退出机制之设计，为促进社会中的校长职业群体的专业化发展，必须建立相应完善的校长遴选制度、薪金制度、工作保障制度及退出制度等。校长的选拔与工作制度保障，包括遴选制度、薪金制度、任期制度等，以此确保校长位置由合适优秀的人才担任并使他们能全身心投入学校管理事务。

一、遴选制度

大学校长的遴选，对于任何一所大学来说，都是重大事件，因为它关乎学校的发展前景与未来走向。因此，各国从学校师生到政府和社会，都十分关心和重视。

1. 委任制与选举制

第一，委任制，即民意测验后，由政府或主管部门直接委任，如中国的大学校长。

第二，选举制。选举制又分两种形式，一是由本校教授委员会和评议会民主选举产生，报政府任命，比如德国、日本的大学校长；二是由民主选举或社会招聘产生，比如美、英等国的大学校长。2002 年，中国复旦大学前校长杨福家亦被选聘为英国伯明翰大学校长。

2. 重视管理经验

随着世界大学的国际化进程加快，大学校长的选拔不拘一格，面向社会，面向世界，甚至面向企业。不仅本国人可以竞选国外大学校长，外国学者也可以竞选大学校长。以此促进文化教育交流，促进大学的快速进步。近年来英国一些顶尖级大学聘用高层领导者，采取了一些与过去大不相同的做法，从国外甚至企业招聘领导者。这说明学校的管理观念在发生变化，即人们认识到，需要专业管理人才管理大学。比如，伦敦经济学院院长戴维斯在任此职之前，就没有做过大学的管理者。

有着 800 年历史的剑桥大学于 2003 年挖了耶鲁大学的"墙角"，将筹款能力超强的教务长艾丽森·F. 理查德拉去做校长，她曾经将耶鲁大学的基金总额做到超过哈佛（在美国高校基金总额中排名第一）。牛津大学也于 2004 年聘请原新西兰奥克兰大学校长约翰·胡德为学校校长，他此前曾经是一位成功的企业家。牛津大学校长科林·卢卡斯 2004 年 3 月在北京大学访问时，谈到这位新西兰学者将接替其担任下届校长时指出，只要能将牛津引导到一个更高的平台，他是哪个国家的人并不重要，重要的是他能领导好一个世界级的大学。

3. 重视职业素养

即校长应该是精通教育的职业教育家。美国著名高等教育学家弗莱克斯纳曾经引用一位美国慈善家的话说，"一个人可以当一个横跨大陆的铁路公司的董事长，做某个国际财团的总裁，或任何一家大型企业的总经理，但却无法承担一所著名大学校长的职位"。① 弗莱克斯纳的话不无道理，它表明，应当将大学校长视为一种专门职业。大学校长不必什么都懂，但需要懂教育、懂教师、懂学术和懂学校管理。

哈佛大学在 2000 年遴选校长时，有人提名即将卸任的克林顿或戈尔，但哈佛大学校长聘任委员会很快排除此项提议。他们认为，克林顿、戈尔可能领导好一个大国，但不一定能领导好一个大学，领导大国和领导大学是两回事。领导一流大学必须具有优秀的学术背景，而这一点他们两人不具备。最后选择了前财政部长，原因不是他当过财政部长，而是由于他是经济学研究方面的国际一流学者。

4. 重视公共治理

大学是一个共同体，固非教师群体所独享；大学又承担着社会功能，耗用社会资源，所以有责任对外开放自己的治理结构。建立校董会机制，以此容纳各方面的利害相关者的代表，进而由其产生校长人选，是较为可取的历史经验

---

① 参见 [美] 亚伯拉罕·弗莱克斯纳著，徐辉、陈晓菲译：《现代大学论》，浙江教育出版社，2001 年：第 162 页。

和国际惯例。须注意的是，校长不能简单定位于 CEO，他应该是校董会、政府主管部门、校友群体、教师群体、学生群体、行政后勤职员群体、捐助人士群体以及社会各方需要的协调者，也应是体认传统和环境，坚持教育学术理念，继往开来的促进者。

　　总之，从改革高校管理体制看，首先必须从改革校长的任用制度开始，即校长岗位要从行政委任制过渡到民主选举或公开招聘制。

二、任用制度

1．薪金制度

　　大学校长职务，特别是那些世界知名大学的校长职务，是一个非常难以驾驭的神圣工作岗位。校长职业管理者的角色定位，决定了他们不菲的薪金酬劳，决定了他们既享受荣誉，又承担奉献与牺牲的责任。

　　第一，取消大学校长的行政级别，由各大学理事会自行决定校长的薪酬待遇。由此，解决大学校长的官本位、行政本位和某官不谋事的问题。

　　第二，大学校长的收入如同任何一项其他社会职业收入一样，由有形与无形两部分构成。有形的收入主要指公民依据法律规定和劳动契约所获得的货币实物等收入；无形的收入指公民通过拥有某一头衔或身份而使自己获得的心理成就与满足感。

　　从有形的个人收入方面考察，发达国家的大学校长们作为职业的高级管理者，依据合同从学校获得的货币收入及其他物质待遇（不考虑技术发明专利转让、版税等收入）在学校内部自然属于最高之列，他们一般感到体面和满意。从无形的个人收入方面考察，具有大学、特别是那些世界知名大学校长的头衔与身份，其社会荣誉与地位则无法用金钱加以考量。

2．退出制度

　　校长任期届满，未能续聘，根据合同要退出校长岗位。

　　在校长退出制度中，所运用的荣誉头衔制度及其他补偿制度，对校长甘为职业管理者、全身心地为学校发展筹划营谋具有不容忽视的鼓励和感召作用。具有学术背景和学者身份的校长，担任校长职务后必然导致中断个人的学术事业，而某些恰当的荣誉头衔可以给他们一定的补偿，并为他们在卸任后继续从事学术工作或社会事务搭建合适的平台。

三、制度第一，校长第二

1. 原则

制度第一、校长第二的原则表明，在学校管理过程中，制度法律权威第一，其次才是校长和领导人。

第一，校长角色的重要性是毋庸置疑的。但是，强调校长的重要性绝不等于宣扬"校长英雄观"和强化精英主义。正如国家需要政治文明治理一样，学校的管理运行最终要依靠法律和制度。校长的责任是依法办事，以法治校；为制度服务，为制度效力。因此，建设一个好的学校管理体制及其运行机制，营造执行制度的人文环境，用制度规范行为、凝聚人心，从而保证学校的兴旺发达与可持续发展，才是学校实现发展目标的根本。

美国教育管理学家 P·Hallinger 对 20 世纪最后 20 年的学校管理作了回顾性研究后指出，尽管有关研究强化了领导能导致不同学校效能的观念，但是如果到了 2000 年人们还认为校长是学校改善的唯一领导，那就如人们还在相信校长不能影响学校效能一样的愚蠢。

第二，政治学原理告诉我们，一个好的制度能使魔鬼变成天使，而一个坏的制度能使天使变成魔鬼。人非圣人，文明秩序不能建立在圣人的假定之上。制度和法律本身是一个社会文明智慧的结晶，它凝聚了社会成员的意志追求与理想秩序，其共约性和指向性可以形成一种强大的集体力量、精神力量和文化价值力量。

严格的制度设计与完善的法律法规体系，既可以约束人性恶的一面，又可以张扬人性善的一面，它们共同确保社会的道德伦理价值及其文明秩序。瑞士人说，他们有豪华价格和普通价格的旅馆之分，但没有干净和不干净的旅馆之分；新加坡人说，他们有薪水高和薪水低的公务员之分，但没有收红包和不收红包的公务员之别；美国人说，他们有能干与不能干的政府首长之别，但没有守法与不守法的首长之分。这表明，制度、法律法规和规矩规则对于生成一种良好的社会风气和养成全体社会成员的文明气质具有重要促进作用，这种作用具有普适性。

第三，近年来，教育管理的微观研究受到更多关注和重视的趋向逐渐明显。此如美国教育管理学家马克·汉森所预测的，人们对领导英雄行动（成功地带来重大变革的行动）的关注将转向对微观行动的关注。在以往的教育管理研究和培训中，人们常常倾向于试图造就一个为众人所簇拥的伟大领导者及其伟大的领导行动，但教育领域中的实际情况是，领导的英雄行动无论在数量上还是在机会上都是微乎其微的。所以，创造性的微观领导行动已经成为今天乃至于未来研究的主题。

2. 逻辑

现代管理科学理论的演进及其实践历程表明，管理有四个阶段：第一是人物管理阶段，这是用制度管人、靠量化及物质刺激的低层次管理阶段；第二是人际管理阶段，其特征是礼遇善待被管理者，靠情感联络实现动机和目标；第三是人才管理阶段，这是一种能够挖掘被管理者的想象力和创造力，从而帮助其实现成功的高级形态的管理；第四是人格管理阶段，它建立在管理者和被管理者的价值观念、生活情趣和生命意义等最高层面的共同追求之上。这是一种最佳也是最难达到的理想管理模式。①

上述四个管理阶段密不可分、依次递进，没有第一、二层次的管理做基础，就不可能达到真正的第三、第四层次的管理境界。四个管理阶段有机统一，相机并用，学校管理才能真正实现以人为本的文化管理境界，才能使管理体制及其管理过程充分彰显出人文价值和校长的价值。

---

① 参见高万祥：《制度第一 校长第二》，载《中国教育报》，2005.12.13，第6版。

第八章　现代大学之核心竞争力

第一节　竞争力概论

19世纪以来社会变迁的历史性成果，就是大学日益融入社会并成为民族国家走向强大、走向世界的重要战略性力量。由此，大学竞争力研究成为国家综合国力及其综合竞争力研究的重要组成部分。

一、竞争力、核心竞争力、综合国力

一个主权国家要在国际生活中，通过同别的国家竞争、合作以确保自己的安全、发展与繁荣，维护自己的利益并促进世界的和平发展，就必须拥有足够的力量。一个国家只有正确地估计自己的力量，努力增强自己的力量并适当地使用自己的力量，才能在国际风云变幻中应付自如，从而为本国的经济、政治、文化发展创造良好的国际环境。

1. 竞争、竞争力与核心竞争力

竞争、竞争力与核心竞争力是人们在研究企业管理理论时所使用的专门概念或术语，这些概念或术语一经产生，立即得到世界广泛认同并泛化于各行各业的管理及其发展评价中。

（1）竞争。竞争一词最早源于中外教学过程中的师生互动和学生互动。所谓竞争，即穷根究理，相互争胜。譬如：中国古代《庄子·齐物论》曰：有竞有争。郭象对此注解：并逐曰竞，对辩曰争。

随着人类社会与商品市场的出现，竞争引入了经济和社会领域。

"竞争"一词按现代经济学理论的理解，它表明以下三重含义：

第一，经济领域中的企业商品生产者和市场商品交换者为取得有利的产销条件和价格利润而进行的相互斗争的现象。

第二，资源（比如人才、资本）之间的相互替换，竞争格局一旦形成，

人们对某些资源不满意时，就会以其相似作用的、更加优质的资源加以顶替。

第三，一种物竞天择、优胜劣汰的社会进化原则，由此竞争成为人类社会一切文明发展的逻辑和机制。

（2）何谓竞争力？竞争力源自于经济学或企业管理学的企业发展研究。

第一，所谓竞争力，是指一个企业相较于其他企业所拥有的长期与可持续的生存发展能力。早期人们对企业竞争力的认识，主要集中于产品创新能力上，但如何确保产品创新，产品创新的条件与原理是什么，人们尚未认识到。

第二，知识与竞争力。随着人们研究的深入逐步认识到，竞争力的核心是组织的学习力及其知识，它们才是一个企业实现可持续发展的竞争力。

潘罗斯发表于 1959 年的《企业增长理论》一文认为，企业的增长资源源于其内部知识资源的增加。持这种企业资源基础论的学者认为，独特的人力资源和知识这些难以模仿的资源，是形成稳定竞争优势的重要基础。库克和耶诺的学习行动论观点认为，组织和业务相适应的知识的积累程度决定了一个组织或集体的业绩。

以巴顿为代表的知识观流派认为，企业竞争力是指具有企业特性的、不易外泄的企业专有知识和信息，其基础是知识；学习是增强竞争力的关键途径，因而学习能力是建构竞争力的核心。

（3）何为核心竞争力？

第一，"核心竞争力"一词，最早出自于美国两位学者 C. K. 普拉海拉德（C. K. Prahalad）和 G. 海默（G. Hamel）在 1989 年《哈佛商业评论》第一期中发表的《与竞争者合作——然后胜利》一文中。文章指出，就短期而言，公司产品的质量和性能决定了公司的竞争力；就长期而言，起决定作用的是造就和增强公司的核心竞争力——孕育新一代产品的独特技巧。自此，便有了一般竞争力和核心竞争力（the core competence）之分。

1990 年，两人再次在《哈佛商业评论》第三期上发表了《大公司的核心竞争力》一文，进一步阐述了核心竞争力及其构成要素：所谓核心竞争力，是指在一个组织的内部经过整合并积累的学识和技能，尤其是关于如何协调好多种生产技能和有机整合不同技术流派的学识和技能。一个组织的生存和发展能力是以优势为基础的，这些优势来自于代表着集体性学习的核心竞争力。他们的观点显然偏重于核心竞争力理论的"技术观"派，该流派特别强调以下几层意思：一是企业具有的独特知识技能；二是善于将每个个别的知识技能整合起来的管理艺术；三是经营技巧。

由于该文较为完整地阐述了核心竞争力的概念，因此被人们广泛认同为核心竞争力理论的标志性文章。

第二，核心竞争力的定义。所谓核心竞争力，是指组织拥有的一种知识与智慧的组织协调与整合力，即任何一个社会组织能否促使以及在多大程度上将组织成员个人拥有的知识与智慧加以整合并转化为集体的知识和智慧并保持持续竞争优势的能力的总和。

第三，核心竞争力是一个内容复杂的结构系统，它大致包括以下具体要素：

一是积累性的互补性知识与智慧。所有市场上能够得到的东西都不足以构成企业的核心竞争力。比如人才在流动，便宜和高质量的劳动力容易被别人猎走，而组织的积累性、互补性知识与智慧别人却难以模仿。

这里的关键词是"互补"，即组织内部协调下的知识与智慧互补。没有互补性，就会使大家拥有一样的知识与智慧并生产一样的东西。有了知识与智慧互补，形成组织的优势与绝招，才有竞争优势。显然，作为一个群体，每个人都有自己的知识与智慧优势，离了谁都不行，形成合力，这个组织、这个群体、这个民族和国家才有持续竞争力。

二是常换常新、层出不穷的优异人才。社会所有的一切竞争，实质是人才之间的竞争。人才竞争包括两个方面：一是人才之间的竞争，即一些人以知识技能资本优势通过流动手段顶替另一些人的位置；二是争夺人才的竞争。为了确保组织的持续竞争力，人们按照职业化的方式结成社会关系，形成职业化的社会结构，以随时寻找更优质的社会成员替换掉不合适的成员。

三是组织管理协调艺术与经营技巧。组织成员个人拥有的知识与智慧能否实现互补，取决于组织的管理协调艺术与经营技巧。因此从一定意义上说，管理经营能力是核心竞争力的关键构成要素，没有它便没有核心竞争力。

第四，核心竞争力的特征。学术界对组织核心竞争力的特征的相对一致的看法是：稀缺性；难以模仿性；价值性（即市场检验和评价）。

第五，随着全球化进程及其世界竞争格局的形成，竞争力与核心竞争力研究成为世界性学术活动，其理论及其评价模式被广泛运用于各行各业乃至于民族和国家。

2. 综合国力：国际竞争中的国家整体性力量

在当今国际竞争的大舞台上，竞争的主角已经向多极化方向发展，竞争的内容开始向"综合化"方向发展，于是"综合国力"论应运而生，它成为当今时代最新潮的概念。

(1) 国家力量的认识演变。

第一，从愚昧混沌到科学理性。人们早就开始注意到关于国际生活中的国家力量问题。中世纪时，不少人认为一个国家的国力可能与外在的东西有关，比如上帝、神灵、太阳等。随着科学发展和社会的文明进步，人们对国力的认识逐渐趋于科学和理性，一些哲学家和政治学家主张从社会内部来研究国力。比如，黑格尔把国力归结为"理念"，斯宾塞认为国力是"永恒的力"。到19世纪，人们开始注意到国力与物质力量的关系，并有了国力的理论，不过当时人们更主要关注的是军事上的"战争国力"。从外在的神秘莫测的东西到可视可测的东西，这是认识上的一种进步；从外部物质因素到内在精神因素，这是认识上的又一大进步，是质的飞跃。

第二，方法论：系统论和辩证法。20世纪以来，人们在研究国家力量的过程中认识到，构成一个国家基本国力的因素是多方面的，而且一些因素并非一成不变。从系统论的观点看，一切现实的系统不可能脱离环境而独立存在，因而必须是开放性的系统；系统内部的各种结构要素相互作用，推动着系统的发展变化。

有鉴于此，人们开始运用系统和辩证的方法开展国家的国力研究。所谓系统的方法，是指对构成国力的因素进行分析时，要从多方面考虑：既要分析物质因素，又要分析精神因素（政府意志、领导的精神状态）；既要考虑实物因素（领土、资源、军力等），又要考虑制度和社会结构方面的因素（社会制度、政府效率、外交力等）；既要考虑主要因素（核心力），又要考虑次要因素（其他力量要素）。

所谓辩证的方法，就是在研究过程中，既要分析可能的力量和现实的力量（可计算力量和实际可用力量），又要动态性地分析构成各国国力的因素（力量要素并非一成不变）。

(2) 综合国力的定义及其内涵。随着理论研究的深入和方法论的完善，人们对于综合国力逐步有了科学、整体和深刻的认识，一个综合国力的理论体系开始建立。

第一，什么叫综合国力？综合国力是指一个主权国家生存、发展和参与国际竞争所拥有的全部实力（物质力和文化精神力）及国际影响的合力，它反映着一个国家在国际社会中的现实地位和作用，以及这种地位和作用的未来可能性变化。

第二，构成要素。由于各国研究者所处的时代、国情和研究目的不同，他们对于综合国力的构成要素的看法不尽一致。如：美国官方将其归纳为政治、经济、军事、心理四大要素；英国学者汤普逊的公式是：国家实力＝（人力＋资源）×意志；日本学者则从他们的战略需要出发，把国力分为国际贡献能力、国民生存能力和对外强制能力三个方面。中国综合国力研究者一般认为，综合国力的构成应包括政治、经济、外交、军事、文教、科技、资源、民族精神等几个要素，或者说经济实力、政治实力、文化实力和军事实力等四个综合要素。

中国人民大学赵彦云教授在关于国际竞争力的研究中，提出了中国国际竞争力的分析框架，形成了中国综合国力与综合竞争力的基本观点。①

$$
\text{国际竞争力} \begin{cases} \text{核心竞争力：国家经济实力、企业管理竞争力、科技竞争力} \\ \text{基础竞争力：基础设施竞争力、国民素质竞争力} \\ \text{环境竞争力：国际化竞争力、政府管理竞争力、金融体系竞争力} \end{cases}
$$

归纳上述各家观点可以认为：综合国力无非由实体性要素（或实物性要素）、制度性要素和精神性要素三部分构成。

其一，所谓实体性要素即实物性要素，它包括地理位置，领土领水资源，自然矿藏资源，人力资源，军事实力，科技实力，等等。上述资源是构成国家力量的基础性和永久性源泉。

其二，社会制度要素。社会制度对国家力量有着重要影响，它关乎着这个国家的国民动员力、资源运作力及其相应的配置水平与质量。制度包括组织机构系统和法律规范系统两部分。制度是一个民族国家的生存发展方式，其科学与先进与否，既关系着国家自身内部运行的效率，又关系着其外部交往活力及其国际影响力。

其三，精神性要素。所谓精神性要素，是指民族的整体性性格、价值信念、意志及其风貌，它是一个民族全部心向、性向与意向的总和。

物质资源只是国力的基础，能否形成力量的关键在于人的运作。因此，作为决定性因素的人，其整体精神风貌与意志力量如何，决定着国力的强度与张力。所以美国学者汉斯·摩根索指出，无论在估价民族的族群性格上困难有多大，试图估价不同国家的相对力量的国际舞台上的观察者，都必须考虑到这一因素。

（3）硬实力与软实力。综合国力有着丰富的内涵，但核心是硬实力和软实力，或称硬国力和软国力。在前述要素体系中，第一部分属于硬实力部分，

---

① 参见宋东霞、赵彦云：《中国高等学校竞争力发展分析》，载《人大复印资料·高等教育》，2004.2，第60页。

第二和第三部分属于软实力部分。

第一，所谓硬实力，是指一个国家拥有的自然资源、经济总量、军事力量等在内的一切可观测性与可计量性实物要素构成的力量的总和。

第二，所谓软实力，是指一个国家包括国民素质、精神风貌以及文化、制度等在内的一切软要素构成的力量的总和。

软实力是英文 soft power 的中文意译，也有人译为软权力或软国力。soft power 一词最初由美国前助理国防部长、哈佛大学教授约瑟夫·奈于 1990 年 3 月在《世界箴言》月刊上所发表的《衰落的误导性隐喻》的文章中提出，我们需要在"软实力"上增加投入，而不是在"硬实力"上即昂贵的新武器系统上增加投资。他在随后出版的《注定领导世界》一书中进一步指出，如果一个国家可以建立并且主导国际规范及国际制度，从而左右世界政治的议事日程，那么它就可以影响他人的偏好和对本国国家利益的认识，从而具有软实力或具有"制度实力"（institutional power）。2004 年 1 月，约瑟夫·奈正式出版了《软实力——世界政坛成功之道》的专著，书中前言将"软实力"明确定义为：所谓软实力，即是通过吸引、而非强迫或收买的方式来达到自己目的的能力。它源自一个国家的文化、政治观念和政策的吸引力。①

约瑟夫·奈站在国家层面，将国家的软实力或软力量归于三种主要资源：一是能对其他民族产生吸引力的文化；二是能有效实践的政治价值观；三是能被视为具有合法性和道德威信的外交政策。很明显，约瑟夫·奈提出的软实力是对应和区别于国家军事、经济力量等组成的硬实力的一个概念，其理论体系主要包括文化、政治和外交三个方面。约瑟夫·奈的软实力理论一经提出，立刻被人们广泛认同，并逐渐成为世界各国学者综合国力研究中的一种理论范式。

当今全球化时代，国家软实力日益重要，国民身心素质及其国民的精神风貌、国家人力资源水平及其人才储备、民族的创新精神及其创新能力、民族文化的优质性、社会的凝聚力和政府的动员力、社会可持续发展力，以及在国际社会中的亲和力及其道义力量等，成为一个国家综合国力的最关键部分。

（4）综合国力的评估。构成一个国家力量的要素或因素是综合的和复杂的，因此必须以多维视角加以考量和评估。这里还必须注意：必须从构成综合国力的诸多因素中，分析出在某个时期占主导地位的因素；评估国家整体力量

---

① 参见贾磊磊：《国家文化软实力的主要构成》，载《光明日报》，2007.12.7，第 10 版。

时，还应当考虑国家现有力量所能覆盖的实际领域和范围；周边地缘因素与国际因素，等等。

第一，20 世纪 70 年代以来，国外综合国力研究逐渐由定性分析转入定量评估，主要计算方法大致有 4 ~ 5 种，其中最有影响的是美国著名国力研究专家 R·S·克莱因博士的公式：PP＝（C+E+M）×（S+W）。其中，PP 指综合国力，C、E、M 分别代表基本实体（人口和领土）、经济能力和军事能力，S 代表战略意图，W 代表国家意志。

由于硬国力主要为实物要素，具有可测量性；而软国力构成极为复杂，且多具有隐性特征，因而测量起来具有相当的难度。因此，目前一些学者关于综合国力的评价指标体系设计，物质要素指标（即硬指标、硬国力）越来越科学化和细化，使综合国力的评价具有更好的实感性与可比性，但精神要素指标（即软指标、软国力）体系设计则仍然处于抽象模糊阶段。通过量化指标来测算综合国力的现状与发展趋势，无疑具有合理性与科学价值。但是，随着科学技术的发展和知识经济的走势，世界各国特别是在现代化进程中艰难迈进的发展中国家，其国民的现代素质、科技教育水平、社会政治文明程度、民主参与活力、民族精神风貌、国家与民族形象等一般被划定为潜在因素或软指标范围的要素，日益显化为对综合国力具有决定意义的现实因素。因此，如何解决软实力的评估测量这一世界性难题，有待我们的共同努力。

第二，中国社会科学院在举行的"2010 年世界经济与国际形势报告会"上发布了《国际形势黄皮书》，对包括西方 7 国和"金砖 4 国"在内的 11 个国家的综合国力进行了分析评估并给出排名，日本位居世界第二，而中国位居第七，低于日本 5 个身位。评估的指标体系包括领土与自然资源、人口、经济、军事、科技 5 个直接构成要素以及社会发展、可持续性、安全与国内政治、国际贡献 4 个影响要素。①

根据评估报告内容，可以归纳出如下主要观点：

其一，改革开放以来的中国经济发展迅猛，国内生产总值 GDP 似乎马上要超过日本成为世界第二。但是衡量一个国家发展不完全取决于国内生产总值 GDP，还有诸多评价指标，综合国力显然就是一项重要评价体系。

其二，中国的长项是人口，但人口只是数量优势。

其三，发达国家的优势基本在于后天的努力，以及对于科技和教育的大力重视和持续投入。比如日本，1907 年在世界率先普及 6 年义务教育。1949 年

---

① 参见《日本综合国力缘何高出中国五位》，中国新闻网，2010. 1. 6。

以来，日本教育经费占 GDP 的 5% 以上，而中国内地一直占 3% 左右，始终没有实现 4% 的既定目标。1995 年 3 月 18 日，中国才颁布《教育法》，比日本晚了 48 年。中国的科技经费占 GDP 比例长期没有达到 1.5% 的目标，而日本却常年高于 3%，位居世界第一。

其四，就社会发展指标来说，中国显然不会排名第七，中国在经济发展上逐渐后来居上，但是社会发展程度和幸福指数不完全取决于财富的多少。古代中国的经济总量位居世界第一，鸦片战争、甲午战争期间，产值也远远高于英国和日本，甚至占世界经济总量的 30% 强。然而由于财富的国家高度垄断，造成民生凋敝，社会愚昧。可见，经济总量及其财富并不能解决所有问题，社会一旦失去和谐，民众一旦陷入愚昧，一切都将化为乌有。

其五，中国在许多领域只是总量上实现赶超，却并没有实现人均占有量上的超过。

其六，物质的硬件容易超越，制度、环境、教育等软件建设却更加漫长，或许这是此次综合国力评价的价值所在。

分析社科院的评价报告可以得出这样的结论：改革开放 30 年，中国的综合国力明显壮大，但要实现对发达国家的全面赶超并迈入世界强国行列，还要付出长期的艰苦努力。

二、综合国力中的文化国力

所谓文化国力，实质上是综合国力中的包括民族性格与精神、社会制度等在内的软国力，是软国力的具象说法。可以说，文化国力是一个国家综合国力的骨，软国力的魂。

现代文化国力论建立在社会可持续发展的基础上，它植根于社会的文明发展现实，离开了以经济建设为中心、以政治文明建设为导向、以教育科技发展为前提、以人的发展为根本，文化国力论便会成为抽象无垠的空谈。

1. 文化国力概说

文化既是国际交流的重要内容，又是民族融合或冲突的重要因素。当代世界，国际间的文化冲突相对于军事冲突在上升，军事冲突也往往缘于文化冲突。在国内，公众的文化需求相对于物质需求在上升，物质需求也往往缘于文化需求。是否拥有先进文化，决定了一个人、一个民族和一个国家的素质、能力和命运。

（1）文化国力的内涵。什么叫文化国力？文化国力即国家文化软实力，主要是指那些在社会文化领域中具有精神感召力、社会凝聚力、市场吸引力、思想影响力、心理驱动力和行为规范力在内的文化资源的总和。

文化是人类社会创造的独特精神产品，是一种取之不尽、用之不竭的特殊财富。文化所具有的陶冶、教化、激励和导向功能，在增强民族凝聚力和激发民族创造力方面起着其他资源所不可替代的作用。文化既是民族精神的结晶，又是民族持续发展的动力源泉。文化承载的精神传统及其创造的文明财富，不仅增进了社会财富，也构成推动社会向前发展的独特资源——文化资源。文化资源具有无限性和无尽性，其优质性与优势性一定会在各民族国家的相互竞争中展示出其特殊量能。

（2）文化国力的特征。文化国力与综合国力系统中的经济力、政治力等因素相对应，是综合国力中的重要组成部分，它体现着一个国家或地区的文明积累水平和发展创新状况，蕴涵着推动经济与社会发展的理念、意志、智力与智慧力量。

美国著名高等教育学家亚伯拉罕·弗莱克斯纳对此说得深刻：无论在科学与工业领域，还是在政治、哲学、文学和艺术领域，国家的重要性都不再与其人数或财富成正比，而将与其对思想领域的贡献成正比①。

第一，一般来说，文化国力有广义与狭义之分。就广义而言，文化国力包含着综合国力中的所有软国力部分；就狭义而言，主要指包括文化教育资本在内的国民整体素质水平、精神风貌及其创造能力。

第二，文化国力是综合国力系统中的一个子系统，但自身同时又是一个综合系统，它包含着多种要素，正是这些要素形成一种动态的活力，在经济与社会发展中发挥着基础性作用。因此可以说，文化国力是一个国家综合国力、综合竞争力中最基础、最核心和最关键的部分。

（3）文化国力的要素。作为广义的资源，有自然资源和社会资源之分，文化、教育、科技、人口、政治、卫生等，都属于社会资源范畴。文化既是一个族群社会的文明符号，也是一个族群社会的智能资源，它属于任何一个族群所拥有的广义社会资源中的核心部分。

第一，人力。人是文化的载体和主体，是文化国力的决定性因素。无论什么竞争，背后都是人的竞争；无论什么力，没有人力它们什么都不是。因此，人的力量，即人的智能及其创造力，决定着文化的势位与势能。

---

① 参见［美］弗莱克斯纳著，徐辉、陈晓菲译：《现代大学论——美英德大学研究》，浙江教育出版社，2001年：第262页。

第二，教育力。从广义上说，教育也是人类社会的一种文化活动，是文化的遗传与创造机制。教育力的强弱及其教育事业的发展水平，决定着文化的生命量能，因而成为文化国力的重要组成部分。

第三，国民精神风貌是文化国力的支柱或核心。一个国家的文化国力说到底，是其国民的精神风貌。国民精神风貌一旦以直接或间接的形式与现代科学知识结合并融入国家建设进程中，就会产生无穷尽的力量。因此又可以说，文化国力的"力"，正是依托在具有无限生机的民族精神力上。

第四，民族传统文化是文化国力的源泉。文化是一条历史的长河，文化力来自于民族文明的历史积淀；文化既无法割裂，也不会静止不动。文化是动态发展的，它既是传承的产物，又是创新的成果。传承与创新，使文化国力汇成不竭的巨流。

第五，政治文化是文化国力的重要构成要素。政治是一个族群社会文化文明的产物之一。一切政治文化、政治理念、政治制度、政治能力、政府形象等，都是政治文化的标志，它们亦作为重要构成要素融汇于文化国力体系之中。

第六，经济文化是文化国力的另一重要构成要素，它决定着一个国家经济发展的持续创新力和发展力。随着社会的文明发展，文化在经济活动中的作用日益强烈地显现出来。研究表明，企业既是现代社会经济的创造载体，也是现代社会文化的创造载体。以企业文化为代表的经济文化现象，既丰富了现代社会文化的内容，又成为推动经济行为文明与社会发展进步的强大动力。

（4）文化国力的考量。文化国力难以量化，特别是软指标量化的可信度和有效度问题。但这并不是不可克服的障碍。

第一，文化国力的某些构成要素，比如教育与学校发展水平、社会职业培训与投入，科技水平与投入，人力资源质量与社会人文指数，文化事业与文化产业发展的投入产出等，都是可以通过指标量化加以测算的，并可以通过可信度较强的数据测算出现实发展现状与未来发展趋势。

第二，随着信息技术的提高和社会信息化，各种反映文化国力的数据及其传播程度、透明度、可比性均会增强，从而为文化国力的测算提供了有利条件。

第三，某些精神文化因素也会不断通过一些物质文化现象、社会现象显现出来。这些现象既可以通过社会实证调查，也可以通过社会舆论监督力度的强化，推动对文化国力发展的测算。

2. 文化国力与文化竞争力

文化是一种风格、气质与行为做派。文化国力说到底，是一个国家的文化底蕴、文明形象和精神风貌。任何一个民族如果没有自己独特的、胜人一筹的文化底蕴、族群风格、文雅气质与行为做派，就谈不上文化力，更不要说文化竞争力。

（1）文化是一个族群社会的生存发展与文明文雅方式。一方面，文化的优势如何，直接关系到一个族群社会的经济发展持续力和政治文明推进力。因此，世界各国之间的竞争，不仅是经济、科技、国防实力和政治能力之争，更是文化实力和民族精神之争。另一方面，随着经济全球化的迅速推进，不仅带来资本、货物、服务、人员等在各国间的频繁流动，更带来了思想意识、价值观念、行为方式在世界范围内的交流比较。如果中国不能迅速提升国民的文明素养和建立自己的文化优势，就难以在激烈的国际竞争中捍卫自己的民族尊严与国家话语权。

文化既内化于精神，又外显于形象。一个国家不只是地理学、生态学上的概念，也不只是经济学、政治学上的概念，更重要的是文化学上的概念。

（2）所谓文化竞争力，即是表明一个族群或国家的文化不仅能自我欣赏和自我发展，而且能和他者相比并影响他人。美国在今日世界的"超强"地位，除了依靠资本、科技、军事之强力外，更是文化强力所致。今天的文化，就是明天的经济。所以十多年前美国学者就乐观地预言：假如美国将来有一天原材料枯竭了，工人也不愿意工作了，但只要世界还向往美国文化，他们在世界市场上就是不可战胜的。"向往"二字实在令人感慨万千！

近代以来的中国积贫积弱，其深层原因就在于自身文化体系的僵化日久，缺乏创新激励元素。从公元元年到 1820 年这么长的时期内，中国 GDP 总量一直是世界第一，占据着世界经济总量的 1/3 甚至以上。这一情况说明，中国的文化至少在相当长的历史时期是伟大的，是有利于促进经济发展的。但是，由于中国传统文化里的封建性糟粕长期以来得不到适时改革扬弃，对民族进步与社会发展产生着相当大的滞化作用。文化资源的老化及其带来的动力迟钝，必然导致经济社会发展的落后。在夜郎自大的感觉里和闭关锁国的理念下，中国偏安于一隅，不知外界的辉煌灿烂，不知西方开始迅速迈上了现代化道路。在1820 年到 1850 年的短短 30 年间，英、美等国的经济总量开始超过中国。中西发展的相悖，中国落后的悲惨遭遇，促使我们不得不反思和重新整合自己的文化。

正是由于感受到种种生存危机，近代以来的先贤们开始从器物更新认识发展到探索文化发生学机制，即文化自新的自由机缘，由此试图通过新文化运动来更新国人的精神观念和转换生存发展方式。

因时而变，因势而动。外部世界的这种新动向及其新趋势，无疑也说明处于社会全面转型和和平崛起时期的中国，文化发展和精神家园建设具有特别重要的战略意义。胡锦涛总书记在 2003 年 8 月 12 日的一次中央政治局学习会上强调，必须从全面建设小康社会的全局和实现中华民族伟大复兴的高度，深刻认识加强文化建设的战略意义，在推进社会主义物质文明和政治文明建设的同时，更加自觉地推进社会主义文化建设。他指出，当今世界，文化赖以发展的物质基础、社会环境、传播条件发生了深刻的变化，我们要善于在更加开放的环境中建设中国特色的社会主义先进文化。

纳入国家可持续发展战略是 21 世纪中国文化发展的必由之路。将提升文化竞争力上升为国家战略，大力发展中国文化，是新时期的中国实现社会转型和和平崛起的一个重要契机。强者从挑战中看到机遇，而弱者只看到威胁。作为有着五千年文明历史的文化大国，我们应该是强者，而不是弱者。

3. 教育力、文化力及其国家核心竞争力

（1）文化能否形成力量，取决于教育的传承与传播。因此，教育力构成文化力的基础。作为社会文化现象的教育，其质量与效能直接决定着一个族群社会的文化传承与创新量能，因而教育及其教育力成为一个国家综合国力及其软实力的重要组成部分。

16 世纪德国的著名社会思想家、教育改革家和宗教改革领袖马丁·路德曾精辟地指出，"一个国家的前途，不取决于它的国库之殷实，不取决于它的城堡之坚固，也不取决于它的共同设施之华丽，而在于它的公民的文明素养，即人们所受到的教育、人们的学识、开明和品格的高下。这才是利害攸关的力量所在"。[①]

瑞士洛桑国际管理学院主持的《世界竞争力报告》认为，一个国家竞争力的基础是各国所创造和保持的一种能够使组织竞争能力得到持续的环境。报告特别强调国家政策与制度这一环境资源的至关重要，并在基础要素方面指出了教育的重要性。世界历史进程已经充分证实，国家的文化竞争力取决于拥有

---

① 参见艾斐：《建设中华民族共有精神家园》，载《人民日报》，2008.1.17，第 11 版。

文化力的人的竞争力，而人的竞争力实际上透视着教育力及其教育竞争力。其中，高等教育及其高等学校在教育国力与国家核心竞争力中又占据着关键性地位。

（2）中国教育竞争力的增强。

第一，教育与教育力或教育竞争力不是一个概念。所谓教育，是全部社会教育活动的总称；而教育力或教育竞争力，则是对教育活动所表现出来的活动水平与质量，以及围绕教育活动展开社会所能提供的资源和条件。

第二，改革开放三十年，随着教育事业的长足发展，中国教育竞争力有了极大增强。根据中央教科所和《中国教育报》的最近联合研究数据，中国是近十年来所有国家中教育竞争力提升最快的国家，这充分印证了中国教育发展的巨大成就。

该项研究为了比较我国教育竞争力在世界各国中的位置，在考虑国际可比性、数据可得性等因素的基础上，研究者选取了53个国家作为比较国，包括了经合组织国家、可获得数据的人口大国和部分发展中国家，数据以2006年为主。

在所选的53个国家中，教育竞争力排在前5位的分别为新加坡、美国、芬兰、丹麦、澳大利亚。排在最后5位的以发展中国家为主。中国教育竞争力居于第29位，属于中等水平。

中国在教育竞争力评价指标的人力资源和创新指标中包含了绝对值和百万人口中所占比例的相对值。教育竞争力计算中如果人力资源和创新指标按照绝对值计算，则中国排名在16位，如果按照相对值计算，则中国排名在47位，综合排名在29位。

由此可见，中国目前的教育竞争力在所培养的人的绝对数量方面居于中上水平，而在人口的整体教育水平方面还有很大差距。因此，继续扩大高等教育规模，提高高素质人才在整个人口中的比例，是我们要进一步努力的方向。①

（3）先进发达的文化教育是世界一切文明强势国家的关键支撑。

第一，在经济学中，价值和价格往往是不一致的，但价格终究要回归价值，且只能围绕着价值波动。基于这一认识，就任何一个国家而言，真正的内在价值是其国民的文化素质水平、族群社会的组织水准、经济增长的内在动力和发展战略的正确选择，而这正是世界各国围绕自身综合国力与竞争力展开行

① 参见中央教科研所国际比较教育研究中心：《中国教育竞争力提升速度最快》，载《中国教育报》，2009.12.23。

动的中心着力点。

工业化以来特别是进入知识经济时代以来，人类社会日益关注到教育事业对国家综合国力形成的特殊作用。整个 20 世纪，特别是第二次世界大战后以来，发达国家的学者们对其政治、经济、文化的社会效果进行广泛且不计烦劳的估算和量度，结论是：世界竞争已经从以军事、经济和政治为主导的国家综合国力转向以文化与教育实力为主导，特别是提升国民文化素质的教育，其质量水平如何直接事关一个民族的人口质量和国家创新力。因此，一流的国家必须要有一流的教育。

第二，随着社会的日益进步，教育事业同社会的各个领域交相渗透、互动共荣，要解决任何社会问题都涉及教育，这就致使教育问题在思想认识上必然呈现国家化和民族化特征，在政策制定上呈现战略化和工具化特征，在发展趋势上呈现大众化与普及化特征。此正如英国著名哲学家罗素（B·Russell）在 1926 年出版的《教育论》一书中所指出的："现在世界列强都有一种重要的趋势，即以国家的强大为教育的最高目的"，为了实现这一目的，教育在各国的社会变革和国家发展中日益处于中心地位，并逐渐成为国家实现其利益的工具。① 康纳尔在他的《20 世纪世界教育史》一书中也指出，随着新的意识形态起作用，随着国家竞争的加剧，随着技术社会的成长要求更高水平的学力，出现了一种要求公众当局为教育创造更为有效条件的关注。

第三，大学是打造国家软实力的主体力量。美国高等教育学家弗莱克斯纳说得好，"大学的健康发展将把一个民族推到大学竭尽全力所能推到的高度"。② 大学的兴起带来大国的兴起，这不仅仅是西方现象，也是个世界现象。大学对于一个国家、一个民族来说，绝不是一种装饰品、奢侈品，而是社会发展、区域发展的发动机，是国家与区域文明水平的标志。

一方面，文化国力作为一种软国力或软实力，不可能自发生成，它需要具有特别资质的社会组织机构加以打造。于是，作为文化国力的关键标志——高等学校成为打造软国力和进行文化创新的最重要场所，高等学校的教育力、学术力和知识创新力，日益成为一个国家综合竞争力形成的关键性基础。

另一方面，一流的国家必须要有一批世界一流的大学，这已为世界多个国

① 参见扈中平：《挑战与应答——20 世纪的教育目的观》，山东教育出版社，1995 年版：第 270 页、第 346 页。

② 参见［美］弗莱克斯纳著，徐辉、陈晓菲译：《现代大学论——美英德大学研究》，浙江教育出版社，2001 年：第 310 页。

家的社会发展历程所充分证实。以美国为例，美国在文化国力及其软实力的构建方面走在世界的前面，其努力打造成功的世界高水平大学群，不仅为美国经济与社会发展提供了思想文化动力和人才资源，还为塑造美国形象、传播美国文化、吸引别国人才资源和构建美国在国际政治格局中的权力体系提供了有利的支撑。

第二节　现代大学之核心竞争力及其打造

以高等学校为载体的高等教育是教育制度的高端部分。当今世界，涉及政治、经济、军事、文化教育等各个领域的国际竞争日益激烈，在这一竞争中，影响一个国家核心竞争力的重要因素之一就是大学，而大学的竞争力如何，又是影响大学发展态势的关键要素。

一、大学核心竞争力概述

所谓大学竞争力，是指大学为了实现其总体目标，获取、配置可利用的资源，采取各种有效策略，成功实现大学功能的各种能力体系。大学的竞争力还包括对社会文化、经济与政治进步的贡献能力。

大学竞争力分为一般竞争力和核心竞争力，核心竞争力是竞争力的关键部分，因此人们一般关注的主要是核心竞争力及其核心竞争力的要素结构及其设计。

随着中国加入 WTO，大学不仅要面临国内同行的竞争，而且要面对国外大学的挑战。大学依靠什么才能立于不败之地？核心竞争力。

1. 大学核心竞争力的要素理论

对于大学核心竞争力的定义，持不同要素理论观点者会作出有所差异的表述。

（1）从技术论出发，大学核心竞争力的结构要素是"技能、知识、组织"三位一体的复杂体系。

第一，技能是主要方面，是核心。技能要素包括特色化教学培训能力、科研能力、成果转化能力或服务方式等。

第二，知识、组织实际上是资产，是学校长期办学实践积累的结晶。作为资产，分为有形与无形两种：有形资源投入所形成的有形竞争力容易模仿超越，而无形资源形成的竞争力，最难以复制和模仿，因而构成大学的核心竞争力部分。

无形资产分为"市场资产、知识产权资产、人力资产、基础结构资产"四类。其中：构成市场资产的要素是学校声誉、社会选择倾向、学生受欢迎度；构成知识产权的要素是发明专利、各种版权专利以及各种设计专利等；构成人力资产的要素是学校成员的整体文化知识素质、创造力、组织领导能力和管理经营能力等；构成基础结构资产的要素是管理文化、校园文化、管理过程、信息流以及社会金融关系等。

（2）从知识论出发，大学核心竞争力的本质，是指以知识为基础的大学竞争力诸要素实体性与过程性相统一的成长协调系统。换言之，构成大学核心竞争力的要素就是大学的知识体系及其知识创新竞争力，大学为了实现其总体目标，获取、配置可利用的资源，采取各种有效策略，成功地实现大学功能的各种能力体系。

（3）从资源论出发，大学核心竞争力以资源为基础、以三大职能活动为中介、以核心能力为支点在大学管理运行机制作用下而产生的整体能力。

持资源论者，由于力图将核心竞争力与核心能力分开，故对核心竞争力这个"整体能力"的结构描述显得比较模糊，给人的感觉它似乎是游离于学校所有资源之外的一种"超资源"，又似乎是依存于大学各种资源和核心能力的、得天独厚的优势资源；其构成要素似乎只有人力资源及其在利用自身学科资源进行教学、科研、社会服务时的派生物——群体成员活动能力的概括，又似乎涵盖了大学运行所必需的人力资源、学科资源、财务资源、校园文化和学校声望等。大学的竞争，实质上是这些优势资源的竞争。①

2. 大学核心竞争力的三个结构层面

（1）核心竞争力。所谓大学的核心竞争力，是指大学参与社会竞争所形成的融入其内质中并支撑其竞争优势的、独特的、可持续的生存和发展能力系统的总和。

第一，大学的核心竞争力由人力资本质量、学术创造能力、人才培养能力、管理经营能力和文化势能与教育传播能力等五个要素构成。在上述五要素中，以管理经营能力为核心要素，它本质上反映出组织的知识与智慧协调与整合力及其组织成员的集体学习力。

---

① 参见杨昕、孙振球：《大学核心竞争力的研究进展》，载《新华文摘》，2004.21，第 106~107 页。

第二，上述五要素对应于以下五个层面的内容：一是作为影响大学发展张力的组织文化价值体系与组织成员的精神风貌；二是作为影响学校发展水平与社会学术声誉的核心资源的师资队伍；三是作为影响学校发展水平与社会学术声誉的基础资源的学科专业制度及其课程知识体系；四是作为影响学校最终产出的声望资源的毕业生质量及其社会贡献；五是作为影响学校知识与智慧整合水平并形成独特优势的制度规则体系及其管理经营艺术。

上述五个方面，以知识技能独特性（人力资本独特性）、文化价值独特性和资产独特性构成一所大学保持持续发展与竞争优势的关键。

（2）基础竞争力。所谓大学的基础竞争力，是指为大学自身发展起重要支持作用并促进大学可持续发展的基础性能量因素。它包括教学科研设施、物质保障和管理机制。教学科研设施主要包括教学科研技术设备和信息资源；物质保障主要包括学校运行经费和教育学习活动的场所状况；管理机制主要包括学校内外行政和人力资源等管理规章制度，以及完善程度和配置功效。

（3）环境竞争力。所谓环境竞争力，是指影响大学发展的外部诸要素。

第一，在外部诸要素中，国家总体发展战略及其政策和高等教育体制状况为最主要要素。国家总体发展战略及其政策，主要指国家经济实力及其国际竞争力状况，以及国家通过总体发展战略所体现出来的理念及其政策设置，它涉及对大学的资源投入，高等教育体制状况，主要指政府对大学的政治资源配置。

第二，在外部诸要素中，除政府以外，包括诸如公众的教育意识、态度与价值取舍等对大学发展也起着重要的制约作用。

上述三组竞争力要素中，核心竞争力居于核心层面，处于统领地位；三组竞争力要素中，前两种为大学可控，而第三种为大学最不可控。

3. 大学核心竞争力的特点与特征

大学核心竞争力的特点与特征在于：技能独特性、消费者价值性、资产专用性、价值可变性、不易模仿性和动态发展性。

（1）所谓技能独特性，即大学在整合学校知识与智慧资源中有独树一帜的协调经营能力，比如独特而优秀的学术传统，别人无法模仿。

（2）所谓消费者价值性，一是这里的校园文化精神与学术传统别具一格，二是只有这里的教育服务最具价值，三是只有这里的学术能做得最好。

（3）所谓资产专用性，即由于长期的积累，其无形资产可提供持续的竞争优势。比如北大、清华，哈佛、耶鲁等，其特殊的历史地位、文化底蕴与社会品牌为别的学校难以仿效。

（4）所谓动态发展性，即核心竞争力在形成之后并非一成不变，而是不断发展变化：一是与时俱进、升级转换，永葆特色，二是优化整合、量变质变，永葆变迁。

4. 大学核心竞争力的能量源：学习力与知识智慧整合力

如前所述，高校核心竞争力是高校参与市场竞争所形成的融入其内质中支撑其竞争优势的、独特的、可持续的生存和发展能力系统，它由人力资本质量、学术创造能力、人才培养能力、管理经营能力和文化势位与教育传播能力等五个要素构成。五要素中，人力资本是基础和统领要素，它决定着其他四要素，而人力资本的质量又关键取决于资质形成的学习力及其知识与智慧整合力。

（1）高校之间的竞争说到底是人力资本的竞争，是人力资本的拥有者——学校成员的学习力竞争。

第一，学术创造能力的关键是"知识工作者"的能力，作为知识工作者的教师和学生，没有善于"学"与"习"的能力，学术创造是无法实现的；管理经营能力的外在形式是整合资源的能力和增强办学效益的能力，而关键点却在于管理经营者的战略"创新力"；文化势位与教育传播能力表现为全体师生员工所拥有的文化精神强力以及体现于他们身上的风格品位。这些无不跟他们的资质密切相关，而这些资质的生成都取决于背后的学习力。

第二，作为天然的学习型组织，大学既具有其一般特征，又有其自己的特殊性：其一，知识是大学创造的最主要资本，在资源配置的要素中，知识是最主要的配置力量；其二，大学拥有高能级和高素质的人才群体，他们的智慧能级决定着资源配置的水平；其三，创新是大学存在的价值，也是大学发展的不竭动力。但是，创新的动力源是学习力。

（2）大学的知识智慧整合力。大学的学习力与知识智慧整合力体现在个体学习力和组织学习力两个方面。[①]

第一，个体学习力具体体现在三个方面：快速全面获取知识信息的能力；适时更新观念的能力；学术创新能力。

个体学习力结构包括三个层面，即：学习力原发层面，学习力内化层面，

---

① 参见成长春：《学习力：高校核心竞争力之本质》，载《光明日报》2007.11.23，第12版。

学习力外化层面。学习力原发层面包括：学习的意识、兴趣、动能、意志和价值观等；学习的内发层面包括：现有的知识素养、智力、记忆力、理解力、思考力、观察力、分析力和评价力等；而学习力的外发层面则包括所学知识的适应力、应用力、发散力和创新力等。

三个层面之间既相互叠加，又相互包容。

第二，组织学习力由学习意识、学习机制和知识智慧整合三个层面构成。

其一，学习意识是指大学组织对于学习的一种认识，它决定着组织自身对待学习的态度、动机和决策。

其二，学习机制是指学校组织学习的制度与机制设置，是促进组织成员开展学习和增强学习力的保证。

其三，知识智慧整合是指在学习意识的指引和学习机制的保证下，组织开展引导成员间自觉有序的优势互补并达致知识与智慧互补的过程。这个过程是一个引导校内知识流动和价值链增值的科学管理与经营过程。

（3）大学的进步、创新和发展，本质上是知识系统和学习系统两方之间的相互运动及系统间相互作用的结果。

第一，知识系统与学习系统的相互生命运动，体现为一系列的知识流动与智慧互补过程。

根据学者艾达米的分析框架，大学内部知识流分为两种：一是从外部环境流向学校的知识流；二是从学校流向外部环境的知识流。大学知识流的重要运动特点，就是教师不间断地获取与处理知识信息并不断更新原有的知识信息的过程，其完整流程是：新知识信息根据教师需要从外部源源不断地流入大学；在学校内部，通过组织培训、学习和合作等整合手段，最终形成"内部诀窍"——教师互补性智慧智能，它为组织成员所共享和传承。

经过知识流动与智慧互补过程，大学既形成引领市场又引导社会发展的声誉和形象，又以其拥有的独特知识信息资源优势向外部广泛传播发散。

第二，知识系统与学习系统作为两个有机统一的生命体，其运动过程紧密相伴，不可分割。它们的运动过程，实际上是一个组织内部成员的学习过程，这一过程可以分为知识获得、知识共享和知识利用三个层面：一是知识获得。知识获得包括知识的选择、更新和创造；二是知识共享。知识共享主要为组织成员间知识信息的发散和智慧智能的优势互补；三是知识经营。知识经营主要为新知识信息的内向积累与创新和外向迁移与服务。三个层面有机运动的过程，形成一个完整的"知识流"流动和学习的过程。

第三，知识系统与学习系统的良性与持续运动，使大学既形成引领市场又引导社会发展的特别声誉和形象，又形成以其拥有的独特知识信息资源优势向外部广泛传播发散的能力。知识系统与学习系统的良性与持续运动过程所体现的本质，是以知识为基础的组织成员学习力和以智慧互补为目标的组织整合力，两种力有机统合，构成大学的核心竞争力。

（4）作用于知识系统与学习系统有机统一的是价值链。通过价值链的促进，生成了大学的另外一个"流"——"价值的增值流"。

第一，价值链有两条：一是主价值链由学校相关部门实施，即：教务部门组织教师运用富有学校特色的设计课程知识体系，将"原材料"——中学生培养成用"新知识"装备起来的大学生或研究生；学术部门组织教师及其科技创新成果，为社会提供新知识和新科技产品。二是辅助价值链为主价值链运行的支持系统，由学校科技主管部门运作，其过程是通过"知识流"，将知识实现社会价值转化。这里，知识流动的过程，就是价值的增值过程。

第二，作为创造知识及其知识增加值的基本单位，大学的知识系统和学习系统的载体都是知识，知识流、价值链是贯穿其中的主轴线，而促使知识流与价值链有效运行的，是组织的"学习力"及其智慧智能整合力。

二、大学核心竞争力的开发与培育

资源是可以创造的，能力是可以提升的，大学的核心竞争力需要长期精心地构建、培育与打造。

1. 大学核心竞争力的开发

大学核心竞争力是大学组织中学术活动方式与成果的积累性学识，它需要比社会任何一个单位更长的培育时间，这一时间大致经历长期培育别具一格的文化精神与学术传统、管理体制与运行机制、开发与获取核心专长和高端技能、竞争要素整合和核心竞争力更新等阶段。

（1）在开发阶段，一是确立大学差异化发展战略，即发展目标的差异和发展学科的差异等，通过差异化发展树立起有别于其他大学的独特性东西，并把这种差异转化为竞争优势；二是重视引进或培养掌握具有前沿性和关键性知识技能的特殊人才，建立一支高水平师资队伍，从而使大学在市场竞争中取得关键性优势。

（2）在整合阶段，主要是经营管理阶段。办学主体必须围绕差异化发展战略、目标，将所有包括文化精神资源、人力资源与物力资源等予以高度融合，快速形成持续发展力与持续竞争优势，并构成学校独有的文化精神体系与知识技能体系的独特性优势。

（3）在巩固阶段，主要是构建优势互补联盟。其理念是：知识有限，智慧无界。与不同学校进行知识联盟或战略联盟，通过组织资源共享与智慧互补，合作创造知识或进行知识技能的转移，从而以自身优势加别人的优势实现"双赢"，并由此不断获得新的竞争力。联盟的目的主要是通过采取师生互换、学术交流与合作等多种形式，相互促进，取长补短或优势互补，实现学校的可持续发展与竞争的持续优势。

2. 大学核心竞争力的培育

大学核心竞争力的培育，其实质是培育大学的精神品位和文化势位。

（1）大学核心竞争力培育的五条原则。

第一，理念创新。理念及其行为方式具有不可替代性。理念是一切行动的基础，思想有多远，行动就有多远。

首先，对于每个大学来说，每一个时期的资源都是大致确定的，它被人们的行动创造出来并积累起来后，就已经存在并不会发生大的改变。人们利用这些已有的资源去创造和积累，但他们进行创造和积累的量与质则取决于其愿景和行动方式。如果方向越合理，方式越有效，创造与积累的效率效益则越高，如此循环。

其次，理念创新包括两层含义：一是要增强核心竞争力意识，构建大学核心竞争力，首先要从战略高度树立大学学者群体、特别是领导层的核心竞争力意识；二是要有科学合理的超前意识，有科学合理的超前意识才有符合逻辑与规律的超前作为；三是建构核心竞争力依赖于学校自身的内功凝练与内力生成，而非外在强制或强供。

第二，制度创新。制度出生产力，制度也出教育力和学术力，由此制度优劣构成竞争力的关键性要素。制度创新，主要指组织结构和管理体制方面的不断完善化、新颖化、规范化和科学化，由此优化行为方式及其资源配置方式，降低管理成本，提高管理效率，增强竞争势能。

第三，管理经营创新。一方面，管理无定制和经营无定式，管理经营水平显示着一个组织机构的发展智慧并决定着其发展速度与质量，所以管理经营本身就是核心竞争力；另一方面，培育核心竞争力的过程，实质上也是一个管理经营问题。

首先，大学的核心竞争力是由不同资源和能力经整合而成，整合的水平与效益完全取决于组织管理经营的水平与能力，它包括大学管理者的认知与洞见力、运作与创新力等。所以，大学之间的竞争，实际上是管理者之间的知识、智慧、能力与意志的较量。

其次，管理经营创新，一要坚持以人为本的文化管理理念和知识管理模式，关心人的进步与发展；二要开展学习方式创新，以整合校内外力量组成知识联盟的组织建设战略；三要打造教育和学术特色以构成自身发展优势的战略。只有坚持本校独有的办学传统与学术传统，才能培育出有校本特色的核心竞争力。

第四，知识创新。知识创新包括两个方面：显性知识和隐性知识的共向创新。

首先，隐性知识的创新在于智慧激活与优势互补。根据管理学家伊夫·多兹的观点，核心竞争力不可触知，也难以度量；核心竞争力必须是异质的，不能轻易被模仿和替代。因此，核心竞争力必须以隐性知识创新为核心，因为隐性知识属于人们的心灵智慧，它铸成于心，内容模糊、复杂而又自成体系，只能意会，难以揣摩，而核心竞争力恰恰具有普遍模糊的特点。鉴此，隐性知识的创新虽然有一定的难度，但着力点无非在于以管理经营者自身的知识智慧和激励制度创新而促使员工的智慧激活与优势互补。

其次，显性知识的创新在于理论创新。核心竞争力是相对于竞争对手的充分整合员工知识与智慧优势的能力系统，是一个由教育服务能力、学术生产能力、管理经营能力和文化制度力构成的复杂系统，它具有显著的可研究性及其研究结果的知识性和理论性。因此，显性知识创新，着力点在于深入开展核心竞争力的系统要素及其结构体系优化研究，以理论创新实现显性知识创新。

第五，社会创新。所谓社会创新，是指政府与社会不断以政策与制度资源创新，为大学发展提供有力、有效的外部环境资源支撑。

一方面，政府与社会不干预大学开展核心竞争力的打造活动；另一方面，政府与社会又以最有效的文化与物质资源积极支持并协助大学实现核心竞争力的凝练。

（2）大学核心竞争力培育需要解决的五个问题。

第一，追求卓越的理念与超前发展的战略意识。具体包括高等学校发展的思想认识、战略目标定位、管理文化与机制，以及参与竞争的核心资源。一所大学之所以具有活力和竞争力，关键在于人的因素。因此，大学的核心竞争力打造，目标应直接指向于大学人及其对大学发展起着操纵作用的大学文化精神及其运行体制。一所大学多年办学实践中形成的独特运行机制、学术队伍、学术传统及其治学风格，是别人最不容易模仿与超越的。

第二，善于科学处理学校内部学科多向发展与若干学科重点发展之间的关系。任何一所高等学校都不可能在所有学科齐头并进，尽创一流。这就需要高等学校在发展过程中善于有所为和有所不为，有所多为和有所少为。

第三，建构和谐的外部关系。它包括高等学校与政府之间的关系，即资金投入与教育产出之间的关系；高等学校与社会其他组织之间的合作与交流关系；高等学校与社会的关系，即构建学习化社会与终身教育体系，提高国民素质与社会广泛理解支持的关系。

第四，着力提升教学质量与科研能力。这个问题包含两层含义：一是加强一流的师资队伍建设，特别是培养和引进大师、名师和名士。对于队伍建设，既要常新，又要防止关键人才流失，所谓关键人才，就是学术团队的领军人物；二是打造一流的科研能力，使学校拥有的学者团队能创别人难以企及之知识，能创造造福于人类社会之重大发明。

第五，努力实现开放化与国际化。这里所说的开放化与国际化，实际上是个处理好特色发展和文明采借之间关系以及本校与外部高校之间的竞争、合作与交流的关系。

（3）打造大学核心竞争力需要防止的几个认识误区。

第一，优势资源并不等于核心竞争力。有人以为，大学只要占据了竞争的优势资源，就拥有了核心竞争力。其实这是一种认识误区。从决定性意义上说，所有的核心竞争力都是大学的竞争优势资源，但反过来却不一定成立。例如，某大学是指定的教师培训中心，这种垄断地位就不是大学的核心竞争力。

第二，个人竞争力不是大学组织的核心竞争力，个人的素质高低并不代表组织素质的绝对高低。大学的核心竞争力是个体资源和智慧能力的一种整合，买不来、带不走。

因此，从某种意义上说，单个的人才并不能形成大学的核心竞争力。在实际操作中，应该注意把个人的竞争力转化为学科的优势和团队的优势，这样教师就不愿离开优势学科和团队，即使离开，对学科和团队也影响不大。

第三，大学的整体优势不等于核心竞争力。换言之，即使一所大学没有整体优势，但也可以通过少数几个关键学科领域而成为一流大学。

第四，比较竞争优势不等于核心竞争力。比较竞争优势是指与其他学校相比的特殊优势，而核心竞争力是大学内在的支撑力，是一种持续的竞争优势。两者分属不同的概念。

第五，研究型大学作为孕育新知识、新观念、新方法、新的组织形式和制度结构的基地，是国家软力量的发源地。而在 21 世纪，相对于技术应用造成的硬力量，由新知识、新观念、新的制度结构等构成的软力量更为重要。研究型大学的品质系国之兴衰，乃因它是包括科学、制度、观念、文化等整个社会创新的最重要源泉，也只有研究型大学能最称职地担当起创新源泉。

大学是国家的智力支撑，大学的兴衰与大国的兴衰密切相关。当前，大学争创一流，主要依靠学校的核心竞争力、环境竞争力和基础竞争力。大学的核心竞争力在于管理水平，即学校"组织中的积累性学识，特别是对关于如何协调不同的生产技能和有机结合多种技术的学识"①。

当今世界，涉及政治、经济、军事、文化等各个领域的国际竞争日益激烈，在这一竞争中，影响一个国家核心竞争力的重要因素之一就是文化教育，就是承载文化与教育的大学。国际竞争力中的核心要素，例如科学技术、知识人才等，都呈跨国界流动倾向，而流向于最有利于发挥它们作用的地方往往就是知名大学。因此，建设尽可能多的现代高水平大学，打造尽可能强的大学核心竞争力，是确保实现中华民族复兴及其世界竞争格局中之优势生境的关键之所在。

美国著名教育学家克拉克·科尔（Clark Kerr）在其《大学的作用》一书中曾精辟地指出，每个国家当其具有世界影响力时，都会向世界发展居领导地位的智力机构——大学着力。香港中文大学的金耀基先生说得好，21 世纪要想是中国人的世纪，那中国就一定要在自己的土地上产生好多的一流大学，否则强国就永远是一个梦。21 世纪是谁的世纪，不要看别的，就看那个国家的大学水平如何。

向大学着力，建设世界高水平的现代大学，是今天所有中国人应有也是必需的作为。

---

① Prahalad, C. K. and Hamel G. The Core Compe tence of the Corporation ［J］, Havard Business Review, 1990, 5-6.

参 考 文 献

[1] 黄济. 教育哲学初稿 [M]. 北京：北京师范大学出版社，1982 年。

[2] 中国现代教育家编委会：中国现代教育家传 [M]. 第一册. 昆明：云南民族出版社，1985 年。

[3] 毛礼锐，沈灌群. 中国教育通史 [M]. 2 卷. 济南：山东教育出版社，1986 年。

[4] 庞朴. 文化的民族性与时代性 [M]. 北京：中国和平出版社，1988 年。

[5] 丁钢. 文化的传递与嬗变 [M]. 成都：四川教育出版社，1990 年。

[6] 张岱年，程宜山. 中国文化与论争 [M]. 北京：中国人民大学出版社，1990 年。

[7] 张岱年，方克立. 中国文化概论 [M]. 北京：北京师范大学出版社，1995 年。

[8] 陈列. 市场经济与高等教育——一个世界性的课题 [M]. 北京：人民教育出版社，1996 年。

[9] 朱国仁著. 西学东渐与中国高等教育近代化 [M]. 厦门：厦门大学出版社，1996 年。

[10] 顾明远. 民族文化传统与教育现代化 [M]. 北京：北京师范大学出版社，1998 年。

[11] 贺国庆著. 德国和美国大学发达史 [M]. 北京：人民教育出版社，1998 年。

[12] 陈学飞总主编. 中国高等教育研究50 年 [M]. 北京：教育科学出版社，1999 年。

[13] 陈学飞主编. 美国、德国、法国、日本当代高等教育思想研究 [M]. 上海：上海教育出版社，1998 年。

[14] 郝平著. 北京大学创办史实考源 [M]. 北京：北京大学出版社，1998 年。

[15] 张应强著. 文化视野中的高等教育 [M]. 南京：南京师范大学出版社，

1999 年。

[16] 张应强著．高等教育现代化的反思与建构 [M]．哈尔滨：黑龙江教育出版社，2000 年。

[17] 陈孝彬主编．教育管理学 [M]．北京：北京师范大学出版社，2000 年。

[18] 胡德海．教育学原理 [M]．兰州：甘肃教育出版社，2000 年。

[19] 刁培萼．教育文化学 [M]．南京：江苏教育出版社，2000 年。

[20] 郑金洲．教育文化学 [M]．北京：人民教育出版社，2000 年。

[21] 夏书章．现代公共管理概论 [M]．长春：长春出版社，2000 年。

[22] 刘安之，黄俊杰主编．大学理念与实践 [M]．台北：中国台湾乐学书局，2000 年。

[23] 黄延复著．二三十年代清华校园文化 [M]．桂林：广西师范大学出版社，2000 年。

[24] 殷爱荪，周川主编．校长与教育家 [M]．福州：福建教育出版社，2000 年。

[25] 施晓光著．美国大学思想论纲 [M]．北京：北京师范大学出版社，2001 年。

[26] 孙晓莉．中国现代化进程中的国家与社会 [M]．北京：中国社会科学出版社，2001 年。

[27] 杨德广著．现代高等教育思想探索 [M]．北京：人民教育出版社，2002 年。

[28] 阎光才著．识读大学——组织文化的视角 [M]．北京：教育科学出版社，2002 年。

[29] 陶本一主编．学科教育学 [M]．北京：人民教育出版社，2002 年。

[30] 国家教育行政学院主编．世界高等教育：改革与发展趋势 [M]．中外大学校长论坛文集系列，2002～2004 年．内部版。

[31] 国家教育行政学院主编．教育管理辞典 [M]．3 版．海口：海南出版社，2005 年。

[32] 韩延明著．大学理念论纲 [M]．北京：人民教育出版社，2003 年。

[33] 钱理群，高远东编．中国大学的问题与改革 [M]．天津：天津人民出版社，2003 年。

[34] 钱理群著．论北大 [M]．桂林：广西师范大学出版社，2008 年。

[35] 刘宝存著．大学理念的传统与变革 [M]．北京：教育科学出版社，2004 年。

［36］赵中健总主编．学校文化［M］．上海：华东师范大学出版社，2004 年。

［37］甘阳，李猛编．中国大学改革之道［M］．上海：上海人民出版社，2004 年。

［38］高等教育管理研究分会主编．中国高等教育管理——现实与理想［M］．北京：北京理工大学出版社，2004 年。

［39］王洪才著．大众高等教育论［M］．广州：广东教育出版社，2004 年。

［40］钱穆．文化与教育［M］．桂林：广西师范大学出版社，2004 年。

［41］丁东等编．大学沉思录［M］．桂林：广西师范大学出版社，2005 年。

［42］谢泳，智效民著．逝去的大学［M］．北京：北京同心出版社，2005 年。

［43］丁东，谢泳著．教育放言录［M］．福州：福建教育出版社，2008 年。

［44］张维迎著．大学的逻辑［M］．北京：北京大学出版社，2005 年。

［45］康宁著．中国经济转型中高等教育资源配置的制度创新［M］．北京：教育科学出版社，2005 年。

［46］韩骅著．学术自治——大学之魂［M］．北京：中国文史出版社，2005 年。

［47］邓和平著．教育社会学研究［M］．武汉：湖北人民出版社，2006 年。

［48］刘亚敏著．大学精神探论［M］．青岛：中国海洋大学出版社，2006 年。

［49］首都师范大学高教研究编辑部主编．现代大学的文化精神［M］．北京：首都师范大学出版社，2006 年。

［50］蔡国春著．院校研究与现代大学管理［M］．北京：教育科学出版社，2006 年。

［51］眭依凡著．大学校长的教育理念与治校［M］．北京：人民教育出版社，2006 年。

［52］赵文华，龚放主编．现代大学制度：问题与对策［M］．上海：上海交通大学出版社，2007 年。

［53］许记霖著．大时代中的知识人［M］．上海：中华书局，2007 年。

［54］金耀基著．大学之理念［M］．上海：三联书店，2008 年。

［55］蓝劲松著．致知穷理：大学发展的多维探索［M］．北京：人民教育出版社，2008 年。

［56］胡赤弟著．教育产权与现代大学制度构建［M］．广州：广东高等教育出版社，2008 年。

［57］沈文钦著．近代英国博雅教育思想及其古典渊源：概念史的视角［M］．北京：北京大学出版社，2008 年。

[58] 费孝通著. 文化的生与死 [M]. 上海：上海人民出版社，2009 年。

[59] 杨东平著. 走向公共生活的教育 [M]. 北京：北京师范大学出版社，2009 年。

[60] 陈会颖著. 大国崛起的文化解读 [M]. 北京：凤凰出版社，2009 年。

[61] [日] 大泽胜. 讲座. 日本的大学改革 [M]. 第 1 卷，东京：青木书店，1982 年。

[62] [日] 大河内一男等著. 教育学的理论问题 [M]. 北京：教育科学出版社，1984 年。

[63] [澳] 西蒙·马金森著. 教育市场论 [M]. 金楠，高莹，等译. 杭州：浙江大学出版社，2008 年。

[64] [英] 阿什比. 科技发达时代的大学教育 [M]. 北京：人民教育出版社，1983 年中文版。

[65] [英] 波特·斯科特主编. 高等教育全球化的理论与实践 [M]. 周倩，高耀丽译. 北京：北京大学出版社，2009 年。

[66] [德] 黑格尔. 历史哲学 [M]. 中译本，上海：三联书店，1956 年。

[67] [德] 黑格尔. 小逻辑 [M]. 北京：商务印书馆，1982 年中文版。

[68] [德] 雅斯贝尔斯著. 什么是教育 [M]. 邹进译. 上海：三联书店，1991 年。

[69] [德] 哈贝马斯著. 公共领域的结构转型 [M]. 曹卫东等译. 北京：学林出版社，1999 年版。

[70] [加] 许美德著. 中国大学：1895～1995，一个文化冲突的世纪. 北京：教育科学出版社，2000 年。

[71] [加] 约翰·范德格拉夫，等编著. 学校教育——七国高等教育管理体制比较 [M]. 王承绪，等译. 杭州：浙江教育出版社，2001 年。

[72] [加] 比尔·雷丁斯著. 废墟中的大学 [M]. 郭军，等译：北京：北京大学出版社，2008 年。

[73] [西班牙] 奥尔托加·加塞特著. 大学的使命 [M]. 徐小洲，陈军译. 杭州：浙江教育出版社，2001 年。

[74] [美] 约翰·S. 布鲁贝克著. 高等教育哲学 [M]. 王承绪，等译. 杭州：浙江教育出版社，1987 年。

[75] [美] 亚伯拉罕·弗莱克斯纳著. 现代大学论 [M]. 徐辉，陈晓菲译. 杭州：浙江教育出版社，2001 年。

[76] [美] 德里克·博克著. 走出象牙塔 [M]. 徐小洲，陈军译. 杭州：浙

江教育出版社，2001 年。

[77] ［美］德里克·博克著．回归大学之道——对美国大学本科教育的反思
与展望［M］．侯定凯，等译．上海：华东师范大学出版社，2008 年。

[78] ［美］罗伯特·M. 赫钦斯著．美国高等教育［M］．汪利兵译．杭州：
浙江教育出版社，2001 年。

[79] ［美］罗伯特·伯恩鲍姆著．大学运行模式［M］．别敦荣译．青岛：中
国海洋大学出版社，2004 年。

[80] ［美］托马斯·J. 萨乔万尼著．校长学：一种反思性实践观［M］．张虹
译．上海：上海教育出版社，2004 年。

[81] ［美］詹姆斯·杜德斯达著．21 世纪的大学［M］．刘彤译．北京：北京
大学出版社，2005 年。

[82] ［美］迈克尔·D. 科恩，詹姆斯·G. 马奇著．大学校长及其领导艺术
［M］．郝瑜主译．青岛：中国海洋大学出版社，2006 年。

[83] ［美］查尔斯·维斯特著．一流大学卓越校长：麻省理工与研究型大学
的作用［M］．蓝劲松主译．北京：北京大学出版社，2008 年。

[84] ［美］大卫·科伯著．高等教育的底线［M］．晓征译．北京：北京大学
出版社，2008 年。